U0787160

湘江实验室重大项目：能源行业双碳进程预测与路径
优化技术（编号：22XJ01008）
中国工程院战略研究与咨询项目："四链"深度融合下我国
新兴产业高质量发展战略研究（编号：2023-PP-06）
中国工程院战略研究与咨询项目：国家新能源应用安全监管与保障
体系构建及相关政策建议（编号：2021-JZ-03）
国家自然科学基金基础科学中心项目：数字经济时代的资源环境
管理理论与应用（编号：72088101）

绿色低碳产业成熟度评价方法与实践

孙旭东　张　博　彭苏萍／著

科 学 出 版 社
北　京

内 容 简 介

本书专注于煤炭清洁高效利用、非常规油气、储能、核能、风能、太阳能光伏、太阳能光热、生物质能、地热能、氢能与燃料电池等能源新兴技术产业的发展，界定了绿色低碳产业的范围，并对2012～2021年国内外绿色低碳产业的发展现状和趋势进行了追踪分析。此外，本书构建了绿色低碳产业的技术体系，绘制了我国典型绿色低碳产业的图谱，提出了绿色低碳产业成熟度的评价理论和方法，并对具有代表性的绿色低碳产业进行了评价分析。

本书可供全国高等院校高年级本科生、研究生及科研人员，以及政府能源管理部门和能源企业管理人员参考。

图书在版编目（CIP）数据

绿色低碳产业成熟度评价方法与实践 / 孙旭东，张博，彭苏萍著. -- 北京：科学出版社，2025.3

ISBN 978-7-03-075371-7

Ⅰ. ①绿… Ⅱ. ①孙… ②张… ③彭… Ⅲ. ①绿色经济—低碳经济—产业发展—研究—中国 Ⅳ. ①F124.5

中国国家版本馆 CIP 数据核字（2023）第 064624 号

责任编辑：郝 悦 / 责任校对：贾娜娜

责任印制：张 伟 / 封面设计：有道设计

科学出版社 出版

北京东黄城根北街 16 号

邮政编码：100717

http://www.sciencep.com

北京中科印刷有限公司印刷

科学出版社发行 各地新华书店经销

*

2025 年 3 月第 一 版 开本：720 × 1000 B5

2025 年 3 月第一次印刷 印张：14 1/4

字数：288 000

定价：168.00 元

（如有印装质量问题，我社负责调换）

作 者 简 介

孙旭东，中国矿业大学（北京）管理学院副教授，博士生导师，工商管理系主任。主要从事能源战略与产业政策、数据资产管理、技术经济评价、数字化平台研发等领域的科研教学工作。

前　　言

双碳背景下，培育并推动绿色低碳能源新兴产业的发展，对于构建新型能源体系和实现能源强国具有重要意义。绿色低碳能源相关领域大多属于新兴产业或未来产业，其清洁、低碳、安全、高效等高质量特性尤为突出，已成为投资和科技竞争的焦点之一。在政策的积极引导和推动下，我国煤炭清洁高效利用、风力发电、光伏发电、核电等绿色低碳能源领域已长期在全球市场中占据领先地位，并且生物质能、储能、氢能与燃料电池等新兴能源产业亦正逐步进入快速发展期。因此，开展针对技术、市场、产业等多个维度的产业成熟度评估研究，有助于从动态的视角对产业发展现状进行差异化分析，并深入剖析产业发展中的关键问题和难点，从而为制定相关产业战略规划提供有力的支持。

为方便对能源领域不甚熟悉的读者阅读和学习，本书首先为读者提供了长时间序列的产业发展动态与政策解读，随后通过产业图谱、技术体系以及技术发展路线图的详细阐述，逐步揭示了产业发展成熟度的研究理论和方法。本书旨在从定量分析的角度，循序渐进地引导读者深入理解绿色低碳产业。本书的撰写重点在绿色低碳产业发展的研究现状、政策演变、产业动态、技术体系以及产业成熟度等方面，其具体框架设计如下。

第 1 章详尽论述了我国绿色低碳发展的研究现状，并对我国绿色低碳政策的发展历程及其具体政策进行了系统梳理。在此基础上，提出和明确了我国绿色低碳产业概念与范畴，并对能源新技术产业、节能环保产业和新能源汽车产业等各细分产业进行划分。

第 2 章和第 3 章分别对十年来国际和国内能源新技术产业的发展现状进行追踪，重点梳理了国内外能源新技术产业在技术、市场和产业等维度的发展现状与演变趋势。

第 4 章系统梳理了我国能源新技术产业的技术体系，并针对 2035 年的发展前景，对我国能源新技术产业的关键技术进行了预测分析，提出了产业技术发展的路线图，并绘制了典型产业方向的产业链图谱。

第 5 章系统构建了绿色低碳产业成熟度评价方法。基于不同的定量化程度，分别构建了三个版本的成熟度评价方法，以适应不同的产业对象和评价情景，分别包括基于技术产品发展的产业成熟度评价方法 V1.0 版、基于绿色低碳特征的产业成熟度评价方法 V2.0 版和基于数据驱动的产业成熟度评价方法 V3.0 版。

第 6 章进行了绿色低碳产业成熟度评价方法的应用研究。以我国页岩气产业、生物质热电联产产业以及风力发电产业为例，对三个版本的产业成熟度评价方法进行了应用分析。

本书的写作契机源自作者所参与的中国工程院品牌咨询项目“我国新兴产业发展战略”，在多年的研究过程中，有幸聆听彭苏萍院士对能源新技术的理念和产业发展的战略思考，作者期望通过本书，将这些观点及产业成熟度的研究方法呈现给广大读者。期待本书的出版能够引起读者对能源绿色低碳发展的深入思考，更多的科学界、企业界和政府部门人士能够投入到国家绿色低碳能源产业的高质量发展科学研究与建设中。

本书的研究框架由中国矿业大学（北京）孙旭东副教授和厦门大学张博教授协作而成，感谢研究生张蕾欣、田雨晴、马跃、张玉洁、段星月、赵玉莹、蓝海荣、李晓建、苏颖、张泓、刘庚慧、柳梦雪、檀昌稳等协助完成了本书前期资料准备与编写工作。此外，感谢王闻、苏罡、赵培荣、周捷、何雨江、孔凡太、张剑寒、冯煜等专家在本书撰写和出版过程中提供的帮助及专业资料支持。

孙旭东

2023 年 3 月 5 日

目　　录

第 1 章　绿色低碳产业范畴

1.1　我国绿色低碳研究现状

1.1.1　文献发文量分析

为了界定绿色低碳产业范畴，本书分析了相关文献关于绿色低碳的研究现状，利用 CiteSpace 软件对绿色低碳文献进行计量分析。研究以绿色低碳为核心主题，基于中国知网 CNKI（China National Knowledge Infrastructure，中国国家知识基础设施）数据库，检索了 2007～2022 年的相关研究论文，共计 9683 篇，具体发表情况详见图 1-1。国内关于绿色低碳的研究总体上可以划分为两个阶段。第一阶段以 2010 年为研究的起始年份，自该年起，研究开始聚焦于绿色主题，发表的论文数量达到百篇级别；第二阶段以 2021 年为重要节点，这一时期国家提出了“双碳”目标，低碳与绿色并重成为学术界关注的焦点。截至 2022 年，相关论文发表量达到 1828 篇，几乎是 2020 年“双碳”目标提出前的 5.5 倍。由此可见，绿色低碳发展的研究历程从单一关注“绿色”阶段，逐步过渡到同时强调“低碳”的“绿色低碳”阶段，反映出随着对环境保护和生态可持续发展要求的不断提升，政府、企业以及学术界均在积极地推进绿色低碳领域的研究与实践工作[1]。

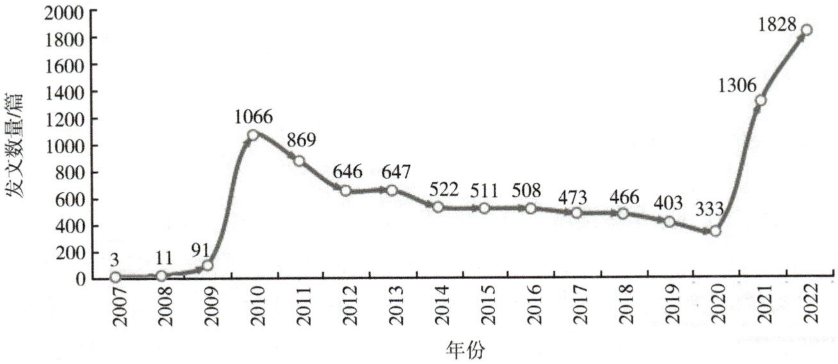

图 1-1　2007～2022 年绿色低碳研究的文献数量变化

1.1.2 发文作者及合作网络分析

为揭示绿色低碳领域核心作者及其合作网络的结构特性，本书对相关发文作者及其合作模式进行了深入分析，并绘制了作者共引聚类知识图谱。图 1-2 中，节点的数目与大小象征着核心作者群体的共现频次，而线条的数量与粗细则映射了作者间合作的紧密程度及合作强度。在图 1-2 中，共计 600 个节点和 105 个链接，网络密度为 0.0006。观察共现频次，陈伟和陈向国两位作者分别以 11 次和 10 次居前两位；紧随其后的李琪、周宏春、靳惠怡、庄贵阳、叶祖达、隋明和解振华等，共现频次均超过 6 次。从合作网络的视角分析，绿色低碳研究呈现出小范围集中、大范围分散的特点，表明绿色低碳研究领域已形成核心研究团队。鉴于发文作者间学科差异显著，联系强度相对较弱，这反映出绿色低碳研究领域亟须跨学科的交流与协作，以加强不同学科间的联系与合作。根据发文量统计，发文量超过 10 篇的作者有 2 人，发文量在 6 篇及以上的学者共有 15 人，这些作者构成了绿色低碳研究的核心作者群体，为该领域学术基础的奠定者，同时也是推动绿色低碳研究与学术进展的关键力量。

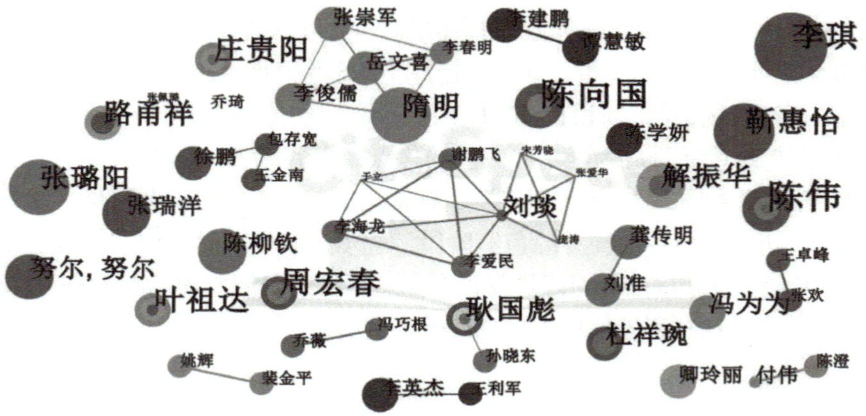

图 1-2 2007～2022 年绿色低碳研究高产作者合作网络

1.1.3 发文机构统计分析

为识别绿色低碳研究领域的主要机构及其合作网络，本书绘制了相关机构合作网络图谱，详见图 1-3。图谱显示，我国绿色低碳研究已初步构建起一个核心合作网络，该网络以生态环境部、国家发展和改革委员会（简称国家发展改革委）、住房和城乡建设部、中国城市科学研究会、同济大学、中国城市规划学会、清华大学建筑学院、中国社会科学院、工业和信息化部等机构为核心合作单位。观察合作强度，核心合作机构之间的合作较为紧密，然而这些机构与其他机构之间的合作尚显孤立，这种状况若长期持续，将不利于绿色低碳研究的持续发展。在发文数量方面，中国工程院居首位，作为国家权威智库，其在推动我国绿色低碳领域发展方面发挥了关键作用。此外，国家隶属的管理部门和研究机构是关键研究单位，如国家发展改革委、生态环境部、国务院发展研究中心、国家发展和改革委员会能源研究所、中国社会科学院、中国城市科学研究会和交通运输部科学研究院等。

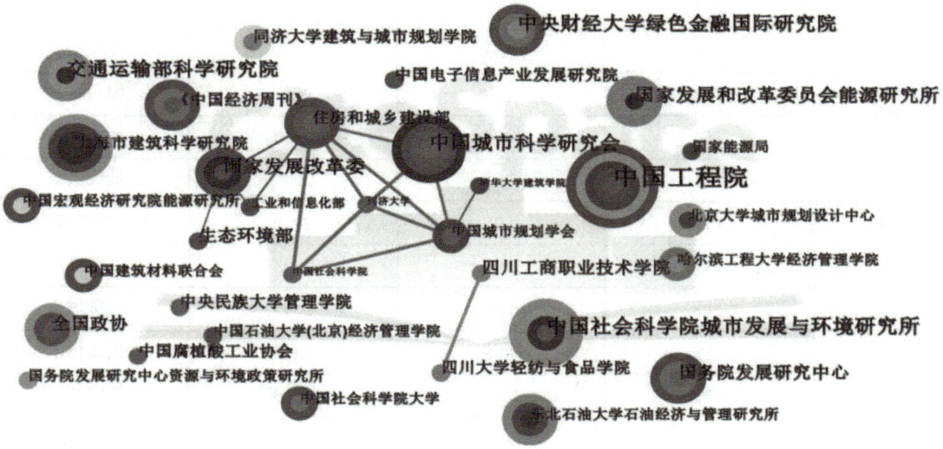

图 1-3　2007～2022 年绿色低碳研究机构合作网络

1.1.4　研究热点演变

根据词频统计分析，本书提取了绿色低碳领域前 30 个关键术语（详见表 1-1），以对绿色低碳研究的热点议题进行深入探讨。分析结果表明，如绿色低碳、低碳经济、碳中和、低碳转型和低碳发展等术语的出现频次居于前列。观察这些高频术语首次出现的年份可以发现，碳中和、低碳转型、低碳、绿色发展、绿色转型、绿色建筑、绿色信贷、低碳环保、碳减排、绿色出行、碳达峰、绿色物流和碳排放等术语的首次出现时间相对较晚，这表明它们是近年来绿色低碳研究领域的新焦点。

表 1-1　2007～2022 年绿色低碳研究前 30 个高频关键词以及中介中心性

序号	频次	中心性	年份	关键词
1	1042	0.38	2009	绿色低碳
2	1039	0.31	2007	低碳经济

续表

序号	频次	中心性	年份	关键词
3	425	0	2021	碳中和
4	363	0.04	2010	低碳转型
5	295	0.12	2009	低碳发展
6	291	0.08	2010	低碳
7	271	0.09	2010	绿色发展
8	241	0.08	2009	低碳绿色
9	228	0.03	2009	绿色金融
10	190	0.03	2010	绿色转型
11	153	0.05	2010	绿色建筑
12	144	0.02	2009	低碳生活
13	138	0.05	2010	绿色信贷
14	131	0.05	2008	绿色经济
15	116	0.06	2009	低碳城市
16	116	0.06	2007	低碳技术
17	115	0.07	2010	低碳环保
18	115	0.02	2010	碳减排
19	106	0.04	2010	绿色出行
20	102	0.03	2007	绿色能源
21	94	0.02	2010	绿色
22	90	0.04	2009	绿色交通
23	89	0.05	2009	节能减排
24	88	0	2021	碳达峰
25	84	0.02	2010	绿色物流
26	80	0.04	2009	低碳理念
27	79	0.04	2009	生态文明
28	74	0.02	2009	循环经济
29	71	0.04	2010	碳排放
30	67	0.04	2009	绿色制造

在构建热点网络图谱的基础上，本书提炼并总结出研究主题，以直观方式揭示了绿色低碳领域的核心研究方向。其核心原理在于运用谱聚类算法生成知识聚

类（图 1-4），并利用算法提取标签主题词，以体现对应的研究前沿。本书采用对数似然率（log-likelihood rate，LLR）作为数据分析方法，以提取聚类标签，并将所有文献划分为 10 个聚类单元，包括低碳（#0）、低碳发展（#1）、绿色能源（#2）、碳中和（#3）、低碳经济（#4）、低碳理念（#5）、建材行业（#6）、绿色经济（#7）、低碳绿色（#8）和低碳农业（#9）。各聚类单元所包含的关键词汇详见表 1-2。观察图 1-4 可知，低碳发展研究覆盖的领域较为广泛，聚类单元间的联系程度各异。低碳（#0）、低碳发展（#1）与低碳绿色（#8）研究之间的重叠性较高，热点词汇间的联系尤为紧密，显示出这三个聚类单元之间存在普遍的共引现象。低碳、低碳发展、低碳绿色这三个关键词紧密相连，其中低碳涉及减少碳排放和节能降耗的行为，是实现低碳发展的基础；低碳发展则以低碳经济为核心，旨在实现经济发展、社会进步与环境保护的协调发展；低碳绿色则是发展绿色经济的重要途径，强调环境保护和生态平衡，以实现经济和社会的可持续发展。碳中和（#3）与绿色经济（#7）之间的联系亦十分紧密，研究重叠度高。碳中和是实现绿色经济的关键手段之一。绿色经济以资源效率、环境保护和创新为基础，推动可持续发展和经济增长，为碳中和提供了技术、产业和政策支持；碳中和则指在一定时期内将温室气体排放量降至零并维持在该水平，需要通过清洁能源的使用、能源效率的提升、碳捕捉和封存技术的加强以及低碳产业的发展等多方面措施，实现温室气体减排和碳中和目标。碳中和作为一种政策导向和实践行动，对绿色经济的发展具有深远的影响。因此，绿色经济与碳中和之间相互促进、协同发展。

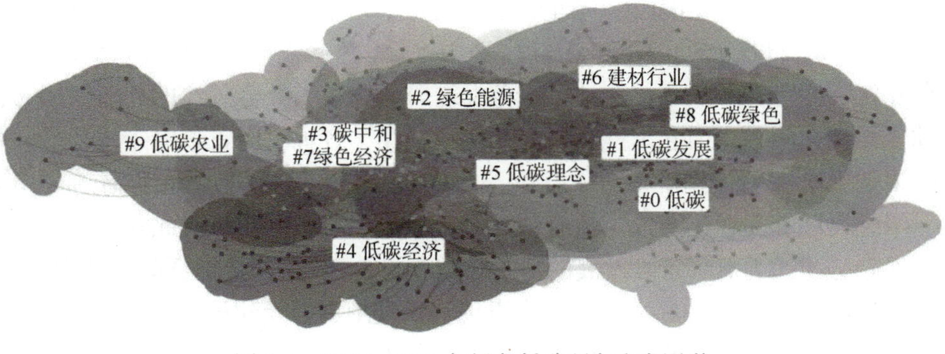

图 1-4　2007～2022 年绿色低碳研究聚类图谱

表 1-2　2007～2022 年绿色低碳研究聚类类别词表

聚类序号	聚类名称	聚类所含关键词数量	聚类所含前五关键词
0	低碳	158	低碳；低碳绿色；绿色建筑；绿色低碳；低碳节能
1	低碳发展	133	低碳发展；绿色出行；低碳生活；绿色交通；低碳城市

续表

聚类序号	聚类名称	聚类所含关键词数量	聚类所含前五关键词
2	绿色能源	109	绿色能源；产业链；低碳经济；绿色制造；光伏发电
3	碳中和	91	碳中和；低碳转型；绿色金融；绿色转型；绿色信贷
4	低碳经济	88	低碳经济；绿色物流；环境会计；循环经济；绿色包装
5	低碳理念	59	低碳理念；低碳港口；低碳技术；碳排放量；低碳产品
6	建材行业	53	建材行业；低碳建筑；建筑材料；绿色建材；建材工业
7	绿色经济	52	绿色经济；气候变化；碳排放；能源转型；科学发展
8	低碳绿色	38	低碳绿色；绿色节能；低碳经济；智能交通；数据中心
9	低碳农业	16	低碳农业；粮食安全；乡村振兴；科技创新；绿色农业

突现词是指出现频次在短时间内突然增加或者使用频次明显增长的关键性术语，可以用于探析绿色低碳的研究前沿动态，突现词分析结果见表 1-3。研究特征或目标在不同时间段表现出显著差异，2007～2010 年，绿色低碳理念逐渐受到重视，引发了对全球经济发展模式和能源消费方式的深刻反思。低碳经济作为一种可持续的经济发展模式，因其在减排、节能和环保方面的多重优势，吸引了学者和政策制定者的广泛关注。自 2009 年起，多地政府相继推出了一系列旨在促进低碳经济发展的政策和行动计划，如欧盟发布的《欧洲 2020 战略》，以及美国、印度等国公布的 2020 年、2030 年减排目标。这些政策的实施显著提升了低碳经济的全球关注度，并极大地推进了相关研究的热度。2010～2020 年，各国政府纷纷推出绿色低碳政策，如中国的《节能与新能源汽车产业发展规划（2012—2020 年）》和《绿色建筑评价标准》（GB/T 50378—2019）等，这些政策的推广使得低碳发展、绿色建筑、绿色循环、环境会计、绿色发展等问题成为社会关注的焦点。同时，全球气候变化问题也引起了社会各界的广泛关注，各国政府正致力于减轻气候变化带来的影响和风险。在这一背景下，低碳发展、绿色建筑、绿色循环、环境会计、绿色发展等问题逐渐成为政府和社会各界共同关注的热点。此外，绿色低碳的发展趋势与人类对可持续发展的追求相契合，因此获得了更广泛的关注和研究。2020～2022 年，随着中国积极稳妥推进碳达峰碳中和以及建设新型能源体系，低碳成为研究热点。这一问题的重要性和紧迫性得到了进一步的认识和重视，“绿色低碳”整体研究热度显著提升。

表 1-3　绿色低碳相关文献前 23 位突现关键词

序号	关键词	突现率	开始	结束	2000～2022
1	低碳经济	114.23	2007	2011	

续表

序号	关键词	突现率	开始	结束	2000～2022
2	低碳技术	13.26	2007	2012	
3	绿色经济	9.76	2008	2012	
4	低碳建筑	12.56	2009	2012	
5	绿色北京	10.17	2009	2011	
6	低碳产业	9.23	2009	2013	
7	低碳生活	25.73	2010	2012	
8	低碳时代	13.84	2010	2012	
9	绿色信贷	12.2	2010	2013	
10	碳金融	9.55	2010	2011	
11	绿色包装	8.13	2010	2013	
12	低碳绿色	9.13	2011	2013	
13	低碳发展	10.72	2012	2015	
14	绿色建筑	17.44	2013	2019	
15	绿色循环	17.1	2013	2018	
16	生态文明	8.83	2013	2019	
17	环境会计	12.06	2014	2016	
18	环境保护	7.87	2014	2018	
19	低碳港口	7.74	2014	2015	
20	绿色发展	27.25	2016	2019	
21	低碳节能	8.97	2016	2019	
22	建材行业	8	2018	2020	
23	碳减排	21.19	2020	2022	

演进时间线视图作为一种可视化工具，能够明确地揭示研究领域内历史研究成果的演变、发展趋势以及不同研究聚类间的相互作用。通过对图 1-5 所示的演进时间线视图进行分析，可以得出以下结论：首先，绝大多数研究聚类正处于研究发展的兴盛阶段，并且研究成果具有显著的延续性。这反映出在绿色低碳领域所付出的研究努力正逐步转化为实际成果，研究领域的发展趋势显示出一定的稳定性。其次，低碳（#0）、低碳发展（#1）、绿色能源（#2）以及碳中和（#3）等

聚类的文献规模相对较大，研究范围更为广泛。这些聚类覆盖了绿色低碳领域的关键研究方向，是该研究领域中至关重要的研究单元。此外，绿色经济（#7）、低碳绿色（#8）、低碳农业（#9）等聚类单元在绿色低碳领域的研究中也扮演着重要的角色。

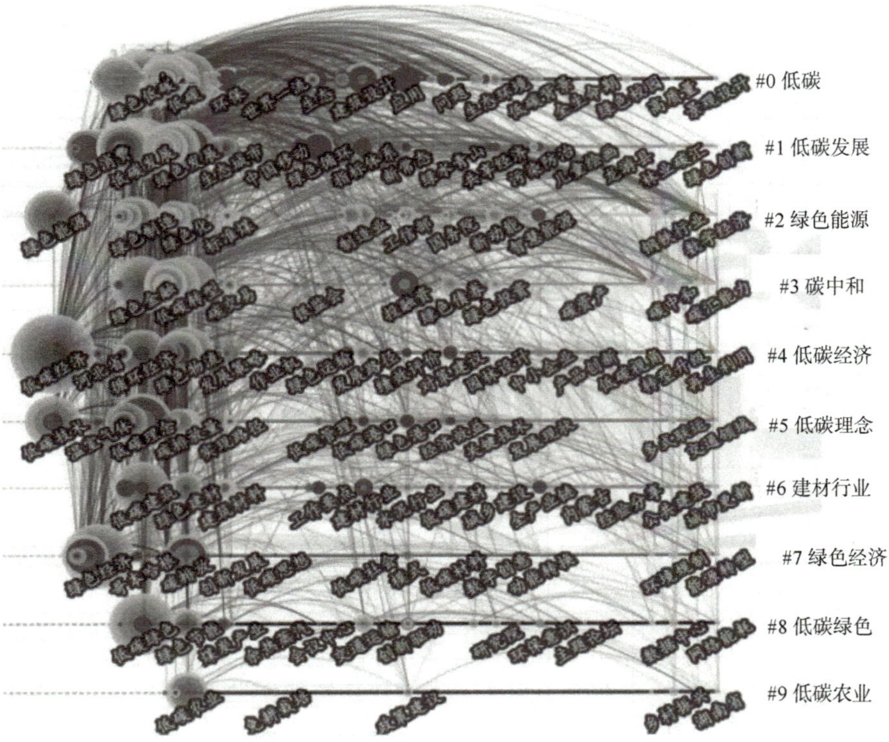

图 1-5　绿色低碳研究的关键词时间线知识图谱

1.2　我国绿色低碳产业政策分析

1.2.1　我国绿色低碳政策发展演变历程

绿色低碳发展构成了经济社会全面转型的复杂工程和长期任务。自 1983 年国务院召开第二次全国环境保护会议，环境保护被确立为一项基本国策，并制定了中国环境保护事业的战略方针。1997 年，《中华人民共和国节约能源法》将节约资源定为我国的基本国策，并明确提出了“国家实施节约与开发并举、把节约放在首位的能源发展战略”。我国在低碳领域的政策演进始于资源节约，进而发展至节能、绿色发展，最终迈向低碳的高质量发展进程。通过对国家层面政策的梳理，我国绿色低碳政策的发展可划分为三个阶段：第一阶段为节能减排阶段，第二阶段为绿色阶段，第三阶段为双碳阶段[2]。

第一阶段主要涵盖了“十一五”时期，该时期围绕节能减排推出了一系列政策和行动方案，如表 1-4 所示。2006 年，第十届全国人民代表大会第四次会议审议通过的《中华人民共和国国民经济和社会发展第十一个五年规划纲要》首次提出了节能减排目标，将节能减排作为调整经济结构、转变发展方式、应对气候变化、推动科学发展的关键措施。同年，国家发展改革委联合多个部门制定了《千家企业节能行动实施方案》，该方案覆盖了钢铁、有色、煤炭、电力、石油石化、化工、建材、纺织、造纸等九个重点耗能行业，促进了工业领域的节能降耗。据统计，在“十一五”期间，上述行业企业共实现节能 1.5 亿吨标准煤。

表 1-4　“十一五”时期中共中央、国务院印发的绿色低碳政策

政策名称	发布单位	发布时间①	绿色低碳关键词
关于做好建设节约型社会近期重点工作的通知	国务院	2005 年 06 月 27 日	资源节约、能源节约、可再生能源
关于推进社会主义新农村建设的若干意见	中共中央、国务院	2005 年 12 月 31 日	绿色食品、生态农业、废弃物综合利用、节约型农业
中华人民共和国国民经济和社会发展第十一个五年规划纲要	第十届全国人大四次会议	2006 年 03 月 14 日	循环经济、生态保护、节能减排、污染防治
关于印发 2008 年节能减排工作安排的通知	国务院办公厅	2008 年 07 月 15 日	节能减排、淘汰落后生产、循环经济、污染源监管
关于深入开展全民节能行动的通知	国务院办公厅	2008 年 08 月 01 日	节能行动、节能意识、节能产品
石化产业调整和振兴规划	国务院办公厅	2009 年 05 月 18 日	清洁生产、淘汰落后产能
轻工业调整和振兴规划	国务院办公厅	2009 年 05 月 18 日	绿色设备、节能设备、污染物减排、绿色生产
关于印发 2009 年节能减排工作安排的通知	国务院办公厅	2009 年 07 月 19 日	节能减排、严控高耗能高排放行业、循环经济

第二阶段涵盖“十二五”和“十三五”期间，其间出台的政策（参见表 1-5）主要聚焦于绿色低碳、新能源、节能环保以及新能源汽车等领域的绿色发展。尽

① 此处为政策文件的发布时间或成文时间或上网时间，全书同。

管该阶段依然以绿色发展为核心主题，但绿色低碳政策体系得到了进一步的完善与加强，构建了循环发展的绿色低碳经济体系，推动了经济社会的全面绿色转型，并特别强调了绿色低碳新兴产业的发展。2010年，国务院颁布了《关于加快培育和发展战略性新兴产业的决定》，将发展战略性新兴产业提升至国家战略层面，并确定了节能环保产业、新能源产业、新能源汽车产业等主要领域和具体方向。2012年，国务院发布了《"十二五"国家战略性新兴产业发展规划》，进一步明确了我国战略性新兴产业发展的核心方向和主要任务，旨在通过发展新兴产业，减轻我国所面临的资源、能源和环境压力。2016年，国务院印发了《"十三五"国家战略性新兴产业发展规划》，首次明确将新能源汽车、新能源和节能环保产业纳入绿色低碳产业范畴，推动这些绿色低碳产业成为我国经济发展的支柱，共同促进我国经济的绿色低碳发展。新能源产业、节能环保产业和新能源汽车产业作为国家重点发展的战略性新兴产业，已成为绿色低碳政策关注的焦点。同时，绿色低碳、绿色建筑、绿色制造、绿色产品、绿色生活、绿色生产、绿色农业、绿色贸易、绿色金融以及区域绿色协调发展等概念，在绿色低碳政策中被频繁提及。

表 1-5 "十二五"和"十三五"时期中共中央、国务院印发的绿色发展政策

政策名称	发布单位	发布时间	绿色低碳关键词
关于印发"十二五"国家战略性新兴产业发展规划的通知	国务院	2012年07月20日	节能环保、新能源、新能源汽车、战略性新兴产业
关于印发节能减排"十二五"规划的通知	国务院	2012年08月12日	非常规油气资源开发利用、清洁能源商业化利用
关于加快发展节能环保产业的意见	国务院	2013年08月12日	环保技术装备、资源循环利用、节能环保服务业、节能环保工程、节能环保产品
关于印发2014—2015年节能减排低碳发展行动方案的通知	国务院办公厅	2014年05月26日	节能降碳、市场化节能减排机制
关于印发能源发展战略行动计划（2014—2020年）的通知	国务院办公厅	2014年11月19日	节约优先、绿色低碳
关于加快推进生态文明建设的意见	中共中央、国务院	2015年04月25日	节能环保产业、生物质、地热、智能电网、节能与新能源汽车
关于促进加工贸易创新发展的若干意见	国务院	2016年01月18日	新能源、新材料、节能环保产业、节能低碳
关于加大脱贫攻坚力度支持革命老区开发建设的指导意见	中共中央办公厅、国务院办公厅	2016年02月01日	页岩气、煤层气、页岩油、清洁能源、绿色矿山

续表

政策名称	发布单位	发布时间	绿色低碳关键词
关于进一步加强城市规划建设管理工作的若干意见	中共中央、国务院	2016 年 02 月 06 日	建筑节能技术、新能源技术，绿色节能建筑
国家创新驱动发展战略纲要	中共中央、国务院	2016 年 05 月 19 日	智能绿色制造，传统制造业绿色改造
关于印发“十三五”国家科技创新规划的通知	国务院	2016 年 08 月 08 日	核电、煤炭清洁高效利用、智能电网、智能绿色制造技术
关于印发“十三五”控制温室气体排放工作方案的通知	国务院	2016 年 11 月 04 日	低碳产业体系、城镇化低碳发展、全国碳排放权交易市场
关于印发“十三五”脱贫攻坚规划的通知	国务院	2016 年 12 月 02 日	核电、油气、水电、风电、光伏、跨省重大电网工程和天然气管道建设
关于印发“十三五”生态环境保护规划的通知	国务院	2016 年 12 月 05 日	绿色制造、绿色产品、节能环保产业、区域绿色协调发展
关于印发“十三五”国家信息化规划的通知	国务院	2016 年 12 月 27 日	绿色生产模式、绿色生活方式、“互联网+智慧能源”、能源互联网
关于印发“十三五”节能减排综合工作方案的通知	国务院	2017 年 01 月 05 日	节能减排工程、节能减排市场化机制、节能减排目标责任
关于印发“十三五”现代综合交通运输体系发展规划的通知	国务院	2017 年 02 月 28 日	交通运输绿色发展、新能源汽车充电设施建设、新能源运输工具规模化应用
关于创新体制机制推进农业绿色发展的意见	中共中央办公厅、国务院办公厅	2017 年 09 月 30 日	农业绿色循环低碳生产制度、农业绿色开发机制、绿色农业
关于全面加强生态环境保护坚决打好污染防治攻坚战的意见	中共中央、国务院	2018 年 06 月 16 日	经济绿色低碳循环发展、能源资源全面节约、绿色生活
关于印发打赢蓝天保卫战三年行动计划的通知	国务院	2018 年 07 月 03 日	产业绿色发展、清洁低碳高效能源体系、绿色交通体系
关于印发完善促进消费体制机制实施方案（2018—2020 年）的通知	国务院办公厅	2018 年 10 月 11 日	新能源汽车车辆购置税优惠政策、碳配额交易制度、新能源汽车充电设施标准规范、绿色消费
关于印发“无废城市”建设试点工作方案的通知	国务院办公厅	2019 年 01 月 21 日	工业绿色生产、绿色开采、绿色矿山、绿色设计、绿色供应链、绿色生活方式
粤港澳大湾区发展规划纲要	中共中央、国务院	2019 年 02 月 18 日	新能源产业、节能环保产业、新能源汽车产业、绿色低碳发展模式、清洁低碳能源体系

续表

政策名称	发布单位	发布时间	绿色低碳关键词
国家生态文明试验区（海南）实施方案	中共中央办公厅、国务院办公厅	2019 年 05 月 12 日	“清洁能源岛”、清洁能源供应体系、碳排放控制
关于支持深圳建设中国特色社会主义先行示范区的意见	中共中央、国务院	2019 年 08 月 09 日	城市绿色发展新格局、绿色低碳循环发展的经济体系、绿色技术创新体系、绿色产业、绿色消费、绿色金融
交通强国建设纲要	中共中央、国务院	2019 年 09 月 19 日	新能源、清洁能源、环保型交通装备及成套技术装备、绿色高效的现代物流系统、公路货运节能减排，绿色低碳出行
关于推进贸易高质量发展的指导意见	中共中央、国务院	2019 年 11 月 19 日	绿色贸易、绿色设计和制造、绿色技术支撑体系和供应链、绿色产品认证
关于新时代推进西部大开发形成新格局的指导意见	中共中央、国务院	2020 年 05 月 17 日	煤炭清洁生产与智能高效开采、煤层气等勘探开发利用、可再生能源开发利用、清洁能源基地、清洁电力输送
关于印发新能源汽车产业发展规划（2021—2035 年）的通知	国务院办公厅	2020 年 11 月 02 日	新能源汽车与可再生能源高效协同、智能绿色物流运输体系、氢燃料供给体系建设
关于制定国民经济和社会发展第十四个五年规划和二〇三五年远景目标的建议	中共中央	2020 年 11 月 03 日	生产生活方式绿色转型、绿色低碳发展、绿色金融、绿色技术创新、能源清洁低碳安全高效利用、绿色建筑

第三阶段对应于我国的“十四五”规划时期，标志着我国步入了“双碳”目标的政策阶段。在此阶段，我国明确提出了碳达峰与碳中和的“1+*N*”政策体系。该体系的核心在于将“绿色”理念融入“低碳”发展之中，使得低碳成为相关政策的核心要素，具体政策内容详见表 1-6。2021 年，中国首次将“碳中和”目标纳入政府工作报告。此后，中央政府陆续推出了多项配套政策，涵盖了对重点行业领域的具体实施政策以及各类支持保障措施。除了中央层面的政策外，各省也根据自身情况，以战略性指导文件、保障性支持文件、地方性法规等形式，具体实施了“*N*”政策[3]。

表 1-6 “十四五”时期中共中央、国务院印发的低碳相关政策

政策名称	发布单位	发布时间	绿色低碳关键词
关于加快建立健全绿色低碳循环发展经济体系的指导意见	国务院	2021 年 02 月 22 日	绿色低碳循环发展的生产、流通、消费体系，基础设施绿色升级，绿色技术创新体系，碳达峰、碳中和

续表

政策名称	发布单位	发布时间	绿色低碳关键词
中华人民共和国国民经济和社会发展第十四个五年规划和2035年远景目标纲要	十三届全国人大四次会议	2021年03月13日	清洁低碳、安全高效的能源体系，发展方式绿色转型
关于新时代推动中部地区高质量发展的意见	中共中央、国务院	2021年04月23日	低碳城市试点、零碳排放示范工程、绿色消费、绿色出行、产业绿色转型发展
关于完整准确全面贯彻新发展理念做好碳达峰碳中和工作的意见	中共中央、国务院	2021年09月22日	经济社会发展全面绿色转型、清洁低碳安全高效能源体系、低碳交通运输体系、城乡建设绿色低碳发展、碳汇
关于印发《黄河流域生态环境保护规划》的通知	生态环境部、国家发展和改革委员会、自然资源部、水利部	2021年10月08日	煤炭清洁高效利用、非常规油气资源开采利用、风光水多能互补系统
国家标准化发展纲要	中共中央、国务院	2021年10月10日	绿色发展标准化、可再生能源标准、生态碳汇、碳捕集利用与封存标准，绿色消费标准
关于推动城乡建设绿色发展的意见	中共中央办公厅、国务院办公厅	2021年10月21日	建筑领域碳达峰碳中和行动、工程建设全过程绿色建造、绿色生活方式
关于深入打好污染防治攻坚战的意见	中共中央、国务院	2021年11月02日	绿色低碳发展、能源清洁低碳转型、清洁生产和能源资源节约高效利用
关于印发推进多式联运发展优化调整运输结构工作方案（2021—2025年）的通知	国务院办公厅	2022年01月07日	技术装备绿色化，推动新能源和清洁能源车船、航空器应用，港站枢纽绿色化智能化改造
关于印发“十四五”现代综合交通运输体系发展规划的通知	国务院	2022年01月18日	交通运输全生命周期绿色低碳转型、绿色低碳发展长效机制、充电设施设备建设
关于印发“十四五”节能减排综合工作方案的通知	国务院	2022年01月24日	能源消费强度和总量双控、节能减排重点工程、节能减排政策机制
关于印发“十四五”推进农业农村现代化规划的通知	国务院	2022年02月11日	绿色发展引领乡村振兴、农村生产生活方式绿色低碳转型
关于落实《政府工作报告》重点工作分工的意见	国务院	2022年03月25日	碳达峰碳中和、能源低碳转型、煤炭清洁高效利用、风光电基地、生物质能
关于加强数字政府建设的指导意见	国务院	2022年06月23日	绿色低碳转型、碳排放智能监测和动态核算体系、绿色低碳发展新格局
关于认真学习宣传贯彻党的二十大精神的决定	中共中央	2022年10月29日	发展方式绿色转型、碳达峰碳中和

1.2.2　相关行业领域绿色低碳政策特征分析

在国家层面之外，各部委亦积极颁布了涉及特定行业或领域的绿色低碳政策，全面实施绿色规划、绿色设计、绿色投资、绿色建设、绿色生产、绿色流通、绿色生活及绿色消费，旨在高效利用资源、严格保护生态环境、有效控制温室气体排放，作为核心目标，积极推进碳达峰、碳中和，促进绿色低碳的高质量发展。据不完全统计，本书对近两年的绿色低碳相关政策进行了梳理，2021 年的政策主要集中在能源、工业、新基建、金融等领域；2022 年则主要集中在能源、工业、医药、建筑、钢铁、有色金属、交通运输及农业农村等领域，相关政策详见表 1-7～表 1-17。

表 1-7　“十四五”时期各部委印发的能源领域政策

政策名称	发布单位	发布时间	主要内容
关于印发《清洁能源消纳情况综合监管工作方案》的通知	国家能源局综合司	2021 年 03 月 17 日	切实加强工作统筹，各省级能源主管部门积极配合相关派出机构开展工作，突出工作重点，推动清洁能源消纳政策得到有效实施，确保清洁能源得到高效利用
关于印发《2021 年能源工作指导意见》的通知	国家能源局	2021 年 04 月 22 日	增强能源安全保障能力，加快清洁低碳转型发展，统筹能源与生态和谐发展，加强能源创新能力建设，提升惠企利民水平，持续提高能源治理能力，加强能源国际合作
关于 2021 年风电、光伏发电开发建设有关事项的通知	国家能源局	2021 年 05 月 11 日	强化可再生能源电力消纳责任权重引导机制，建立并网多元保障机制，加快推进存量项目建设，稳步推进户用光伏发电建设，抓紧推进项目储备和建设
关于印发《能源领域 5G 应用实施方案》的通知	国家发展改革委、国家能源局、中央网信办、工业和信息化部	2021 年 06 月 05 日	拓展一批 5G 典型应用场景，建设一批 5G 行业专网或虚拟专网，探索形成一批可复制、易推广的有竞争力的商业模式，研究建设能源领域 5G 应用相关技术创新平台、公共服务平台和安全防护体系，显著提升能源领域 5G 应用产业基础支撑能力
关于印发《煤矿智能化建设指南（2021 年版）》的通知	国家能源局、国家矿山安全监察局	2021 年 06 月 05 日	加快新一代信息技术与煤炭产业深度融合，推进煤炭产业高端化、智能化、绿色化转型升级，实现煤炭开采利用方式的变革，提升煤矿智能化和安全水平，促进煤炭行业高质量发展
关于加快推动新型储能发展的指导意见	国家发展改革委、国家能源局	2021 年 07 月 24 日	强化规划引导，鼓励储能多元发展，推动技术进步，壮大储能产业体系，完善政策机制，鼓励储能投资建设

续表

政策名称	发布单位	发布时间	主要内容
关于鼓励可再生能源发电企业自建或购买调峰能力增加并网规模的通知	国家发展改革委、国家能源局	2021 年 07 月 29 日	为努力实现应对气候变化自主贡献目标，促进风电、太阳能发电等可再生能源大力发展和充分消纳，鼓励发电企业通过自建或购买调峰储能能力的方式，增加可再生能源发电装机并网规模
关于促进地热能开发利用的若干意见	国家能源局	2021 年 09 月 10 日	深化地热资源勘查工作，积极推进浅层地热能利用，稳妥推进中深层地热能供暖，鼓励地方建设地热能高质量发展示范区，规范地热能开发利用管理
关于印发《完善能源消费强度和总量双控制度方案》的通知	国家发展改革委	2021 年 09 月 11 日	完善能耗双控指标管理，优化能耗双控指标分解落实，推动用能权有偿使用和交易，引导能源要素合理流动和高效配置，推动各地全面完成节能降耗目标任务
关于印发“十四五”可再生能源发展规划的通知	国家发展改革委、国家能源局、财政部、自然资源部、生态环境部、住房城乡建设部、农业农村部、中国气象局、国家林业和草原局	2021 年 10 月 21 日	优化发展方式，大规模开发可再生能源；促进存储消纳，高比例利用可再生能源；健全体制机制，市场化发展可再生能源；坚持开放融入，深化可再生能源国际合作
关于开展全国煤电机组改造升级的通知	国家发展改革委、国家能源局	2021 年 11 月 03 日	推动能源行业结构优化升级，进一步提升煤电机组清洁高效灵活性水平，促进电力行业清洁低碳转型
关于印发《加快农村能源转型发展助力乡村振兴的实施意见》的通知	国家能源局、农业农村部、国家乡村振兴局	2021 年 12 月 29 日	巩固光伏扶贫工程成效，持续提升农村电网服务水平，支持县域清洁能源规模化开发，推动千村万户电力自发自用，积极培育新能源+产业，推动农村生物质资源利用，鼓励发展绿色低碳新模式新业态，大力发展乡村能源站，加快形成绿色低碳生产生活方式
关于印发《智能光伏产业创新发展行动计划（2021—2025 年）》的通知	工业和信息化部、住房和城乡建设部、交通运输部、农业农村部、国家能源局	2022 年 01 月 05 日	推进智能光伏产业链技术创新，推动光伏基础材料、太阳能电池及部件智能制造，实现全链条绿色发展。促进新一代信息技术与光伏产业融合创新，加快提升全产业链智能化水平，增强智能产品及系统方案供给能力，鼓励智能光伏行业应用

续表

政策名称	发布单位	发布时间	主要内容
关于加快建设全国统一电力市场体系的指导意见	国家发展改革委、国家能源局	2022 年 01 月 18 日	优化电力市场总体设计，健全多层次统一电力市场体系，统一交易规则和技术标准，破除市场壁垒，推进适应能源结构转型的电力市场机制建设，加快形成统一开放、竞争有序、安全高效、治理完善的电力市场体系
关于印发《“十四五”新型储能发展实施方案》的通知	国家发展改革委、国家能源局	2022 年 01 月 29 日	构建新型储能创新体系，积极试点示范稳妥推进新型储能产业化进程，促进新型储能与电力系统各环节融合发展，支撑新型电力系统建设，加快新型储能市场化步伐，健全新型储能管理体系，提升新型储能竞争优势
关于完善能源绿色低碳转型体制机制和政策措施的意见	国家发展改革委、国家能源局	2022 年 02 月 10 日	统筹发展与安全、稳增长和调结构，深化能源领域体制机制改革创新，加快构建清洁低碳、安全高效的能源体系，促进能源高质量发展和经济社会发展全面绿色转型
关于印发《“十四五”现代能源体系规划》的通知	国家发展改革委、国家能源局	2022 年 03 月 22 日	阐明我国能源发展方针、主要目标和任务举措，增强能源供应链稳定性和安全性，加快推动能源绿色低碳转型，优化能源发展布局，提升能源产业链现代化水平，增强能源治理效能，构建开放共赢能源国际合作新格局
《氢能产业发展中长期规划（2021-2035 年）》	国家发展改革委、国家能源局	2022 年 03 月 24 日	系统构建支撑氢能产业高质量发展创新体系，统筹推进氢能基础设施建设，稳步推进氢能多元化示范应用，加快完善氢能发展政策和制度保障体系
关于“十四五”推动石化化工行业高质量发展的指导意见	工业和信息化部、国家发展改革委、科学技术部、生态环境部、应急管理部、国家能源局	2022 年 03 月 28 日	发挥碳固定碳消纳优势，协同推进产业链碳减排，有序推动石化化工行业重点领域节能降碳，推动用能设施电气化改造，合理引导燃料“以气代煤”，适度增加富氢原料比重，鼓励石化化工企业开发利用“绿氢”，推进炼化、煤化工与“绿电”“绿氢”等产业耦合示范
关于印发《2022 年能源工作指导意见》的通知	国家能源局	2022 年 03 月 29 日	适度超前布局能源基础设施，加大储备力度，保持合理裕度，化解影响能源安全的各种风险挑战。加强化石能源清洁高效利用，推动煤炭和新能源优化组合，稳步推进能源绿色低碳发展。加快能源产业数字化和智能化升级，加快能源民生保障工程建设
关于印发《“十四五”能源领域科技创新规划》的通知	国家能源局 、科技部	2022 年 04 月 02 日	引领新能源占比逐渐提高的新型电力系统建设，支撑在确保安全的前提下积极有序发展核电，推动化石能源清洁低碳高效开发利用，促进能源产业数字化智能化升级，进一步健全高质量发展要求的能源科技创新体系

续表

政策名称	发布单位	发布时间	主要内容
关于发布《煤炭清洁高效利用重点领域标杆水平和基准水平（2022 年版）》的通知	国家发展改革委、工业和信息化部、生态环境部、住房和城乡建设部、市场监管总局、国家能源局	2022 年 04 月 09 日	确定煤炭清洁高效利用重点领域标杆水平，滚动提升清洁高效利用水平，加大煤炭清洁高效利用市场调节和督促落实力度
关于印发《"十四五"生物经济发展规划》的通知	国家发展改革委	2022 年 05 月 10 日	积极开发生物能源，有序发展生物质发电，推动向热电联产转型升级，开展新型生物质能技术研发与培育，建立生物质燃烧掺混标准，加快关键技术研发和设备制造，积极推进先进生物燃料在市政、交通等重点领域替代推广应用
关于促进新时代新能源高质量发展实施方案的通知	国家发展改革委、国家能源局	2022 年 05 月 30 日	创新新能源开发利用模式，加快构建适应新能源占比逐渐提高的新型电力系统，深化新能源领域"放管服"改革，支持引导新能源产业健康有序发展，保障新能源发展合理空间需求，充分发挥新能源的生态环境保护效益，完善支持新能源发展的财政金融政策
关于进一步推动新型储能参与电力市场和调度运用的通知	国家发展改革委、国家能源局	2022 年 06 月 07 日	进一步明确新型储能市场定位，建立完善相关市场机制、价格机制和运行机制，提升新型储能利用水平，引导行业健康发展
关于加强煤炭先进产能核定工作的通知	应急管理部、国家矿山安监局、国家发展改革委、国家能源局	2022 年 06 月 07 日	严格有序确认先进产能煤矿，严格认真审查安全生产条件，实事求是确定核增幅度、间隔和剩余服务年限，依法依规落实企业主体责任
关于实施储能技术国家急需高层次人才培养专项的通知	教育部、国家发展改革委、国家能源局	2022 年 08 月 10 日	聚焦我国对储能领域核心技术领军人才的迫切需求，创新产学研协同人才培养模式，为我国储能领域核心技术突破培养和储备一批创新能力强、具备国际视野和引领产业快速发展的领军人才，形成储能领域高层次人才辈出新格局
关于加快推进地热能开发利用项目信息化管理工作的通知	国家能源局	2022 年 08 月 11 日	加快开展地热能开发利用项目的备案/登记工作，充分评估并选择地热信息管理平台，优先支持录入地热信息管理平台的项目，形成常态化工作机制

续表

政策名称	发布单位	发布时间	主要内容
关于印发加快电力装备绿色低碳创新发展行动计划的通知	工业和信息化部、财政部、商务部、国务院国有资产监督管理委员会、国家市场监督管理总局	2022年08月29日	加速发展清洁低碳发电装备，提升输变电装备消纳保障能力，加快推进配电装备升级换代，提高用电设备能效匹配水平，加快关键核心技术攻关，加强创新平台建设，促进产业集聚和企业融通发展，加速网络化智能化转型发展，加强技术标准体系建设，推动绿色低碳装备检测认证，推广应用模式创新
关于印发《能源碳达峰碳中和标准化提升行动计划》的通知	国家能源局	2022年09月20日	大力推进非化石能源标准化，加强新型电力系统标准体系建设，加快完善新型储能技术标准，加快完善氢能技术标准，进一步提升能效相关标准，健全完善能源产业链碳减排标准，不断提升标准质量
关于促进光伏产业链健康发展有关事项的通知	国家发展改革委、国家能源局	2022年10月28日	保障多晶硅合理产量，支持多晶硅先进产能按期达产，鼓励多晶硅企业合理控制产品价格水平，充分保障多晶硅生产企业电力需求，鼓励光伏产业制造环节加大绿电消纳，完善产业链综合支持措施，合理引导行业预期
关于进一步加强海上风电项目安全风险防控相关工作的通知	国家能源局	2022年11月04日	严格落实海上风电项目企业主体责任，加强施工安全、运维安全、涉网安全、应急、监督管理
关于进一步做好新增可再生能源消费不纳入能源消费总量控制有关工作的通知	国家发展改革委、国家统计局、国家能源局	2022年11月16日	准确界定新增可再生能源电力消费量范围，以绿证作为可再生能源电力消费量认定的基本凭证，完善可再生能源消费数据统计核算体系，科学实施节能目标责任评价考核，健全可再生能源电量认定与统计支撑体系

在能源领域，国家发展和改革委员会、国家能源局、工业和信息化部等部门分别发布了《关于完善能源绿色低碳转型体制机制和政策措施的意见》《促进新时代新能源高质量发展实施方案》《能源碳达峰碳中和标准化提升行动计划》等政策文件。这些政策强调了发挥碳固定和碳消纳的优势，协同推进产业链的碳减排工作，有序推动石化化工行业重点领域的节能降碳，加强化石能源的清洁高效利用，并确定了煤炭清洁高效利用的重点领域和标杆水平。同时，推动能源生产和消费的革命，显著提高非化石能源消费的比重，积极推进风电、光伏、水电、核电、光热发电、地热能发电以及生物质能的开发和利用。鼓励光伏产业在制造环节增

加绿电的使用，并完善产业链的综合支持措施。积极开发和有序发展生物质发电，推动热电联产的转型升级。加快地热能开发利用项目的备案和登记工作，形成常态化工作机制。系统构建支撑氢能产业高质量发展的创新体系，统筹推进氢能基础设施建设，稳步推进氢能的多元化示范应用。构建新型储能创新体系，促进新型储能与电力系统各环节的融合发展，支持新型电力系统的建设。增强清洁能源的消纳能力，完善清洁能源消纳的电力市场机制，推进电力源网荷储一体化和多能互补的发展。促进能源产业数字化和智能化的升级，进一步完善符合高质量发展要求的能源科技创新体系，稳步推进能源绿色低碳发展。

在工业领域，国家发展和改革委员会、工业和信息化部、国家生态工业示范园区建设协调领导小组办公室、国家市场监督管理总局等相关部门相继发布了《关于推进国家生态工业示范园区碳达峰碳中和相关工作的通知》《“十四五”工业绿色发展规划》《工业领域碳达峰实施方案》等政策文件，旨在积极促进示范园区产业结构向低碳新业态转型。在示范园区层面，推动建立低碳技术企业孵化器，促进低碳技术的产业化进程。同时，深入贯彻绿色制造理念，加速产业结构的优化与升级，大力推动工业节能降碳，全面提升资源利用效率，积极推行清洁生产改造，增强绿色低碳技术、产品和服务的供给能力。此外，推动数字化、智能化与绿色化的深度融合，构建工业绿色低碳转型与工业赋能绿色发展相互促进、深度融合的现代化产业格局。在统筹经济、社会和环境效益的基础上，建立商业可持续的产融合作模式，引导金融资源精准支持工业绿色发展，助力制造强国和网络强国建设，不断提升中国工业绿色发展的国际影响力，为构建全球气候治理新体系贡献中国力量。

表 1-8　“十四五”时期各部委印发的工业领域政策

政策名称	发布单位	发布时间	主要内容
关于推进国家生态工业示范园区碳达峰碳中和相关工作的通知	国家生态工业示范园区建设协调领导小组办公室	2021 年 08 月 27 日	积极推动示范园区产业结构向低碳新业态发展，积极引入低碳产业、节能环保产业、清洁生产产业，使区域产业结构不断优化升级。开展能源替代技术，碳捕集、利用与封存技术，工艺降碳技术，低碳管理技术等有利于促进碳达峰关键技术的研究和开发
关于加强产融合作推动工业绿色发展的指导意见	工业和信息化部、中国人民银行、中国银行保险监督管理委员会、中国证券监督管理委员会	2021 年 11 月 06 日	依托产融合作部际协调机制，加强产业政策与金融政策协同。发挥企业和金融机构的市场主体作用，让企业在绿色转型中增效益。加强金融创新，支持重点绿色新技术新场景培育应用

续表

政策名称	发布单位	发布时间	主要内容
关于印发《“十四五”工业绿色发展规划》的通知	工业和信息化部	2021 年 12 月 03 日	深入实施绿色制造，加快产业结构优化升级，大力推进工业节能降碳，全面提高资源利用效率，积极推行清洁生产改造，提升绿色低碳技术、绿色产品、服务供给能力，构建工业绿色低碳转型与工业赋能绿色发展相互促进、深度融合的现代化产业格局
关于做好“十四五”园区循环化改造工作有关事项的通知	国家发展改革委、工业和信息化部	2021 年 12 月 21 日	到 2025 年底，具备条件的省级以上园区全部实施循环化改造，显著提升园区绿色低碳循环发展水平。通过循环化改造，实现园区的能源、水、土地等资源利用效率大幅提升，二氧化碳、固体废物、废水、主要大气污染物排放量大幅降低
关于印发加快推动工业资源综合利用实施方案的通知	工业和信息化部、国家发展和改革委员会、科学技术部、财政部、自然资源部、生态环境部、商务部、国家税务总局	2022 年 02 月 11 日	推进再生资源规范化利用，提升再生资源利用价值，加快推进再生资源高值化循环利用，促进工业资源协同利用，着力提升工业资源利用效率，促进经济社会发展全面绿色转型
关于推动轻工业高质量发展的指导意见	工业和信息化部、人力资源社会保障部、生态环境部、商务部、市场监管总局	2022 年 06 月 19 日	加快绿色安全发展，有序推进轻工业碳达峰进程，绘制造纸等行业低碳发展路线图，全面建设绿色制造体系，引导绿色产品消费
关于印发工业能效提升行动计划的通知	工业和信息化部、国家发展改革委、财政部、生态环境部、国务院国资委、市场监管总局	2022 年 06 月 29 日	深入挖掘石化化工等行业节能潜力，有序推进技术工艺升级，推进重点领域能效提升绿色升级，加快推进煤炭利用高效化、清洁化，加快推进工业用能多元化、绿色化，加快推进终端用能电气化、低碳化
关于印发工业领域碳达峰实施方案的通知	工业和信息化部、国家发展改革委、生态环境部	2022 年 08 月 01 日	将碳达峰、碳中和目标愿景贯穿工业生产各方面和全过程，统筹推动各行业绿色低碳转型。把节约能源资源放在首位，从源头减少二氧化碳排放。以数字化、智能化赋能绿色化，激发市场主体低碳转型发展的内生动力

在新型基础设施建设领域，国家发展和改革委员会、中央网络安全和信息化委员会办公室、工业和信息化部、国家能源局等机构联合发布了《关于印发〈贯彻落实碳达峰碳中和目标要求 推动数据中心和 5G 等新型基础设施绿色高质量发

展实施方案〉的通知》。该通知旨在有序促进以数据中心和 5G 为代表的新一代基础设施实现绿色、高效的发展。预计至 2025 年，数据中心和 5G 将基本构建起一个绿色集约的综合运行体系，数据中心的电能使用效率和可再生能源的利用率将显著提高，全国数据中心的整体使用效率将得到明显改善，同时，数据中心和 5G 的能耗动态监测机制将基本建立，综合产出评估体系和统计方法也将趋于完善。基于数据中心和 5G 的绿色高质量发展，将全面促进包括传统高耗能行业在内的各行各业的数字化转型和升级。

表 1-9　“十四五”时期各部委印发的新基建领域政策

政策名称	发布单位	发布时间	主要内容
关于印发《贯彻落实碳达峰碳中和目标要求 推动数据中心和 5G 等新型基础设施绿色高质量发展实施方案》的通知	国家发展改革委、中央网信办、工业和信息化部、国家能源局	2021 年 11 月 30 日	适度超前发展数据中心、5G 等新型基础设施，促进全产业链绿色低碳发展，加快节能低碳技术的研发推广，加强网络、能源、财税等政策的协调配合，积极培育数据中心、5G 绿色低碳转型和带动全社会可持续发展的创新创业生态
关于印发促进工业经济平稳增长的若干政策的通知	国家发展改革委、工业和信息化部、财政部、人力资源社会保障部、自然资源部、生态环境部、交通运输部、商务部、人民银行、税务总局、银保监会、能源局	2022 年 02 月 18 日	加快新型基础设施重大项目建设，引导电信运营商加快 5G 建设进度，支持工业企业加快数字化改造升级，推进制造业数字化转型；推动重大战略区域北斗规模化应用；加快实施大数据中心建设专项行动；推动基础设施领域不动产投资信托基金健康发展
关于深入实施“东数西算”工程加快构建全国一体化算力网的实施意见	国家发展改革委、国家数据局、中央网信办、工业和信息化部、国家能源局	2023 年 12 月 25 日	加强新型算力基础设施系统设计，建设涵盖通用计算、智能计算、超级计算的融合算力中心。引导算力基础设施建设主体以更加灵活的建设运营方式响应快速迭代的算力市场需求，促进智能计算和高性能计算等算力资源综合应用。提升智能算力在人工智能等领域适配水平，增强计算密集型、数据密集型等业务的算力支撑能力

在医药领域，工业和信息化部、国家卫生健康委员会、国家医疗保障局等相关部门发布了《“十四五”医药工业发展规划》，旨在贯彻国家碳达峰、碳中和的战略部署，制定了医药工业重点领域的碳减排行动计划。该规划致力于构建完善

的医药行业绿色工厂、绿色园区、绿色供应链等标准评价体系。同时，严格执行环保、安全、节能的准入标准，以国际先进水平为标杆，开展清洁生产审核和评价认证工作，推动企业进行生产过程的绿色低碳化改造。此外，还鼓励开发低环境风险产品，进行绿色技术创新，引导企业落实绿色发展理念，提升绿色制造水平，以促进整个产业链的绿色低碳发展。

表 1-10　“十四五”时期各部委印发的医药领域政策

政策名称	发布单位	发布时间	主要内容
关于印发“十四五”医药工业发展规划的通知	工业和信息化部、国家发展和改革委员会、科学技术部、商务部、国家卫生健康委员会、应急管理部、国家医疗保障局、国家药品监督管理局、国家中医药管理局	2022 年 01 月 31 日	促进全产业链绿色低碳发展，构建绿色医药产业体系，提高绿色制造水平，实施医药工业碳减排行动
关于印发有序扩大国家区域医疗中心建设工作方案的通知	国家发展改革委、国家卫生健康委、国家中医药局	2022 年 04 月 27 日	到 2022 年底，基本完成全国范围内的规划布局，力争国家区域医疗中心建设覆盖全国所有省份。到“十四五”末，国家区域医疗中心建设任务基本完成，在优质医疗资源短缺地区建成一批高水平的临床诊疗中心、高层次的人才培养基地和高水准的科研创新与转化平台
“十四五”扩大内需战略实施方案	国家发展和改革委员会	2022 年 12 月 15 日	完善医药服务价格形成机制，加速推进医师多点执业。鼓励发展全科医疗服务，增加专科医疗等细分服务领域有效供给。优化健康服务，发展健康产业。实施健康儿童行动提升计划。实施中医药振兴发展重大工程，加强覆盖全生命周期的中医药服务，全面提升中医药特色优势和服务能力

在建筑领域，住房和城乡建设部、工业和信息化部、国家发展和改革委员会以及生态环境部联合发布了《建材行业碳达峰实施方案》《“十四五”建筑节能与绿色建筑发展规划》《“十四五”住房和城乡建设科技发展规划》。这些方案和规划旨在推动绿色建筑的高质量发展，提升建筑节能标准，执行既有建筑的节能改造，并优化建筑用能结构。同时，加快绿色建筑的建设步伐，转变建筑施工方式，积极推广使用绿色建材，全面提升建材行业的绿色低碳发展水平。此外，推动建筑运行管理的高效低碳化，实现建筑全生命周期的绿色低碳发展，促进建筑碳排放的早期达峰，为我国积极稳妥推进碳达峰碳中和目标作出积极贡献。

表 1-11　“十四五”时期各部委印发的建筑领域政策

政策名称	发布单位	发布时间	主要内容
关于印发建材行业碳达峰实施方案的通知	工业和信息化部、国家发展改革委、生态环境部、住房和城乡建设部	2022 年 11 月 08 日	强化总量控制，引导低效产能退出，防范过剩产能新增，完善水泥错峰生产。推动原料替代，转换用能结构，加大替代燃料利用，加快清洁绿色能源应用，提高能源利用效率水平，加快技术创新，推进绿色制造
关于印发“十四五”住房和城乡建设科技发展规划的通知	住房和城乡建设部	2022 年 03 月 12 日	以支撑城乡建设绿色发展和碳达峰碳中和为目标，聚焦能源系统优化、市政基础设施低碳运行、零碳建筑及零碳社区、城市生态空间增汇减碳等重点领域，加强绿色低碳技术研发，形成绿色、低碳、循环的城乡发展方式和建设模式
关于印发“十四五”建筑节能与绿色建筑发展规划的通知	住房和城乡建设部	2022 年 03 月 12 日	加强既有建筑节能绿色改造，推动可再生能源应用，推动太阳能建筑应用，加强地热能等可再生能源利用，加强可再生能源项目建设管理，建立以电力消费为核心的建筑能源消费体系，推进区域建筑能源协同

在钢铁领域，工业和信息化部、国家发展和改革委员会以及生态环境部联合发布了《关于促进钢铁工业高质量发展的指导意见》。该文件提出了实施钢铁行业碳达峰的方案，并强调了减污降碳的协同治理。文件支持成立低碳冶金创新联盟，并制定了氢冶金的行动方案，以加速低碳冶炼技术的研发和应用。同时，文件鼓励建立钢铁生产全过程的碳排放数据管理体系，并参与全国碳排放权交易市场。此外，文件还提倡开展工业节能诊断服务，以支持企业增加绿色能源的使用比例。全面推动钢铁行业实现超低排放改造，加快钢铁企业清洁运输的进程，并完善有利于绿色低碳发展的差别化电价政策。

表 1-12　“十四五”时期各部委印发的钢铁领域政策

政策名称	发布单位	发布时间	主要内容
关于钢铁冶炼项目备案管理的意见	国家发展改革委	2021 年 05 月 06 日	高度重视钢铁冶炼项目备案工作，严格钢铁冶炼项目备案管理，规范建设钢铁冶炼项目，及时跟踪项目建设进展情况，强化钢铁项目备案事中事后监管
关于促进钢铁工业高质量发展的指导意见	工业和信息化部、国家发展改革委、生态环境部	2022 年 02 月 07 日	落实钢铁行业碳达峰实施方案，统筹推进减污降碳协同治理，加快推进低碳冶炼技术研发应用，支持构建钢铁生产全过程碳排放数据管理体系，参与全国碳排放权交易，支持企业提高绿色能源使用比例，加快推进清洁运输，完善有利于绿色低碳发展的差别化电价政策

在有色金属领域，工业和信息化部、国家发展和改革委员会以及生态环境部联合发布了《关于印发有色金属行业碳达峰实施方案的通知》。该方案以实现有色金属行业碳达峰的总体目标为核心，以深化供给侧结构性改革为主导，聚焦于优化冶炼产能规模、调整和优化产业结构、加强技术节能降碳、推动清洁能源替代以及构建绿色制造体系等关键领域。此举旨在提升整个产业链在减少污染和降低碳排放方面的协同效应，加速形成绿色低碳的发展模式，确保积极稳妥推进碳达峰目标。

表 1-13　“十四五”时期各部委印发的有色金属领域政策

政策名称	发布单位	发布时间	主要内容
关于印发《“十四五”全国清洁生产推行方案》的通知	国家发展改革委、生态环境部、工业和信息化部、科技部、财政部、住房和城乡建设部、交通运输部、农业农村部、商务部、市场监管总局	2021 年 10 月 29 日	大力推进重点行业清洁低碳改造。严格执行质量、环保、能耗、安全等法律法规标准，加快淘汰落后产能。电解铝行业推广高效低碳铝电解技术。铜冶炼行业推广短流程冶炼、连续熔炼技术。铅冶炼行业推广富氧底吹熔炼、液态铅渣直接还原炼铅工艺。锌冶炼行业推广高效清洁化电解技术、氧压浸出工艺。完成 4000 台左右有色窑炉清洁生产改造
关于印发有色金属行业碳达峰实施方案的通知	工业和信息化部、国家发展改革委、生态环境部	2022 年 11 月 15 日	强化技术节能降碳，加强关键技术攻关，建设有色金属低碳制造业创新载体，推广绿色低碳技术。推进清洁能源替代，控制化石能源消费，鼓励消纳可再生能源，构建绿色清洁生产体系

在交通运输领域，交通运输部、国家铁路局、中国民用航空局以及国家邮政局分别颁布了《绿色交通“十四五”发展规划》《贯彻落实〈中共中央国务院关于完整准确全面贯彻新发展理念做好碳达峰碳中和工作的意见〉的实施意见》《绿色交通标准体系（2022 年）》等政策文件，旨在优化空间布局，建设绿色交通基础设施。同时，致力于优化交通与运输结构，提高综合运输效率。推广新能源应用，构建低碳交通体系。坚持问题的根本解决与临时措施相结合，推进交通污染的深度治理。坚持创新引领，加强绿色交通科技支撑，完善推进机制，健全绿色交通监管体系。显著提升交通与运输领域的绿色发展水平，推动形成绿色低碳的交通与运输生产方式。

表 1-14　“十四五”时期各部委印发的交通运输领域政策

政策名称	发布单位	发布时间	主要内容
关于 2022 年新能源汽车推广应用财政补贴政策的通知	财政部、工业和信息化部、科技部、国家发展改革委	2021 年 12 月 31 日	2022 年保持现行购置补贴技术指标体系框架及门槛要求不变，新能源汽车补贴标准在 2021 年基础上平缓退坡。加强新能源汽车产品安全监管引导，确保质量和信息安全
关于进一步提升电动汽车充电基础设施服务保障能力的实施意见	国家发展改革委、国家能源局、工业和信息化部、财政部、自然资源部、住房和城乡建设部、交通运输部、农业农村部、应急部、市场监管总局	2022 年 01 月 21 日	加快推进居住社区充电设施建设安装，提升城乡地区充换电保障能力，加强车网互动等新技术研发应用，加强充电设施运维和网络服务，做好配套电网建设与供电服务，支撑新能源汽车产业发展，推动构建新型电力系统
关于印发《绿色交通“十四五”发展规划》的通知	交通运输部	2022 年 01 月 21 日	建设绿色交通基础设施，优化交通运输结构，持续加快新能源和清洁能源应用，构建低碳交通运输体系，强化绿色交通科技支撑，形成交通运输领域绿色低碳生产方式
关于扎实推动“十四五”规划交通运输重大工程项目实施的工作方案	交通运输部	2022 年 05 月 20 日	“十四五”时期，以营运交通工具动力革命和低碳基础设施建设运营为重点，强化交通基础设施对低碳发展有效支撑，建成一批“分布式新能源+储能+微电网”智慧能源系统工程项目，支持新能源清洁能源营运车船规模应用，鼓励高耗能船舶进行节能技术改造
贯彻落实《中共中央国务院关于完整准确全面贯彻新发展理念做好碳达峰碳中和工作的意见》的实施意见	交通运输部、国家铁路局、中国民用航空局、国家邮政局	2022 年 06 月 24 日	加大先进绿色低碳新技术和装备的应用力度，倡导绿色低碳出行方式，提升交通运输能源利用效率，持续降低交通运输装备能源消耗和碳排放强度，加快构建政府企业公众共治的绿色低碳交通行动体系
关于印发《绿色交通标准体系（2022 年）》的通知	交通运输部	2022 年 08 月 23 日	推动综合交通运输和公路、水路领域节能降碳、污染防治、生态环境保护修复、资源节约集约利用标准补短板、强弱项、促提升，加快形成绿色低碳运输方式，促进交通与自然和谐发展，为加快建设交通强国提供有力支撑

在金融领域，中国人民银行、财政部、中国证券监督管理委员会、国家发展改革委等机构发布了《绿色债券支持项目目录（2021 年版）》、《污染治理和节能减碳中央预算内投资专项管理办法》以及《银行业金融机构绿色金融评价方案》等政策文件。这些文件旨在增强金融对绿色低碳高质量发展的支持能力，改善绿

色金融的激励与约束机制。同时，要求各地区根据实际情况，制定银行业金融机构（法人）绿色金融评价的实施细则，并确保评价工作的顺利进行。此外，鼓励积极探索评价结果的应用，以显著提升银行业金融机构在绿色金融方面的绩效。紧贴国家自主贡献目标和低碳发展目标，推动投融资活动更好地服务于降低碳排放强度、实现碳排放峰值、提高非化石能源比例、增加森林蓄积量等目标、政策和行动。加速构建气候投融资政策体系，并逐步完善气候投融资的标准体系。合理规划污染治理和节能减碳中央预算内投资资金的使用，全面支持各地污染治理和节能减碳项目的建设，以提高中央资金的使用效率，并激发社会资本参与污染治理和节能减碳项目的积极性。

表 1-15 “十四五”时期各部委印发的金融领域政策

政策名称	发布单位	发布时间	主要内容
关于促进应对气候变化投融资的指导意见	生态环境部、国家发展改革委、中国人民银行、中国银行保险监督管理委员会、中国证券监督管理委员会	2020 年 10 月 20 日	大力推进应对气候变化投融资（以下简称气候投融资）发展，引导和撬动更多社会资金进入应对气候变化领域，进一步激发潜力、开拓市场，推动形成减缓和适应气候变化的能源结构、产业结构、生产方式和生活方式
关于引导加大金融支持力度促进风电和光伏发电等行业健康有序发展的通知	国家发展改革委、财政部、中国人民银行、银保监会、国家能源局	2021 年 02 月 24 日	金融机构按照商业化原则与可再生能源企业协商展期或续贷，按照市场化、法治化原则自主发放补贴确权贷款，对补贴确权贷款给予合理支持，促进风电和光伏发电等行业健康有序发展
关于印发《绿色债券支持项目目录（2021 年版）》的通知	中国人民银行、国家发展和改革委员会、中国证券监督管理委员会	2021 年 04 月 02 日	发挥好绿色债券对环境改善、应对气候变化和资源节约高效利用的支持作用，推动经济社会可持续发展和绿色低碳转型
关于印发《污染治理和节能减碳中央预算内投资专项管理办法》的通知	国家发展改革委	2021 年 05 月 19 日	统筹安排污染治理和节能减碳中央预算内投资支持资金，统筹支持各地污染治理和节能减碳项目建设，重点支持污水垃圾处理等环境基础设施建设、节能减碳、资源节约与高效利用、突出环境污染治理等四个方向
中国人民银行关于印发《银行业金融机构绿色金融评价方案》的通知	中国人民银行	2021 年 06 月 11 日	提升金融支持绿色低碳高质量发展的能力，优化绿色金融激励约束机制，结合实际制定辖区内银行业金融机构（法人）绿色金融评价实施细则并做好评价工作，积极探索拓展评价结果应用，着力提升银行业金融机构绿色金融绩效

续表

政策名称	发布单位	发布时间	主要内容
关于印发“十四五”循环经济发展规划的通知	国家发展改革委	2021 年 07 月 07 日	大力发展循环经济，推进资源节约集约利用，构建资源循环型产业体系和废旧物资循环利用体系，保障国家资源安全，促进生态文明建设
关于印发《促进绿色消费实施方案》的通知	国家发展改革委、工业和信息化部、住房和城乡建设部、商务部、市场监管总局、中直管理局	2022 年 01 月 21 日	大力发展绿色消费，增强全民节约意识，反对奢侈浪费和过度消费，扩大绿色低碳产品供给和消费，完善有利于促进绿色消费的制度政策体系和体制机制，推进消费结构绿色转型升级，加快形成简约适度、绿色低碳、文明健康的生活方式和消费模式

在农业农村领域，农业农村部、国家发展和改革委员会以及住房和城乡建设部等相关部门发布了《关于加强县城绿色低碳建设的意见》《城乡建设领域碳达峰实施方案》《农业农村减排固碳实施方案》等政策文件。这些文件提出了推进县城绿色低碳建设的举措，包括大力发展绿色建筑和建筑节能，建设节约型绿色基础设施，以及构建绿色低碳交通系统，旨在不断提升县城绿色低碳建设的水平。同时，建立城乡建设绿色低碳发展的政策体系和体制机制，以提高建筑节能和垃圾资源化利用的水平，提升能源资源的利用效率，实现城乡建设方式向绿色低碳的转型。此外，政策还强调了加快推进农业农村减排固碳，降低农业农村生产生活中的温室气体排放强度，增强农田土壤的固碳能力，发展农村可再生能源，并进一步推广循环利用和绿色低碳的生产生活方式。

表 1-16 “十四五”时期各部委印发的农业农村领域政策

政策名称	发布单位	发布时间	主要内容
关于加强县城绿色低碳建设的意见	住房和城乡建设部、科技部、工业和信息化部、民政部、生态环境部、交通运输部、水利部、文化和旅游部、应急部、市场监管总局、体育总局、能源局、林草局、文物局、乡村振兴局	2021 年 05 月 25 日	大力发展绿色建筑和建筑节能，提升县城能源使用效率，大力发展适应当地资源禀赋和需求的可再生能源，推广清洁能源应用，推进北方县城清洁取暖，降低传统化石能源在建筑用能中的比例
关于印发《农业农村减排固碳实施方案》的通知	农业农村部、国家发展改革委	2022 年 06 月 29 日	种植业节能减排，畜牧业减排降碳，渔业减排增汇，农田固碳扩容，农机节能减排，可再生能源替代，以清洁低碳转型为重点，大力推进农村可再生能源开发利用

续表

政策名称	发布单位	发布时间	主要内容
关于印发城乡建设领域碳达峰实施方案的通知	住房和城乡建设部 、国家发展改革委	2022 年 07 月 13 日	建设绿色低碳城市，打造绿色低碳县城和乡村，建立城乡建设绿色低碳发展政策体系和体制机制，优化用能结构和方式，充分应用可再生能源，形成绿色生活方式

在社会消费领域，为贯彻执行国务院颁布的《“十三五”节能减排综合工作方案》，促进绿色低碳转型和可持续发展，实现国家“十三五”节能减排目标，提高国家能源利用效率，国家机关事务管理局启动了节约型公共机构示范单位的创建活动，并进行了公共机构能效领跑者的选拔工作。同时，制定了节约型公共机构评价标准（详见附件 3），期望借此有效激发公共机构在节能减排方面的积极性和主动性，推广能源效率表现卓越的单位，以激励更广泛的机构和社会各界进行效仿和学习。

表 1-17 “十四五”时期各部委印发的社会消费领域政策

政策名称	发布单位	发布时间	主要内容
关于加强高耗能、高排放建设项目生态环境源头防控的指导意见	生态环境部	2021 年 05 月 30 日	加强生态环境分区管控和规划约束，严格“两高”项目环评审批，推进“两高”行业减污降碳协同控制，依排污许可证强化监管执法，保障政策落地见效
关于严格能效约束推动重点领域节能降碳的若干意见	国家发展改革委、工业和信息化部、生态环境部、市场监管总局、国家能源局	2021 年 10 月 18 日	选择综合条件较好的重点行业，率先开展节能降碳技术改造。密切跟踪国内外先进水平，明确重点行业能效标杆水平。加强节能降碳工艺技术开发，推动高能耗企业实施技术改造。运用市场化法治化方式，稳妥有序推动重点领域节能降碳
关于印发《“十四五”全国清洁生产推行方案》的通知	国家发展改革委、工业和信息化部、生态环境部、市场监管总局、国家能源局	2021 年 11 月 09 日	推进工业、农业、建筑业、服务业等领域清洁生产，积极实施清洁生产改造，探索清洁生产区域协同推进模式，培育壮大清洁生产产业
关于印发深入开展公共机构绿色低碳引领行动促进碳达峰实施方案的通知	国管局、国家发展改革委、财政部、生态环境部	2021 年 11 月 16 日	加快能源利用绿色低碳转型，推进终端用能电气化，大力推广太阳能光伏光热项目，严格控制煤炭消费，持续推广新能源汽车，推广应用绿色低碳技术产品，开展绿色低碳示范宣传，强化绿色低碳管理能力建设，开创公共机构节约能源资源绿色低碳发展新局面

续表

政策名称	发布单位	发布时间	主要内容
关于推进中央企业高质量发展做好碳达峰碳中和工作的指导意见	国资委	2021 年 11 月 27 日	把碳达峰、碳中和纳入国资央企发展全局，加快构建有利于碳达峰、碳中和的国有经济布局和结构，构建清洁低碳安全高效能源体系，强化绿色低碳技术科技攻关和创新应用，加快中央企业绿色低碳转型和高质量发展
关于 2022 年公共机构能源资源节约和生态环境保护工作安排的通知	国管局	2022 年 01 月 25 日	坚决贯彻落实中央决策部署，加快构建与绿色低碳发展相适应的制度标准体系，全面落实节能降碳有关工作，大力推动资源节约和循环利用，着力提升管理效能
关于发布《高耗能行业重点领域节能降碳改造升级实施指南（2022 年版）》的通知	国家发展改革委、工业和信息化部、生态环境部、国家能源局	2022 年 02 月 11 日	推动各有关方面科学做好重点领域节能降碳改造升级，引导改造升级，加强技术攻关，促进集聚发展，加快淘汰落后
关于推进共建“一带一路”绿色发展的意见	国家发展改革委、外交部、生态环境部、商务部	2022 年 03 月 28 日	以绿色发展理念为引领，注重经济社会发展与生态环境保护相协调。积极发挥政府引导作用，完善绿色发展政策支撑，完善共建“一带一路”绿色发展顶层设计和标准体系。强化境外项目环境风险防控，加强企业能力建设，切实保障生态安全
关于印发《加强碳达峰碳中和高等教育人才培养体系建设工作方案》的通知	教育部	2022 年 04 月 24 日	加强绿色低碳教育，打造高水平科技攻关平台，加快紧缺人才培养，促进传统专业转型升级，深化产教融合协同育人，深入开展改革试点，加强高水平教师队伍建设，加大教学资源建设力度，加强国际交流与合作
关于印发《减污降碳协同增效实施方案》的通知	生态环境部、国家发展改革委、工业和信息化部、住房城乡建设部、交通运输部、农业农村部、能源局	2022 年 06 月 13 日	增强生态环境政策与能源产业政策协同性，强化资源能源节约和高效利用，加快形成有利于减污降碳的产业结构、生产方式和生活方式。水、土壤、固体废物等污染防治领域协同治理水平显著提高

续表

政策名称	发布单位	发布时间	主要内容
关于印发《科技支撑碳达峰碳中和实施方案（2022—2030年）》的通知	科技部、发展改革委、工业和信息化部、生态环境部、住房城乡建设部、交通运输部、中科院、工程院、国家能源局	2022年06月24日	构建适应碳达峰碳中和目标的能源科技创新体系，引领高碳工业流程的零碳和低碳再造和数字化转型，攻关城乡建设与交通低碳零碳技术，提升负碳及非二氧化碳温室气体减排技术能力，加强前沿和颠覆性低碳技术创新等
印发《关于加快建立统一规范的碳排放统计核算体系实施方案》的通知	国家发展改革委、国家统计局、生态环境部	2022年08月19日	加快建立统一规范的碳排放统计核算体系，完善工作机制，建立科学核算方法，系统掌握我国碳排放总体情况，为统筹有序做好碳达峰碳中和工作、促进经济社会发展全面绿色转型提供坚实的数据支撑与基础保障

1.3 绿色低碳新兴产业范畴与产业体系

1.3.1 我国绿色低碳产业概念与范畴

2016 年，国务院印发的《“十三五”国家战略性新兴产业发展规划》首次明确将新能源汽车、新能源和节能环保产业纳入绿色低碳产业，共同服务于我国经济绿色低碳发展。2019 年，国家发展和改革委员会等联合印发了《绿色产业指导目录（2019 年版）》，重点界定了节能环保、清洁生产、清洁能源等绿色产业的范畴，进一步厘清了绿色低碳产业的边界。绿色低碳新兴产业是指以绿色低碳技术创新和应用为重点内容的新兴产业，产业范畴主要包括能源新技术、节能环保产业和新能源汽车领域的新兴产业。

能源本身并不涉及新的能源和旧的能源，只是能源技术存在先进程度的差异。仅用“新能源产业”一词，不能直接反映智能电网、储能、分布式能源和微电网等产业，同时可再生能源产业发展也需要重视技术的先进性问题。“新能源产业”的定位由于聚焦于核能、太阳能、风能和生物质能等产业，容易忽视化石能源新技术的颠覆性作用（如页岩油气规模化开发技术、先进洁净煤技术），而且把化石能源与非化石能源新技术的系统联合与协同发展排除在外。国家能源局等一些政府部门的文件将页岩气开发、智能电网纳入战略性新兴产业，但关于能源领域新兴产业的具体范畴仍不清晰。“新能源产业”定位过于狭窄，所统计的范围不能充分体现能源新技术发展所带来的能源转型与产业变革。现有产业划分与定位的局限性在一定程度上阻碍了能源新技术的集成创新以及不同能源产业的协同发展，不利于全面推动能源生产和消费革命。基于此，本书拓展以往新能源产业所涵盖的范围与内涵，同等重视化石能源的清洁高效利用以及核能与可再生能源的规模化发展，将能源领域新兴产业统称为能源新技术产业。与新兴产业发展相关联的能源新技术领域包括节能与提高能源效率、化石能源清洁高效开发与利用、智能电网和储能、非常规油气资源、可再生能源规模化开发利用，自主创新的核电技术和核废料处理，以及氢能和燃料电池、核聚变能、干热岩、天然气水合物等相关前沿技术领域。

1.3.2　我国绿色低碳产业体系范畴

能源新技术产业体系主要涵盖煤炭清洁高效转化与利用产业、非常规油气开发利用产业、智能电网与综合能源服务产业、核能产业、可再生能源产业（风力发电产业、太阳能光伏产业、太阳能光热产业、生物质能开发与利用产业、地热能开发与利用产业）、氢能与燃料电池产业，详见图 1-6。

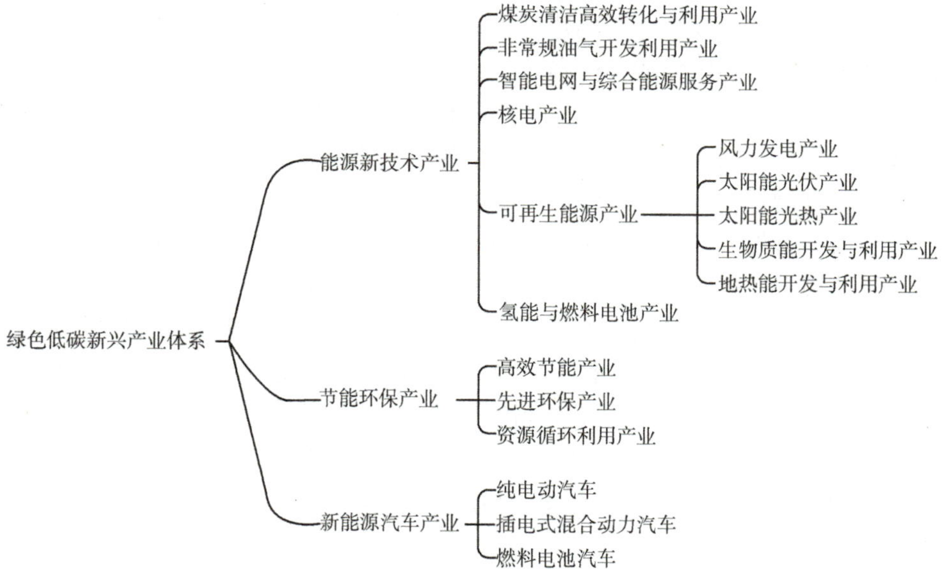

图 1-6　绿色低碳新兴产业体系

能源新技术产业方面，煤炭清洁高效转化与利用产业是指以煤炭为基础，通过技术创新达到对煤炭的低污染、高效率应用，包括超低污染的燃煤发电产业，以及煤炭深加工产业。

非常规油气开发利用产业是指对采用传统技术无法获得的自然工业产量，需要采用新技术才能实现经济开采的连续型或准连续型油气资源开发产业。非常规油气包括致密气、页岩气、煤层气、天然气水合物、致密油/页岩油、油页岩、油砂、重油等。

智能电网与综合能源服务产业已形成智能电网产业、综合能源服务产业和储能产业三个主要发展方向。智能电网是以特高压电网为骨干网架、以各级电网协调发展的坚强电网为基础，利用先进的通信、信息和控制技术，构建以信息化、自动化、数字化、互动化为特征的统一的坚强智能化电网。综合能源服务是以用户需求为导向，根据用户对冷/热、电、气等能源的需求，借助科学合理的分配、转换及利用技术，为用户提供经济、节能、环保等多目标优化的能源服务。储能是指通过介质或设备把能量存储起来，在需要时再释放出来的过程[4, 5]。

核电产业是通过可控核裂变或者聚变方式将原子能转变为电能或者多元化利用，应涵盖核电站全生命周期，包括建造、运行和退役，并涉及核电全产业链和相关方，着眼于建立可持续发展的核燃料循环体系。核电产业应用可细分为核能发电产业、核能供热等多元化产业和核能分布式利用产业。

风力发电产业不仅包括传统意义上的风电机组整机及其零部件的设计、制造、运输、安装、维护以及风电场的建设、并网运行等环节，还包括风能资源测量及预测、风电与电网系统集成等内容。

太阳能发电产业包括太阳能光伏产业和光热产业。太阳能光伏产业是指利用半导体的光生伏打效应将太阳能直接转化为电能所涉及的从材料制造、装备制造、电池片及组件制造、光伏电站建造及运维的完整的产业链。

生物质能开发与利用产业是采用一定的转化技术将生物质原料转化为固体、液体和气体燃料，提供发电、产热和运输用燃料的低碳、可再生能源产业。

地热能是蕴藏在地球内部的热能资源，地热能开发与利用产业主要是开发利用浅层地热能、水热型地热能和干热岩型地热能。地热能的利用方式分为直接利用和地热发电，其中 150℃以上的高温地热主要用于发电，150℃以下的中低温地热以直接利用为主。氢能与燃料电池产业是指实现氢气高效清洁发电的产业链，包含氢能基础设施产业（制氢、纯化、储运、加注）以及氢能终端应用产业（燃料电池发电）。

节能环保产业是指为节约能源资源、发展循环经济、保护生态环境提供技术基础和装备保障的产业，主要包括高效节能产业、先进环保产业、资源循环利用产业，涉及节能环保技术与装备、节能产品和服务等；其六大领域包括节能技术和装备、高效节能产品、节能服务产业、先进环保技术和装备、环保产品与环保服务。节能环保产业链长，关联度大，吸纳就业能力强，对经济增长拉动作用明显。加快发展节能环保产业，是调整经济结构、转变经济发展方式的内在要求，是推动节能减排，发展绿色经济和循环经济，建设资源节约型环境友好型社会，积极应对气候变化，抢占未来竞争制高点的战略选择[6]。

新能源汽车产业是指采用新型动力系统，完全或主要依靠电能驱动的汽车产业，主要包括纯电动汽车、插电式混合动力汽车、燃料电池汽车。纯电动汽车是指完全由电机驱动的汽车，电机的驱动电能来源于车载可充电电池系统或其他电力储存装置，已进入量产阶段，产品性能基本满足市场需求。插电式混合动力汽车是指具有一定的纯电驱动续驶里程，可外部充电的混合动力汽车。燃料电池汽车是指以燃料电池作为单一电能来源或者以燃料电池系统与可充电储能系统作为混合电能来源的电动汽车。新能源汽车产业涉及乘用车和商用车整车制造及动力电池、燃料电池、驱动电机、控制电控系统、轻量化材料等汽车相关关键零部件产业，以及充电桩、换电站、加氢站等基础设施产业，同时与互联网、大数据、人工智能等新兴产业相关联。

参 考 文 献

[1] 郭倩，向家莹. 绿色低碳产业将迎巨大增量空间[N]. 经济参考报，2022-01-27（002）.

[2] 牛学杰，李常洪. 中国新能源产业发展战略定位、政策框架与政府角色[J]. 中国行政管理，2014（3）：100-103.

[3] 张博，孙旭东，刘颖，等. 能源新技术新兴产业发展动态与 2035 战略对策[J]. 中国工程科学，2020，22（2）：38-46.

[4] 李兴源，魏巍，王渝红，等. 坚强智能电网发展技术的研究[J]. 电力系统保护与控制，2009，37（17）：1-7.

[5] 张瑶，王傲寒，张宏. 中国智能电网发展综述[J]. 电力系统保护与控制，2021，49（5）：180-187.

[6] 彭苏萍，等. 能源新技术战略性新兴产业重大行动计划研究[M]. 北京：科学出版社，2019.

第 2 章　全球绿色低碳新兴产业发展动态

2.1　传统能源领域新兴产业

2.1.1　煤炭清洁高效利用产业

2012～2021 年，全球煤炭消费更加重视煤炭清洁高效利用，煤炭消费量存在波动，但规模整体相对稳定。如图 2-1 所示，2012～2021 年，全球煤炭消费量维持在 52 亿～56 亿吨标准煤。受俄乌冲突、煤电安全保供等因素的影响，煤炭生产和消费呈现显著增长，2021 年全球煤炭生产量达到了 57.18 亿吨标准煤，创下历史新高，而消费量为 54.63 亿吨标准煤，较 2020 年增长了 5.97%。价格方面，根据 BP 统计数据，2021 年欧洲市场价格平均为 121.7 美元/吨，亚洲市场价格平均为 145.16 美元/吨，煤炭价格达到 2008 年金融危机以来的最高值。

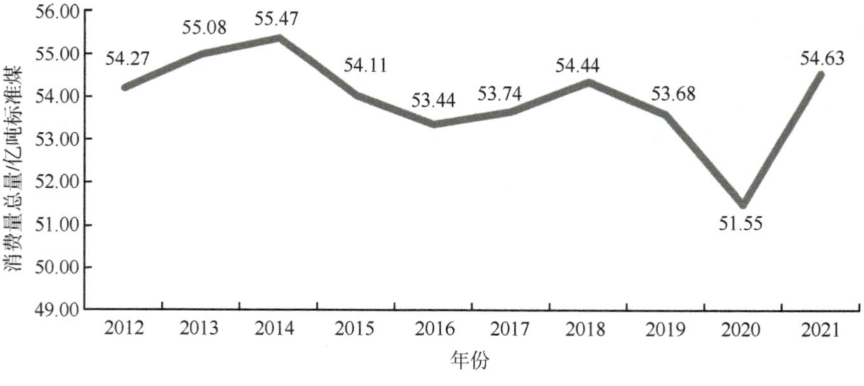

图 2-1　全球煤炭消费总量

资料来源：BP Statistical Review of World Energy

2012～2021 年，全球煤炭生产比较集中，中国、印度尼西亚、印度、澳大利亚、美国、俄罗斯和南非是煤炭生产量 1 亿吨标准煤以上的国家。其中，中国是全球煤炭生产大国，2021 年中国煤炭生产量达到 29.05 亿吨标准煤，是产量第二印度尼西亚的 5.6 倍。表 2-1 详细列出了全球煤炭生产主要国家的情况。2012～2021

年，前十名国家的产量排名发生了一些变化。特别是印度尼西亚的产量从 3.25 亿吨标准煤增长至 5.17 亿吨标准煤，印度和俄罗斯的产量均提升了近 1 亿吨标准煤。与此同时，美国由于页岩油气资源的开发和利用，其煤炭产量从 7.07 亿吨标准煤下降至 3.97 亿吨标准煤。

表 2-1　2012～2021 年全球煤炭生产主要国家（单位：亿吨标准煤）

国家	年份									
	2012	2013	2014	2015	2016	2017	2018	2019	2020	2021
中国	26.76	27.07	26.63	26.13	24.16	24.97	26.23	27.21	27.47	29.05
印度尼西亚	3.25	3.99	3.86	3.89	3.84	3.88	4.70	5.19	4.75	5.17
印度	3.64	3.65	3.85	4.01	4.06	4.09	4.37	4.30	4.31	4.60
澳大利亚	3.80	4.08	4.37	4.37	4.38	4.27	4.47	4.50	4.16	4.24
美国	7.07	6.84	6.94	6.14	5.02	5.34	5.25	4.88	3.66	3.97
俄罗斯	2.40	2.47	2.52	2.66	2.77	2.94	3.15	3.15	2.87	3.12
南非	2.09	2.08	2.11	2.04	2.05	2.04	2.05	2.05	1.99	1.89
哈萨克斯坦	0.74	0.73	0.70	0.66	0.63	0.69	0.73	0.71	0.70	0.71
波兰	0.83	0.82	0.77	0.76	0.74	0.71	0.68	0.64	0.57	0.60
哥伦比亚	0.88	0.84	0.88	0.85	0.89	0.90	0.85	0.84	0.51	0.58

资料来源：BP Statistical Review of World Energy

2012～2021 年，全球煤炭消费国家基本为主要的煤炭生产国，中国、印度、美国、日本、南非、俄罗斯、韩国等国家煤炭消费量长期高于 1 亿吨标准煤，如表 2-2 所示。区域消费方面，亚洲地区是全球煤炭消费的核心区域，尤其是中国和印度，这两个国家是全球煤炭消费的领头羊。2021 年，中国的煤炭消费量达到 29.4 亿吨标准煤，占全球消费总量的 53.82%，而印度的煤炭消费量为 6.85 亿吨标准煤，占全球消费总量的 12.54%。尽管美国的煤炭消费量有所下降，但其仍稳居世界第三，2021 年的煤炭消费量为 3.61 亿吨标准煤，占全球消费总量的 6.61%。在进口方面，中国、印度、日本和韩国是主要的煤炭进口国家，2021 年的煤炭进口量均超过 1 亿吨标准煤。虽然欧美国家的消费量和进口量不及亚洲国家，但许多国家煤炭资源稀缺，因此主要依赖进口。在出口方面，印度尼西亚、澳大利亚、俄罗斯、美国和南非是全球主要的煤炭出口国家，其中印度尼西亚是全球最大的煤炭净出口国。

表 2-2　2012～2021 年全球煤炭消费主要国家（单位：亿吨标准煤）

国家	年份									
	2012	2013	2014	2015	2016	2017	2018	2019	2020	2021
中国	27.54	28.13	28.14	27.61	27.36	27.49	27.66	27.88	28.11	29.40
印度	4.78	5.07	5.58	5.65	5.76	5.95	6.34	6.34	5.94	6.85
美国	5.94	6.17	6.16	5.32	4.87	4.73	4.53	3.87	3.14	3.61
日本	1.66	1.73	1.70	1.72	1.71	1.74	1.70	1.67	1.56	1.64
南非	1.26	1.26	1.28	1.20	1.29	1.27	1.20	1.28	1.21	1.20
俄罗斯	1.41	1.29	1.25	1.32	1.28	1.20	1.24	1.22	1.12	1.16
印度尼西亚	0.69	0.61	0.64	0.73	0.76	0.82	0.97	1.16	1.11	1.12
韩国	1.15	1.16	1.21	1.22	1.16	1.23	1.24	1.17	1.03	1.04

资料来源：BP Statistical Review of World Energy

2012～2021 年，全球煤炭发电量与消费量的变化趋势基本保持一致，煤炭发电量在 9.11 万亿～10.24 万亿 kW·h，如图 2-2 所示。根据《BP 世界能源统计年鉴 2022》数据，2021 年全球总发电量达到 28.47 万亿 kW·h，其中煤炭发电量达到 10.24 万亿 kW·h，达到历史最高，超过了 2018 年创下的 10.10 万亿 kW·h 的记录。2021 年全球煤炭发电量超过 1000 亿 kW·h 的国家有 13 个，包括中国、印度、美国、日本、韩国、南非、俄罗斯、印度尼西亚、德国、澳大利亚、越南、土耳其和波兰，国家数量规模创下新高。在全球发电占比方面，由于新能源发电规模的扩大，煤炭发电量的占比呈现出明显的下降趋势，从 2013 年的 40.83%降

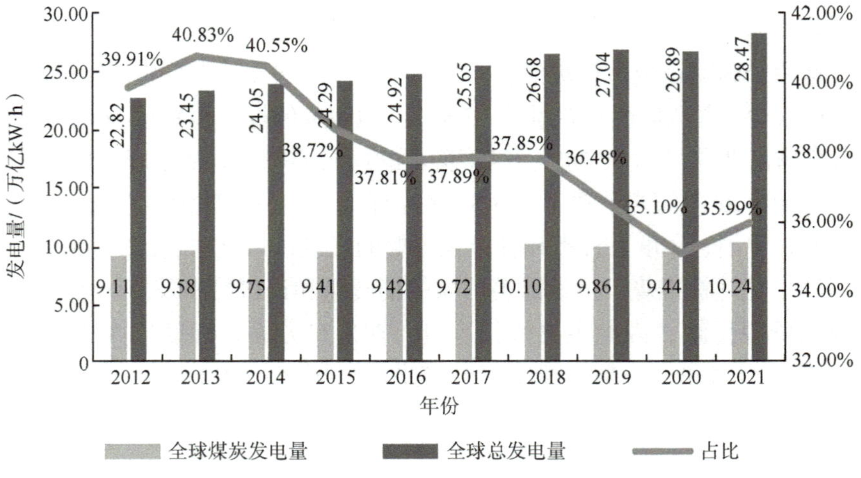

图 2-2　2012～2021 年全球煤炭发电量与总发电量

资料来源：BP Statistical Review of World Energy

至 2020 年的 35.10%，而 2021 年略有回升至 35.99%，图 2-3 展示了 2021 年全球发电结构。

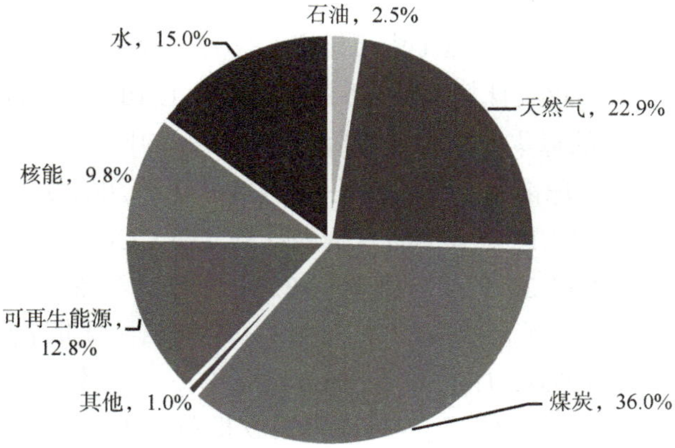

图 2-3　2021 年全球发电结构

资料来源：BP Statistical Review of World Energy

（备注：可再生能源发电是包括风能、地热能、太阳能、生物质能和废物在内的可再生能源的总发电量）

2012～2021 年，随着全球石油价格的攀升，煤化工技术的经济性与石油替代性的优势更加明显，在碳中和背景下，煤炭资源利用将从单一煤电燃料转向煤电燃料与现代煤化工原料并行发展。随着煤化工技术的不断进步，全球范围内相关专利数量显著增长。2012～2021 年，全球煤化工行业的专利申请人数量及申请量整体呈现出上升趋势。至 2021 年，全球煤化工行业的专利申请人数量达到 477 人，专利申请量达到 716 项，均创历史新高。中国作为全球最大的煤化工技术输出国和煤化工示范发展国家，截至 2022 年 11 月，其煤化工专利申请量占全球煤化工专利总申请量的 66.06%。2022 年 9 月，全球在建的最大煤化工项目——陕煤集团榆林化学有限责任公司煤炭分质利用制化工新材料示范项目正式建成并投入生产，该项目总投资约 1250 亿元，预计年转化煤炭量约为 2400 万吨。此外，全球范围内对煤化工技术研发持续关注的国家还包括日本、韩国和美国，这些国家在 2021 年的煤化工专利申请数量分别占全球的 8.43%、4.77%和 3.69%。

在全球能源低碳绿色转型的大背景下，各国对碳捕集、利用与封存（carbon capture，utilization and storage，CCUS）技术的关注度日益提升。根据 Global CCS Institute 发布的 2021 年度报告，截至 2021 年 9 月，全球共有 135 个 CCUS 项目处于运营、建设、开发或暂停状态，这些项目分布在 25 个国家。其中，美国拥有 70 个项目，欧盟有 35 个，加拿大有 8 个，这三个地区在全球 CCUS 项目发展中占据领先地位。美国在 CCUS 商业化发展方面处于全球领先地位，其 CCUS 项目广泛应用于水泥制造、燃煤发电、燃气发电、垃圾发电和化学工业等多个领域。值得一提的是，美国得克萨斯州于1972年建立了全球首个CCS(carbon capture and storage，碳捕集与封存）设施，这标志着美国在该技术领域的早期领导地位。

全球多个国家发布了推动CCUS项目商业化发展政策。2021年11月，美国能源部宣布启动“负碳攻关计划”（Carbon Negative Earth shots），目标是去除10亿吨CO_2，并将CO_2的捕集和封存成本降至100美元/吨以下。欧盟在CCS制度化和规范化方面走在全球前列，代表性法规CCS指令（2009/31/EC）是世界第一部关于CCS的详细立法。欧盟多个研发资助计划支持CCUS的研发和部署。地平线欧洲计划在2021年和2022年分别提供3200万欧元和5800万欧元资金资助CCUS技术研发。与美国不同，欧洲的CCUS示范项目主要依靠欧盟碳交易市场（European Union Emission Trading Scheme，EUETS）来体现。加拿大对CCUS的支持也在增长，推出了CCUS项目投资税收抵免政策，目标是提供资金支持CCUS的研发，每年减少1500万吨碳排放[1]。

2.1.2 非常规油气产业

2012～2021年，在美国页岩气革命推动下，全球非常规油气产业呈现快速跨越发展。2021年，全球共发现230个油气田（不含北美陆上），其中常规油气田214个，可采储量为20.8亿吨标准油，数量和储量同比均有不同程度的增长；非常规油气田16个，可采储量为2590万吨标准油，数量同比增加、储量同比下降。全球新发现常规油气田的大区储量分布极不均衡。美洲地区继续引领全球油气勘探储量发现，可采储量为11.42亿吨标准油，占全球常规油气总储量的比例约55%，远高于其他地区（表2-3）。中亚–俄罗斯地区位居第二，可采储量为4.11亿吨标准油。亚太、中东和非洲等地区的新发现油气储量处于第三梯队，为1亿～2亿吨标准油。欧洲地区资源禀赋相对较差，新发现的储量规模最小，仅为8139万吨标准油[2]。

表2-3 2021年全球油气勘探新发现概况表

大区	主要盆地	主要层系	常规油气			非常规油气	
			可采储量/亿吨标准油	数量/个	占比/%	可采储量/万吨标准油	数量/个
美洲	圭亚那、坎波斯、桑托斯、墨西哥湾深水	白垩系、古近系、新近系	11.42	52	54.9	8	2
中亚–俄罗斯	叶尼塞–哈坦加、南里海、阿姆河	白垩系、新近系、侏罗系	4.11	39	19.8	14	1

续表

大区	主要盆地	主要层系	常规油气			非常规油气	
			可采储量/亿吨标准油	数量/个	占比/%	可采储量/万吨标准油	数量/个
亚太	文莱–沙巴、珀斯、曾母	新近系、二叠系、古近系	1.68	57	8.1	1761	10
中东	黑海、中阿拉伯、鲁布哈利	新近系、侏罗系、二叠系	1.65	15	7.9	806	3
非洲	科特迪瓦、下刚果、昔兰尼加	白垩系、新近系、侏罗系	1.12	22	5.4		
欧洲	北海、伏令、巴伦支海	侏罗系、古近系、白垩系	0.81	29	3.9		

2021 年，非常规油气全球勘探取得重大进展，在沙特阿拉伯、中国、蒙古国、澳大利亚、阿曼、阿根廷和俄罗斯等多个国家，共发现 16 个非常规油气田（表 2-4），数量较 2020 年增加 1 倍。以沙特阿拉伯为例，继 2020 年在中阿拉伯盆地获得非常规油气后，2021 年在中阿拉伯盆地、美索不达米亚盆地发现非常规气田（表 2-4）。中阿拉伯盆地 Samna 气田储集层为奥陶系 Sarah 组砂岩，储集层厚度 150m，顶部埋深 5500m，日产天然气 16.4 万 m^3；美索不达米亚盆地 UmmKhansar 气田储集层为奥陶系 Qasim 组砂岩，顶部埋深 3100m，日产天然气 5.65 万 m^3、凝析油 43.3 吨，两口井证实可采储量合计 87 亿 m^3，预示中东地区古生界致密油气良好的勘探前景[2]。

表 2-4　2020 年与 2021 年全球（不含北美）新发现非常规油气田可采储量对比表

年份	大区	国家	盆地	油气田	主要储集层位	非常规油气类型	可采储量		
							石油/万吨	天然气/亿 m^3	合计/万吨标准油
2020	中东	沙特阿拉伯	中阿拉伯	AlReesh	侏罗系	致密油	1095.9	17.7	1237.6
				AlMinahhaz	奥陶系	致密气	27.4	118.1	972.1
				AlSahbaa			4.4	94.5	760.2
	亚太	澳大利亚	博恩–苏拉特	Kumbarilla Central	侏罗系	煤层气	0	141.1	1129.0
			乔治娜	Carpentaria	寒武系	页岩气	5.6	12.1	102.5
		蒙古国	南戈壁	Nomgon	二叠系	煤层气	0	35.4	283.4
		中国	四川	Santai（Si）	三叠系	致密气	0.3	7.1	57.0

续表

年份	大区	国家	盆地	油气田	主要储集层位	非常规油气类型	可采储量		
							石油/万吨	天然气/亿 m^3	合计/万吨标准油
2020	中亚–俄罗斯	俄罗斯	西西伯利亚	Solkhem	白垩系	页岩油	68.5	0.4	71.4
2021	中东	沙特阿拉伯	中阿拉伯	Samna	奥陶系	致密气	6.8	71.3	577.6
			美索不达米亚	UmmKhansar			54.8	15.7	180.4
		阿曼	鲁卜哈利	Block36	志留系		2.7	5.7	48.4
	亚太	中国	四川	Taiye（Si）	侏罗系	页岩气	68.5	71.3	639.3
				Linye（Si）3HF	志留系		0.1	17.1	137.1
				Pingan（Si）	侏罗系	页岩油气	41.1	4.9	79.9
			苏北	Qinye（Sh）1HF	古近系	页岩油	41.1	0.1	42.2
			渤海湾	Boye（Bo）Ping		页岩油气	123.3	25.7	328.8
			江汉	Yizhi-Ye（Hubei）2HF	志留系	页岩气	0	2.9	22.8
		澳大利亚	乔治娜	Kyalla117	寒武系		54.8	14.3	168.9
			博恩–苏拉特	Rougemont	二叠系	煤层气	0	14.3	114.2
		蒙古国	南戈壁	Kingston			0	14.3	114.2
				Richcairn			0	14.3	114.2
	中亚–俄罗斯	俄罗斯	西西伯利亚	IkusyatinskoyeSevernoye	侏罗系-白垩系	页岩油	13.7	0.1	14.4
	美洲	阿根廷	内乌肯	PampadelasLiebres		页岩气	0.3	0.6	4.8
				CorraleraNoreste			1.0	0.3	3.3

在 2020 年之前，得益于“页岩革命”，美国基本实现了“能源独立”，其天然气和原油出口量超过了进口量。然而，自 2020 年起，由于全球油价的剧烈波动，WTI（West Texas intermediate crude，西得克萨斯中质油）5 月原油期货价格出现了前所未有的负值结算，导致以切萨皮克（Chesapeake）公司为首的一系列页岩油气企业相继宣告破产，给美国的页岩油气产业造成了沉重打击。尽管 2020 年美

国的页岩油产量为 3.78 亿吨，较 2019 年有所减少，但仍占美国原油总产量的约 66%，美国依旧是全球主要的原油出口国之一。在页岩气领域，美国的产量持续增长，2020 年页岩气产量达到 7330 亿 m^3，较 2019 年增长了 2%。

2012～2021 年，技术与成本是页岩油气从无效资源转变为可商业开发有效资源的关键因素。技术组合是页岩油气增产降本提效的关键，通过地质工程一体化与长水平井分段压裂技术推广应用，实现页岩油气低油价下效益开发。2011 年以来，通过提高页岩油气甜点预测精度、改造低成本的开发模式、提高钻井效率和单井产能等技术、工艺创新，大幅降低工程成本，页岩油气产量大幅提高。北美地区水平井水平段长度 1500～5000m，压裂段数 30～100 段，钻井周期一般 14～20 天，初始平均日产油 50～70 吨，单井投资 3300 万～5100 万元，实现了低油价背景下页岩油气商业开发。

2.2　新能源领域新兴产业

2.2.1　储能产业

2012～2021 年，储能系统有助于缓解可再生能源的不稳定性和间歇性问题，保障电网安全，提高能源利用效率，降低用电成本。截至 2021 年年底，全球储能项目累计装机规模 209.4GW，同比增长 9%。其中，抽水蓄能的累计装机规模占比首次低于 90%，比 2020 年同期下降 4.1 个百分点；新型储能的累计装机规模紧随其后，为 25.4GW，同比增长 67.7%。在新型储能产业中，锂离子电池储能占据绝对主导地位，市场份额超过 90%（图 2-4）。

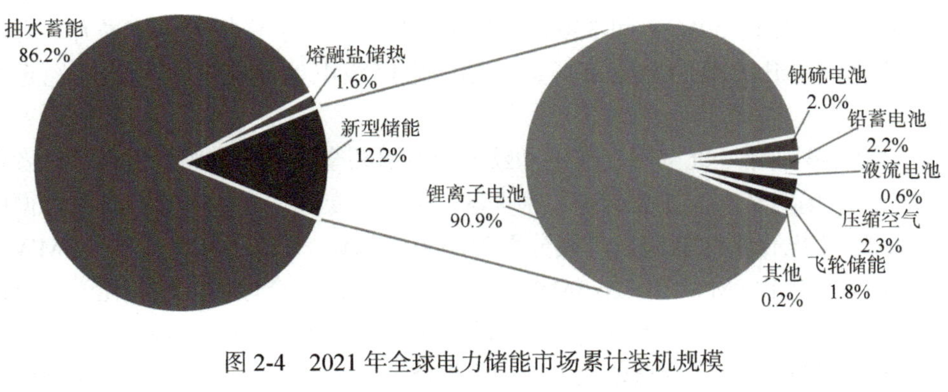

图 2-4　2021 年全球电力储能市场累计装机规模

电化学储能具有受地理条件影响较小，具有建设周期较短、能量密度大的优势，可灵活运用于各类电力储能场景中，是当前应用范围最广、发展潜力最大的储能技术方向。面对极端天气、突发事件等能源供应的不确定事件，储能供应模式得到各个国家的青睐，美国、德国、英国等多个国家加大储能项目投资建设。如图 2-5 所示，2012～2021 年，全球电化学储能项目新增装机容量逐年上升。2021 年，全球电化学储能项目累计装机规模已超过 21GW，增长达到 7536.2MW，首次突破 7GW，较 2020 年装机规模增长 55.4%。

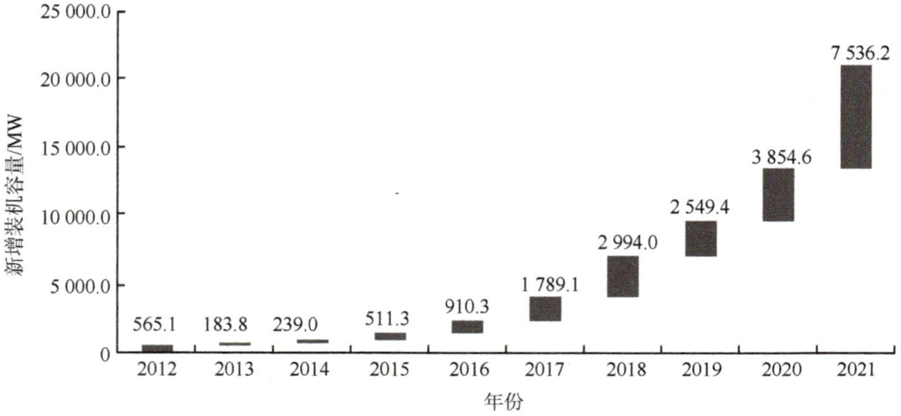

图 2-5　2012～2021 年全球电化学储能项目新增装机规模

2012～2021 年，全球新型储能市场依然保持着高速增长态势。2021 年，全球新增投运电力储能项目装机规模 18.3GW，同比增长 185%，其中，新型储能的新增投运规模最大，并且首次突破 10GW，达到 10.2GW，是 2020 年新增投运规模的 2.2 倍，同比增长 117%。2021 年，美国新增储能项目规模达 3.5GW 以上，是 2020 年的两倍多，电网规模储能和分布式电池储能均实现了创纪录增长。德国用户储能已形成吉瓦时级市场，2021 年市场规模为 89 亿欧元。英国在英格兰和威尔士允许建设 50MW 和 350MW 以上的项目后，装机规模迅速攀升。爱尔兰为储能资源开放辅助服务市场，规划的电网级电池储能项目规模已经超过 2.5GW。

如图 2-6 所示，北美洲、亚洲和欧洲依然引领全球储能市场的发展，三者合计占全球市场的 91%。主要国家包括美国、韩国、英国、澳大利亚、日本和德国等，2021 年电化学储能装机规模分别为 6361.7MW、2561.2MW、1587.3MW、1257.7MW、1149.8MW 和 726.3MW。2021 年，美国是全球最大的电化学储能市场。2021 年，美国电化学储能功率装机规模比 2020 年的 2962.8MW 增长 115%，应用场景装机排序从高到低依次是电网侧储能、电源侧辅助服务、新能源+储能、用户侧削峰填谷、分布式和微网。技术路线以锂离子电池（磷酸铁锂和三元）为主（96.0%），市场对长时储能系统（≥8h）、新型液流电池和水系锌基电池等新型电化学储能应用或技术的需求越来越大。2021 年，韩国电化学储能应用场景装机排序从高到低依次是新能源+储能、电网侧储能、电源侧辅助服务、分布式和微网、用户侧削峰填谷，占比分别为 43.5%、29.6%、13.3%、12.8%和 1.1%。技术路线以锂离子电池（三元和磷酸铁锂）为主，占比高达 99.3%，另有 0.7%比例的超级电容器。2021 年，英国电化学储能应用场景装机排序从高到低依次是电源侧辅助服务、电网侧储能、新能源+储能、用户侧削峰填谷、分布式和微网，技术路线以三元锂离子电池、磷酸铁锂离子电池为主，占比高达 99.7%[6]。

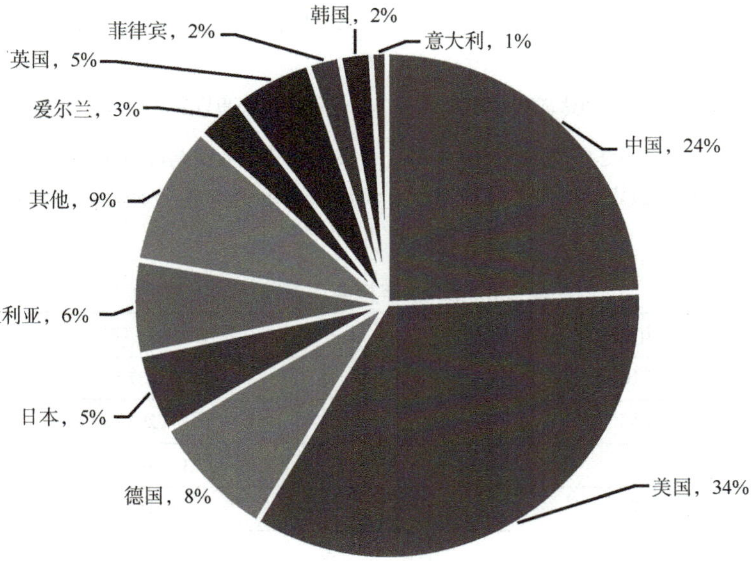

图 2-6　2021 年全球新增投运新型储能项目地区分布

2.2.2　核能产业

2012～2021 年，全球核电机组净发电量整体呈现上升趋势，2020 年出现下降后，2021 年再次上升，但仍略低于 2019 年的水平（图 2-7）。根据世界核协会（World Nuclear Association，WNA）发布的《2022 世界核工业现状报告》，截至 2021 年底，全球有 33 个国家在运营核电项目。全球共有 437 座在运核电反应堆，总装机容量为 382GW。2021 年，世界核电机组净发电量为 2653.34TW·h，2020 年核电产量下降后，2021 年增加了 3.9%。核电发电量约占全球总发电量的 10.1%，约占清洁能源发电量的 30%以上。中国核电产量增长了 11.3%，连续第二年超过法国，成为排在美国之后的世界第二大核能发电国（表 2-5）。

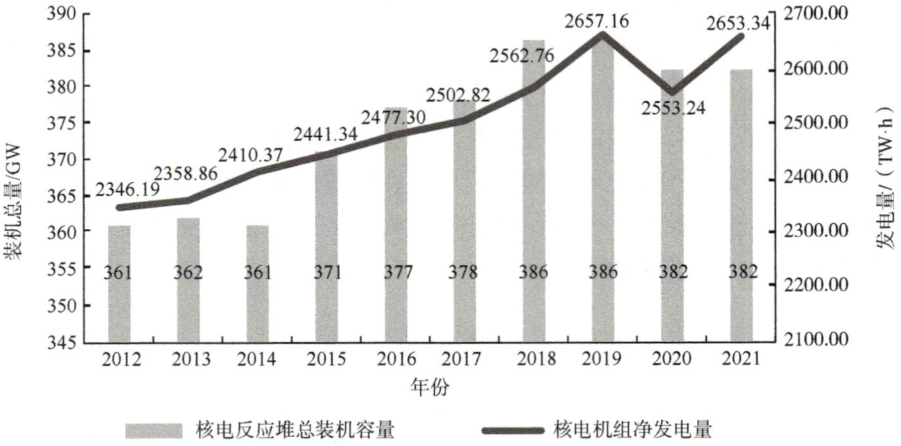

图 2-7　2012～2021 年全球核电总装机容量与净发电量

资料来源：国际原子能总署-动力反应堆信息系统（International Atomic Energy Agency-Power Reactor Information System，IAEA-PRIS）

表 2-5　2021 年核电产量前十的国家

国家	核电产量/（GW·h）
美国	771 637.57
中国	383 205.32
法国	363 394.15
俄罗斯	208 442.80
韩国	150 456.38
加拿大	86 780.11
乌克兰	81 125.58
德国	65 444.27
日本	61 304.12
西班牙	54 218.18

资料来源：国际原子能总署-动力反应堆信息系统（IAEA-PRIS）

全球层面，2021 年美国的核电机组数、核电装机容量和发电量位列全球第一。美国将核能作为国家长期发展战略，积极部署核能，强化核能立法保障。2018 年、2019 年先后通过了《核能创新能力法》《核能创新与现代法》，2020 年通过了《恢复美国核能竞争优势-确保美国国家安全战略》，谋求战略和国际市场的领先优势。受新冠疫情和乌克兰危机等事件影响，越来越多国家开始调整核电策略，以降低对外能源依赖。中国 2020 年启动了三台机组，核电发电量较 2019 年增长了 11.2%。

此外，2021 年一些国家核电发电量出现了增长，如德国的核电发电量比 2020 年增加了 7.4%，南非的核电发电量比 2020 年增加了 5%。

技术研发方面，全球更加关注安全高效的先进核能系统研发。美国支持新一代先进反应堆研发，加速小型模块化反应堆和微堆的商业应用进程，如奥克洛公司的先进微堆和 NuScale 小型堆等。俄罗斯将核电视为俄罗斯低碳转型的基础司，据俄联邦发布的《2035 年能源战略草案》，俄罗斯正加快发展第四代闭式核燃料循环快中子反应堆，在钠冷快堆 BN-600 和 BN-800 商运的基础上，俄罗斯加大对新一代铅冷快堆技术的突破。此外，法国、英国、日本、韩国等核电大国，正围绕更加安全、更加高效的新型核能系统加大创新力度，抢占先进核能技术战略制高点。

当前，核能技术正经历从传统应用向多场景、多元化发展的快速转型期。相较于传统核电技术，模块化小型核反应堆以其小型化、模块化、一体化及非能动性等优势，展现出更高的安全性、更短的建设周期和更灵活的部署能力。预计未来，这些小型反应堆将作为清洁的分布式能源，不仅提供电力，还能满足海水淡化、区域供暖/冷、工业供热等多种需求。据国际原子能机构（International Atomic Energy Agency，IAEA）统计，目前已有 72 种小型核反应堆机型被收录开发。在全球范围内，超过 10%的在运核反应堆已实现热电联产，累计安全运行约 1000 堆/年，表明核能供热技术已成熟并广泛应用于世界各地。2021 年 12 月，全球首个球床模块式高温气冷堆核电站成功并网发电，该示范工程的投产标志着“氢、汽、水、热、电”综合能源解决方案的实现。

2.2.3　风能产业

2012～2019 年，全球新增风电装机容量相对处于平稳水平，在 50～60GW 小范围内波动，在 2020 年和 2021 年分别突增到 95.3GW 和 93.6GW。截至 2021 年年底，全球风电累计装机容量达到 837GW，同比增长 12.4%（图 2-8）。虽然 2021 年全球陆上风电市场发展势头有所减弱，但 72.5GW 的新增装机容量仍为历史第二高水平，而海上风电新增装机容量超过 21GW，是 2020 年的 3 倍多，创下海上风电新增装机容量历史新高。

2021 年，欧洲、拉丁美洲、非洲与中东的陆上风电新增装机容量创下历史新高，主要贡献是亚太地区，陆上风电新增装机容量占全球的 59%；欧洲以 19%的份额力压北美（14%）占据次席；拉丁美洲、非洲与中东的风电新增装机容量同样达到历史最好水平，两个地区在全球市场所占的份额分别为 6%和 2%。国家层面，2021 年新增风电装机容量排名前五的依次是中国、美国、巴西、越南和英国，合计占全球的 75.1%。其中，全球陆上风电新增装机容量为 72.5GW，除了中国和美国，2021 年陆上风电新增装机容量排名前五的国家还包括巴西、越南、瑞典（图 2-9）。累计装机容量方面，陆上风电装机容量达到 780.3GW，排名前五的国家为中国、美国、德国、印度和西班牙，合计占全球的 72%。

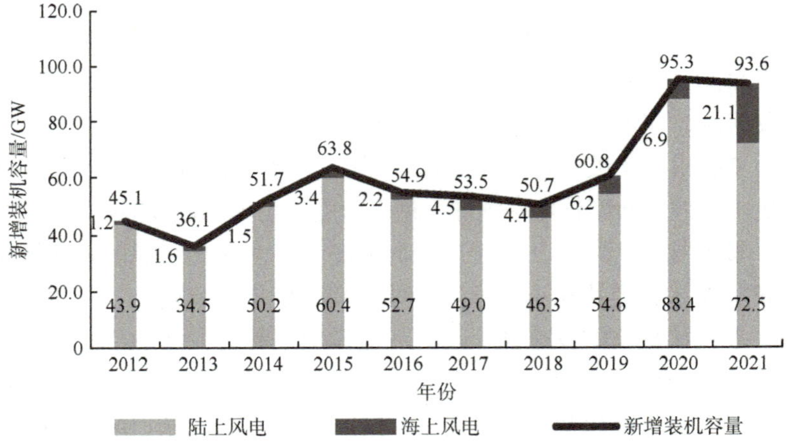

图 2-8　陆上风电和海上风电新增装机容量

资料来源：Global Wind Report 2022

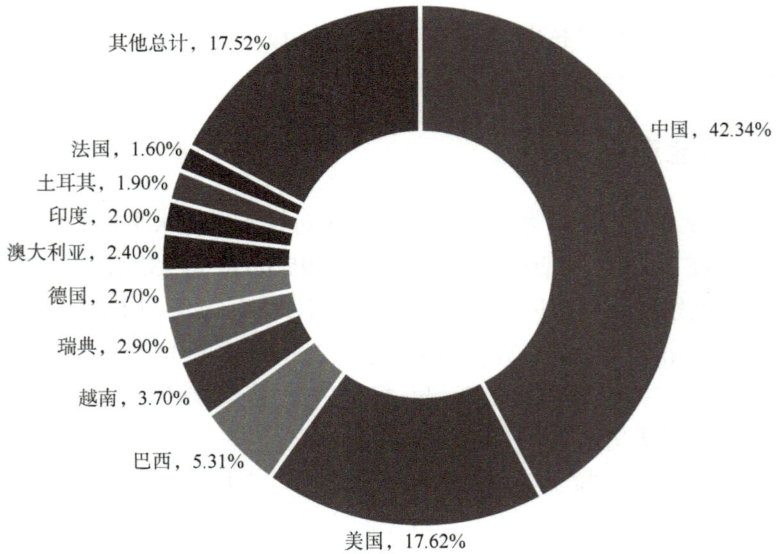

图 2-9　2021 年各个国家陆上风电新增装机占比

资料来源：Global Wind Report 2022

2012～2021 年，全球海上风电行业发展迅速。2021 年，全球海上风电新增装机容量为 21.1GW，是新增装机容量最多的一年，全球海上风电累计装机容量达到 57.2GW。2021 年，中国海上风电新增并网装机容量接近 17GW，连续 4 年保持全球第一。2021 年，欧洲海上风电新增装机容量为 3.3GW。其中，英国 2021 年海上风电新增装机容量达到 2.3GW。紧随其后的是丹麦（608MW）、荷兰（392MW）。海上风电方面，2021 年全球共有 56.6MW 的漂浮式海上风电装机并网，其中包括挪威的 TetraSpar 漂浮式基础示范项目，其装机容量为 3.6MW，位于 Metcenter 测试海域，是挪威投运的第二台漂浮式海上风电机组。英格兰 Kincardine 风电场有 5 台 9.5MW 漂浮式海上风电机组。除了中国和欧洲，越南以 779MW 的新增装机容量，成为第三大海上风电市场。2021 年 11 月 1 日，越南的风电固定电价政策到期，促使该国海上风电市场出现一波"抢装潮"，全年共有 20 个潮间带项目实现商业运营。就新增装机容量而言，全球排名前五的国家依次是中国、英国、越南、丹麦、荷兰（图 2-10）。

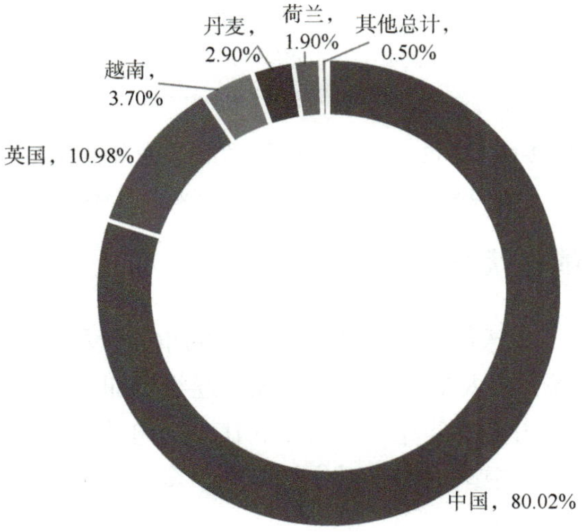

图 2-10　2021 年各个国家海上风电新增装机占比

资料来源：Global Wind Report 2022

2012～2021 年，在全球低碳经济与能源革命的大趋势下，国际社会对能源安全、生态环境、异常气候等领域日益重视，得益于风电技术进步和商业模式创新，风能行业迎来快速发展期，全球风力发电量逐年上升。2021 年全球风力发电量为 1861.9TW·h，与 2020 年相比增长 16.6%。2012～2021 年风力发电量及年增长率如图 2-11 所示。当前，全球风电技术发展日新月异。一方面，风电技术正在与新一代信息技术、新材料技术交叉融合，引发新一轮科技革命和产业变革。智能制造、智能风机、智慧风电场、风电智慧运维云平台、智慧电网、智能微电网等已由概念逐步变为现实。另一方面，随着全球低碳转型进程的持续加快，漂浮式基础、“风电+”、绿氢技术、能源互联网等一系列新兴技术应运而生。其中，大型风力发电机机组研制、海上施工、海上风电送出、海上风电制氢等前沿技术已经被欧盟各国和英国认为是实现碳中和目标的关键技术[3]。

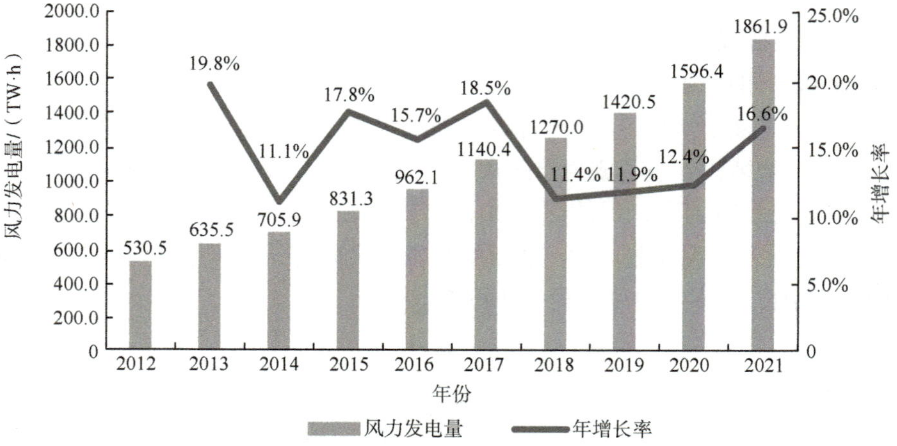

图 2-11　2012～2021 年全球风力发电量及年增长率

资料来源：BP Statistical Review of World Energy

2.2.4　太阳能光伏产业

2012～2021 年，全球正处于能源结构转型的重要阶段，全球各国对于可再生能源的重视度大幅提升，太阳能光伏市场规模逐年增加。2021 年，全球太阳能级多晶硅的产能为 77.4 万吨，硅片产能为 415.1GW，电池片产能为 423.5GW，电池组件产能为 465.2GW，中国成为绝对主导国家，全球太阳能光伏产业和中国的产能、产量情况如表 2-6 所示。

表 2-6　太阳能光伏产业各环节的产能、产量和中国占比

类别	全球产能	全球产量	中国产能	中国产量	中国产能占比	中国产量占比
多晶硅/万吨	77.4	64.2	62.3	50.6	80.5%	78.8%
硅片/GW	415.1	232.9	407.2	226.6	98.1%	97.3%
电池片/GW	423.5	223.9	360.6	197.9	85.1%	88.4%
电池组件/GW	465.2	220.8	359.1	181.8	77.2%	82.3%

资料来源：2021～2022 年中国光伏产业年度报告

2021 年，全球太阳能光伏发电装机量达到 175GW，累计装机量达到 942GW。2021 年进入全球前十的装机水平约为 3GW，与 2020 年基本持平，是 2019 年所需水平的两倍；前十国家约占全球年度光伏装机量的 74%，较 2020 年（78%）略有下降。中国的年度装机量达到 54.9GW，累计装机量达到 308.5GW，居世界第一位。美国的太阳能光伏发电装机量达到 26.9GW，主要增长点来自公用事业规模装机，占比达到 75%。欧盟的装机量达到 26.8GW，成为排名第三的光伏市场，其中德国 5.3GW、西班牙 4.9GW、法国 3.3GW、荷兰 3.3GW、波兰 3.3GW、希腊 1.2GW、意大利 944MW、比利时 850MW、奥地利 720MW。除欧盟外，欧洲其他地区增加了约 3GW。表 2-7 展示了 2021 年全球新增及累计装机量排名前十的国家。中国和美国的累计装机量均超过了 100GW。此外，包括日本、印度、德国、澳大利亚、意大利和韩国在内的六个国家，其累计装机量亦超过了 20GW。西班牙和越南等七个国家的累计装机量则超过了 10GW。

表 2-7　2021 年太阳能光伏产业全球前十大装机量国家

年度排名	国家	年度装机量/GW	累计排名	国家	累计装机量/GW
1	中国	54.9	1	中国	308.5
2	美国	26.9	2	美国	123
3	印度	13.0	3	日本	78.2
4	日本	6.5	4	印度	60.4
5	巴西	5.5	5	德国	59.2
6	德国	5.3	6	澳大利亚	25.4
7	西班牙	4.9	7	意大利	22.6
8	澳大利亚	4.6	8	韩国	21.5
9	韩国	4.2	9	西班牙	18.5
10	法国	3.3	10	越南	17.4

当前太阳能光伏技术的尖端领域主要涵盖三大板块：高效晶硅太阳电池技术、高效薄膜太阳电池技术以及高效新型太阳电池技术。在高效晶硅太阳电池技术方面，目前的研究与开发主要集中在硅异质结太阳电池（hetero junction technology，HJT 电池）、钝化发射极和背面电池（passivated emitter and rear cell，PERC 电池）、薄膜氧化物钝化接触电池（thin oxide passivated contact，TOPCon 电池）以及超高效全背接触电池（interdigitated back contact，IBC 电池）等高效硅基太阳电池技术上，这些技术均取得了显著的进步。2021 年 10 月，隆基股份公司在商业尺寸 HJT（M6 硅基异质结）太阳电池的研发上连续两周刷新了世界纪录，其电池经由德国哈梅林太阳能研究所（Institut für Solarenergieforschung Hameln，ISFH）的测试，转换效率分别达到了 25.82%和 26.30%。2019 年 1 月，隆基电池研发中心单晶双面 PERC 电池正面转换效率达到了 24.06%并保持至今；在 N 型 TOPCon 电池领域，

隆基电池研发中心在 2021 年 6 月份公布经世界公认权威测试机构认证的 25.21%的世界最高转换效率；在P型 TOPCon 电池领域，隆基于2021年7月实现了25.19%的效率转换世界纪录。基于 HJT 高效电池的研发工艺，隆基、华晟/迈为、汉能、中威、均石、东方日升、通威等均进行了相关技术的研发，电池技术整体水平相当，目前产线平均效率达到 24%，良品率在 96%左右。欧洲薄膜太阳能电池研究联盟 Solliance 各成员一直在联手推动钙钛矿/硅叠层太阳能电池的转换效率，2022年实现了四端钙钛矿/硅叠层太阳能电池通宵效率认证，首次超越了 30%的效率极限障碍。

2.2.5 太阳能光热产业

2012～2021 年，全球太阳能热发电市场平稳发展，以槽式太阳能热发电技术路线为主。在区域发展上，市场热点区域以中东、北非、南非、印度和中国为主。根据太阳能光热产业技术创新战略联盟发布的《2021 中国太阳能热发电行业蓝皮书》，2021 年，全球新增太阳能热发电装机容量 110MW，全球太阳能热发电累计装机容量约 6800MW（含已退役电站容量）。据太阳能光热产业技术创新战略联盟粗略统计，在全球主要国家和地区的太阳能热发电装机中，槽式技术路线占比约 76%，塔式约 20%，线菲约 4%（图 2-12）。统计数据覆盖西班牙、美国、中东、北非、南非、以色列、印度、智利、法国以及中国等国家和地区。其中，西班牙仍是全球太阳能热发电装机容量最多的国家，约为 2.3GW，槽式技术路线约占该国太阳能热发电总装机容量的 96.5%。主要是由于经过商业化示范的技术路线更容易获得融资支持。槽式太阳能热发电是全球最早商业化的技术路线，美国于 1984～1990 年先后投运了 9 座不同容量的槽式光热电站，总净容量 354MW。

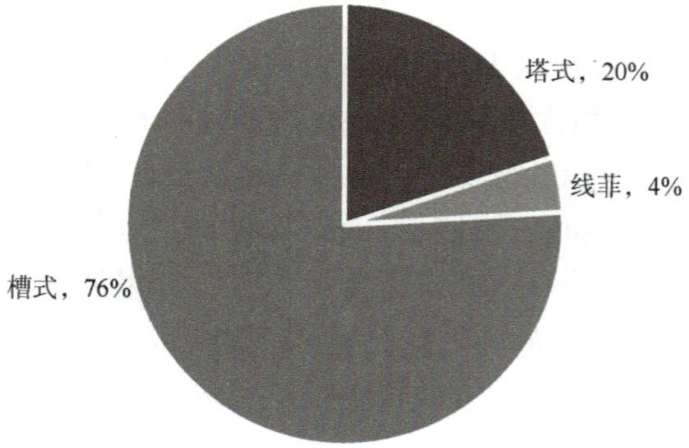

图 2-12 全球主要国家和地区太阳能热发电技术路线占比

光热发电是重要的低碳技术，太阳能光热产业在全球范围内得到了广泛关注，全球太阳能光热产业进入调整期。国际能源署（International Energy Agency，IEA）在《全球能源部门 2050 年净零排放路线图》（Net Zero by 2050 A Road Map for the Global Energy Sector）中预测，2030 年，聚光太阳能热发电（concentrated solar power，CSP）的电力装机容量将达到 73GW（2020 年约为 6GW），在全球可再生能源电力装机中占比 0.7%；2050 年达到 426GW，占比 1.6%。在可再生能源发电量中，2030 年，太阳能热发电的发电量将达到 204TW·h，在全球总发电量中占比 0.89%；2040 年将达到 880TW·h，2050 年将达到 1386TW·h，在全球总发电量中将分别占比 1.56%、1.95%。

在研发领域，高参数发电系统与大容量长周期储热技术构成了太阳能热发电技术发展的主要趋势。当前，融盐塔式、导热油槽式以及直接蒸汽塔式和槽式技术已成为太阳能热发电及工业用热的主导技术；真空管和平板式太阳能热水器则主导了太阳能低温热利用的集热技术市场。10MW 以上的太阳能热发电站普遍采用融盐作为储热介质，并配备相应的储热系统。这些已投入运行的电站能够根据当地电网的需求进行发电，展现了其作为基础电源和调峰电源的双重优势。太阳能热水的应用已超越传统家庭热水领域，冬季供暖的应用亦逐渐普及。超临界二氧化碳太阳能热发电技术与大容量卡诺电池技术代表了太阳能热发电技术的新发展方向。超临界二氧化碳太阳能热发电技术通过采用布雷顿循环替代传统的朗肯循环，大容量卡诺电池技术将大容量储热系统作为独立单元置于可再生能源基地中，强调了其在电力系统中的储能功能。基于更高工作温度的熔盐塔式太阳能热发电站标志着传统技术向更高参数的演进。跨季节储热的太阳能采暖技术是太阳能低温应用领域的主要创新方向。此外，太阳能燃料和太阳能工业过程的热供应代表了太阳能热利用技术的新拓展方向。

2.2.6　生物质能产业

2012～2021 年，随着能源转型进程的进一步加快，作为世界公认的继煤、油、气后第四大能源库，生物质能的应用呈持续增长趋势。2019 年以前全球生物燃料消耗量呈现逐年上升的走势，到 2020 年短暂下降，2021 年又再次上升。2021 年，全球生物燃料产量恢复到 2019 年的水平，约为 3.9EJ。自 2012 年以来，生物燃料的总产量增长了 43.38%，其中生物柴油的比例不断上升，从 2012 年的 0.92EJ 增长到 2021 年的 1.64EJ，增长了 78.26%。2021 年生物燃料消耗量为 4.10EJ，与 2012 年相比，增长了 51.29%，其中，2021 年生物汽油消耗量为 2.35EJ，生物柴油消耗量为 1.75EJ（图 2-13）。2021 年生物燃料消耗量前六的国家分别为美国（1.48EJ）、巴西（0.92EJ）、印度尼西亚（0.31EJ）、法国（0.13EJ）、德国（0.12EJ）和中国（0.11EJ）。

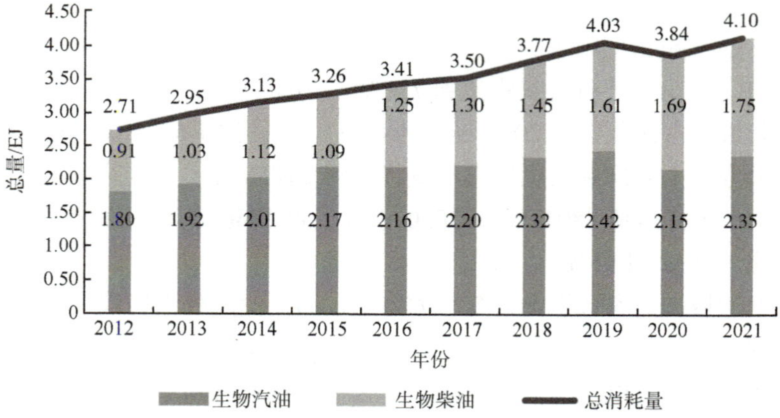

图 2-13　2012～2021 年生物燃料消耗量

资料来源：BP Statistical Review of World Energy

全球生物质交通燃料依然以生物汽油和生物柴油[包括脂肪酸甲酯生物柴油（Fatty Acid Methyl Ester，FAME）和氢化植物油（Hydrogenated Vegetable Oil，HVO）]为主。自 2019 年新冠疫情暴发以来，2020 年生物汽油产量下降，与 2015 年相当，随着全球新冠疫情态势好转，2021 年生物汽油的产量有所回升，但仍低于 2019 年的水平（图 2-14）。美国和巴西依然是生物汽油主产区，分别占全球生物汽油总产量的 53.6%和 27.3%，中国生物汽油产量依然位居全球第三，印度生物汽油产量近年来呈连续上升趋势，主要归因于能源短缺、财政激励和 20%乙醇掺混汽油政策目标，2021 年其产量接近中国，呈赶超之势。生物柴油主要为货运交通需求，其产量相对稳定，受新冠疫情影响较小。亚太和欧洲地区是生物柴油的主产区，印度尼西亚的 FAME 生物柴油产量超过 80 亿 L，位居全球第一，其 FAME 生物柴油与化石柴油的掺混比在 2021 年达到 40%，巴西和美国的 FAME 生物柴油产量位居其后。HVO 因性质接近化石柴油，其产量增加也比较迅速，2021 年全球产量已达到 95 亿 L，主产区集中在芬兰、荷兰和新加坡，美国近年来的产量呈飞速增长态势。生物航空燃油也越来越受到关注，主产区集中在欧洲、美国和中国。欧盟已拟定 2025 年在欧盟成员国之间执飞的航班需要掺混 2%可持续航空燃料，到 2050 年该比例将增加到 63%，美国也计划到 2030 年可持续航空燃料的消费量达到 110 亿 L。目前可持续航空燃料的占比不到 1%，生物航空燃油的市场潜力巨大。此外，美国和欧洲依然是生物甲烷的主要产区和消费区。

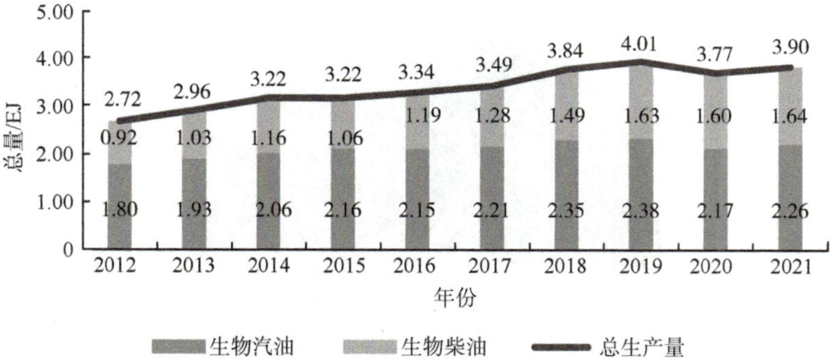

图 2-14　2012～2021 年生物燃料生产量

资料来源：BP Statistical Review of World Energy

生物能源利用方式具有多元化特点，生物材料包括农业和林业的残留物，固体和液体有机废物（包括城市固体废物和污水），以及专门为能源而种植的作物。利用生物材料作为原料可以减少温室气体排放，同时可以为建筑物和工业生产提供热量，或为运输和发电提供燃料，是矿物燃料最佳的替代品。若再利用 CCUS 或 CCS 技术，生物能源则被视为负碳排放技术。自 2011 年以来，生物能源的传统使用——包括在简单而低效的火焰或炉子中燃烧生物质——已经下降了 8%,估计到 2020 年为 24.1EJ。目前，乙醇燃料、木质煤和生物质颗粒等更清洁生物质的解决方案受到关注，现代生物能源可以为工业和建筑物提供热量，其要比明火高效，可以达到低碳排放水平。此外，通过热电联产系统，构建区域暖气网络，也是全球重点发展的技术方案。

全球生物质能消费以供热为主，约占 72.77%，生物质交通燃料和发电占比分别约为 18.32%和 8.91%（图 2-15）。2020 年，全球生物能源使用总量估计为 44EJ，约占全球最终能源消费总量（total final energy consumption，TFEC）的 12.3%。其中超过一半（24.1EJ）是发展中国家和新兴经济体传统上用于烹饪和取暖的生物质（占 TFEC 的 6.7%）。总体而言，2020 年，生物能源在全球 TFEC 估计的可再生能源使用中约占 47%，低于 2010 年的 54%。2020 年，用于建筑和工业加热的现代生物能源约为 14.7EJ（占全球加热能源使用量的 7.6%）。运输用量为 3.7EJ（占运输能源需求的 3.5%）。生物能源还为全球电力供应提供了 1.8EJ（占总量的 2.4%）能量。欧盟是生物质成型燃料的主产区之一，由于以林木原料生产的成型燃料在碳减排和环境污染方面存在争议，2020 年欧盟《可再生能源指令》对该类燃料的使用设置了更严格的可持续性标准，并从 2021 年开始针对寻求国家支持的该类新项目设置温室气体减排最低标准。

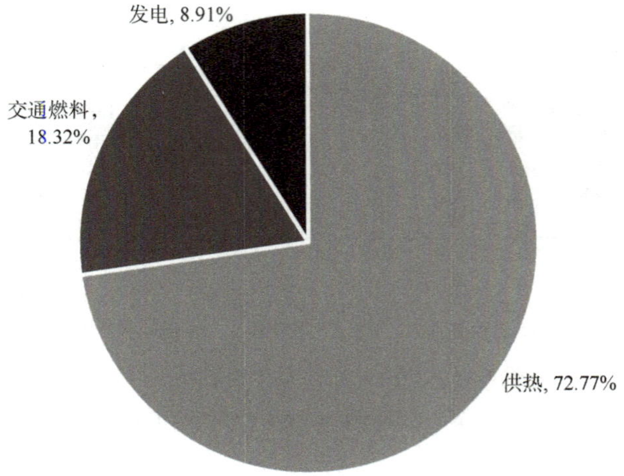

图 2-15 生物质能不同消费形式占比

资料来源：Renewables 2022 Global Status Report

通过生物质能资源替代化石能源发电已成为应对全球气候变暖和控制温室气体排放问题的重要途径之一。2012～2021 年，全球生物质能发电装机容量逐年上升，在 2021 年达到 14.3 万 MW，比 2020 年增加 2%。亚洲是生物质能发电装机容量最大的地区，其次为欧洲。2012～2021 年，亚洲是全球生物质能发电装机量增加的主要源泉（图 2-16），其中中国生物质能发电装机规模的发展最为迅速，自 2019 年超过巴西、美国连续三年位居全球第一。2021 年，全球生物质能发电量位居前五的国家分别为中国、美国、巴西、德国和日本，其中日本首次超过印

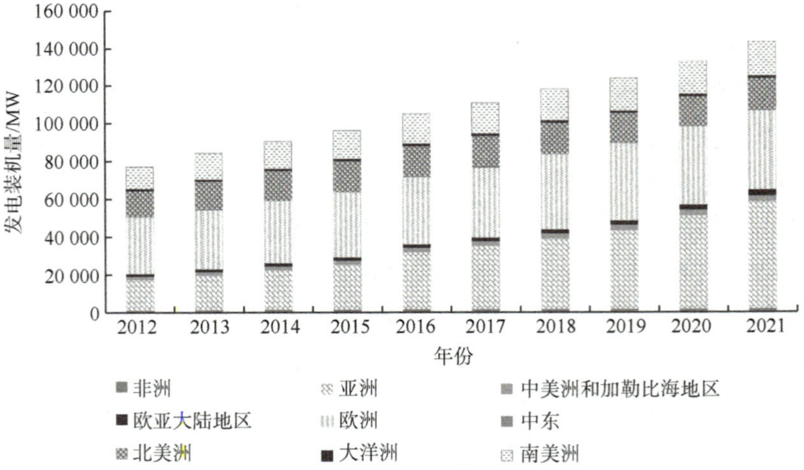

图 2-16 2012～2021 年全球各区域生物质能发电装机容量

资料来源：Renewable Capacity Statistics 2022

度成为亚洲地区生物质能发电量第二位的国家。燃料来源方面，用于发电的原料有蔗渣、可再生都市废物和其他固体生物燃料（包括散装生物质和生物质固体成型燃料等）、液体生物燃料和沼气，其中，亚洲以其他固体生物燃料和可再生都市废物为主，欧洲和北美洲以其他固体生物燃料、沼气为主，南美洲以蔗渣和其他固体生物燃料为主（图 2-17）。

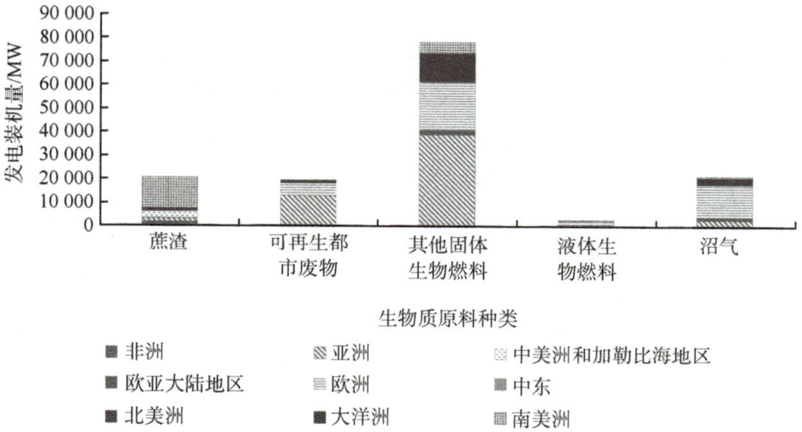

图 2-17　2021 年不同生物质原料发电装机容量

资料来源：Renewable Capacity Statistics 2022

生物质能的前沿技术涵盖了生物质定向热化学转化技术与生物质低成本生化转化技术，这些技术是实现生物质资源高效转化的关键共性技术。生物质热化学转化技术包括热解、气化以及化学催化转化等。由于生物质，特别是木质纤维素的成分结构复杂，传统热解和气化技术产生的产品种类繁多，目标产物的质量不高，后续提纯过程既烦琐又成本高昂。因此，开发针对生物质组分的定向热化学转化技术已成为研究的焦点。在生物质热解油领域，定向热解技术处于领先地位；在生物质合成气的制备以及高效转化生物质为其他燃料和高附加值化学品方面，定向气化与重整技术是关键突破点。高效的催化剂对于化学催化转化生物质以实现高选择性转化至关重要。生物质生化转化技术主要包括预处理、酶解糖化和微生物转化三个核心步骤。预处理过程中的高能耗和高废液产生量，以及酶的高昂成本，均是阻碍生物质生化转化技术产业化的难题。因此，开发低能耗的绿色预处理技术和低成本酶生产技术是推动生物质生化转化技术产业化的关键。目前，预处理技术种类繁多，大致可分为物理法、化学法、生物法和综合法四大类。生物法条件温和，但处理时间较长；在化学法中，碱预处理的能耗最低，可在常压和–30～100℃的温度范围内处理生物质，产生的废水可通过肥料化或培养基化实现资源化利用，展现出良好的产业化应用潜力。寻找成本低廉且高效的酶解促进剂以及高效产酶菌株或菌群，是降低酶解成本的研究热点和难点，迫切需要取得显著的技术进展。

2.2.7　地热能产业

2012～2021 年，高温地热带发电产业快速发展，地热能直接利用占比不断增加。截至 2021 年年底，全球地热发电总装机容量达到 15855MW，新增 246MW 产能，其中增幅最大的三个国家是印度尼西亚、智利和土耳其。据 Think GeoEnergy 统计，截至 2021 年年底，地热发电排名前十的国家的总装机容量为 14 787.7MW，前十名以外的其他国家的总装机容量为 1067MW（图 2-18）。

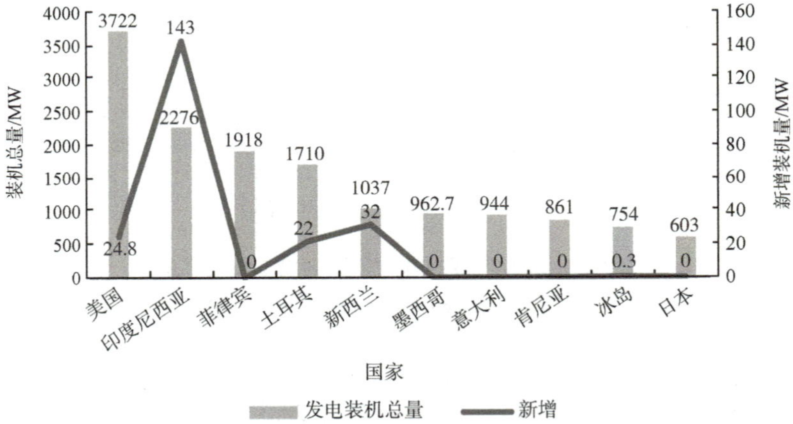

图 2-18　2021 年地热发电装机量排名前十国家的装机情况

地热产业水热型地热系统发电技术已成熟，利用增强型地热系统（enhanced geothermal system，EGS）高温地热资源发电还处于试验探索阶段。根据勘探技术的不同，中深层地热资源勘探开发可以分为传统水热型地热系统和 EGS 两大类。其中，传统水热型地热系统发电已经发展了 100 多年，技术比较成熟，全球典型“传统水热型”高温地热发电站见表 2-8。EGS 所能开发的深部高温地热资源量巨大，相应得到了各国的重视，已有近 14 个国家开展了 EGS 高温地热资源开发工作，其中美国、日本、法国、德国和澳大利亚等国家实现了试验性发电[4]。EGS 的原理是在高温低渗的干热岩体中，采用以水力措施为主的人工技术对热储岩体进行改造，增强其渗透性和流体流量，然后驱动低温工质流经改造形成的裂隙网络进行热能的提取和利用。截至 2021 年年末，全球累计的增强型地热系统数量已达 41 个，世界范围内 EGS 项目的累计发电装机量（包含计划装机量）仅为 37.41MW，仍处于试验探索阶段，主要分布于 7 个国家的 16 个项目（表 2-9），其中最成功的是法国的 Soultz 项目[5]。

表 2-8　全球典型“传统水热型”高温地热发电站

名称	国家	储层温度/℃	类型	媒介	装机容量/MW	启用时间/年	状态	标志
Larderello	意大利	350	岩浆型	干蒸汽	769	1913	运行中	最古老的地热发电厂
Wairakei	新西兰	266	现代火山型	湿蒸汽	140	1958	运行中	第一个湿蒸汽地热发电厂
Gaithers	美国	250	岩浆型	干蒸汽	200	1960	运行中	美国第一个地热发电厂
Tiwi	菲律宾	315	岩浆型	湿蒸汽	330	1979	运行中	最大的地热发电厂
Olkaria	肯尼亚	235	现代火山型	热水	727	1981	运行中	非洲最大的地热发电厂
Hellisheiði	冰岛	>230	现代火山型	热水、蒸汽	303	2006	运行中	冰岛最大的地热发电厂
Darajat	印度尼西亚	225～245	现代火山型	干蒸汽	255	2007	运行中	印度尼西亚第二大地热发电计划
Sarulla	印度尼西亚	>250	现代火山型	热水	330	2017	运行中	印度尼西亚最大的在建地热发电厂

表 2-9　EGS 项目发电装机容量一览表

国家	项目	装机容量/MW
美国	FentonHill	0.06
法国	Soultz	1.5
日本	Hijiori	0.13
澳大利亚	Altheim	1.0
美国	DesertPeak	1.7
澳大利亚	Habanero	1.0
萨尔瓦多	Berlin	6.0
美国	NWGeysers	3.5*
德国	Neustadt-Glewe	0.21
德国	Landau	3.6
德国	Insheim	4.8*
德国	Bruchsal	0.55
德国	GroBSchönebeck	1.0
德国	Unterhaching	3.36*
美国	RaftRiver	5.0*
英国	Eden	4.0*

*表示计划装机容量

目前，浅层利用的地源热泵是世界上地热利用最广泛的形式之一，2020 年占总用途的 72.1%，其次是空间供暖（占 11.9%），沐浴和游泳（占 11.4%），如图 2-19 所示。全球供暖用地热能的分布仍然不均衡且稀少，集中度高。2021 年，地热直接使用最多的中国、土耳其、冰岛和日本四个国家，地热利用率占比达到了全球的 75%，而新西兰、匈牙利、俄罗斯、意大利、美国和巴西等每个国家的直接使用量都不到 2%。用途方面，中国约有 44%的地热能用于沐浴和游泳，冰岛有 73%的地热能用于空间供暖，沐浴和游泳则不到 10%。土耳其沐浴和游泳消耗占 42%，而空间供暖不到 30%。日本 80%以上直接使用，主要包括地热泉附近的洗浴设施。

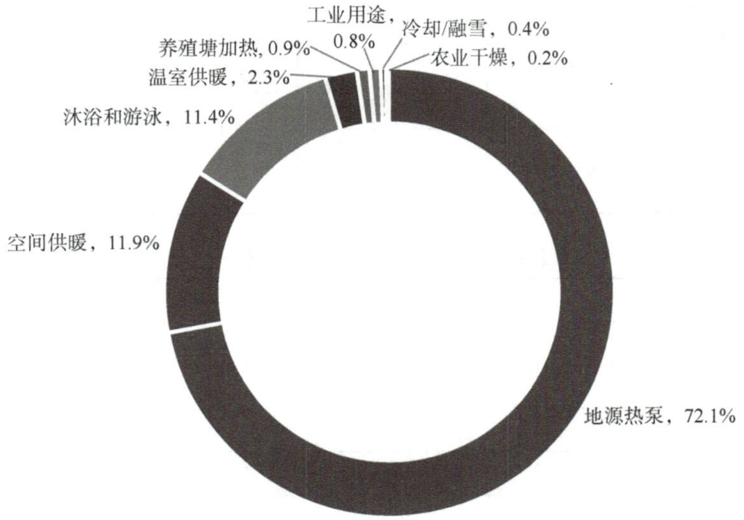

图 2-19　2020 年全球地热直接利用各类用途分布

当前全球地热能利用逐渐被重视，多国进一步颁布利好政策。2021 年 2 月，阿尔及利亚公布了新的国家地热资源分布图，详细介绍了迄今发现的地热田清单和温度图。阿尔及利亚可再生能源和能源效率委员会随后在全国范围内确定了 240～280 处地热能资源，并强调地热能在国家能源结构中应拥有一席之地。希腊将地热能视为国家能源结构的重要组成部分，根据希腊政府制定的《国家能源计划》，到 2030 年，可再生能源在最终能源消费中的占比将达 35%，届时地热发电装机容量将达 100MW。秘鲁新版可再生能源发展法案提出将大力发展太阳能、风能和地热能，以实现该国到 2030 年 20%、到 2040 年 50%的清洁发电最低目标。美国能源部于 2022 年宣布计划投资 1.65 亿美元推动地热能发电项目，利用石油和天然气行业的专业知识解决地热能领域的开发障碍，从而使美国摆脱化石燃料的束缚。2017 年，中国发布了第一个地热产业规划，呼吁迅速扩大地热能的使用，特别是在热应用方面，2022 年初发布的“十四五”能源效率和绿色建筑发展规划，强调继续扩大地热能在空间供暖方面的应用。

技术创新方面，多国就地热钻井技术提出了发展规划，如日本提出到 2050 年在世界上率先开展下一代地热发电技术示范。希腊、秘鲁、阿尔及利亚等国将地热能视为实现其可再生能源目标的关键要素，对国内拥有地热资源的地区进行勘探，确定开发潜力，公布新的国家地热资源分布图，介绍迄今发现的地热田清单和温度图。近年来，国外深层高温地热资源开发技术逐步成熟。在高温钻井方面，国外已形成了可满足 260℃高温的完整钻完井技术体系；美国等在探索试验激光钻井、热熔钻井、脉冲放电钻井等技术。在高温固井和高温测井方面，国外形成了适用温度高达 350℃的固井核心技术。

2.2.8　氢能与燃料电池产业

2012～2021 年，全球氢能产业逐渐步入快速发展期。2021 年，全球氢气需求达到 9400 万吨，中国是全球最大氢消费国，2021 年氢需求量约为 2800 万吨，比 2020 年增长 5%；其次是美国和中东，都在 1200 万吨左右，同比分别增长 8%和 11%。氢消费方面，除了炼油和工业等传统应用，氢能需求在新应用领域呈现快速增长。如氢燃料电池列车在德国开始运营、氢及氢基燃料用于航运的试点和示范项目等，特别是氢和氨混合应用受到广泛的关注，根据已公布项目统计，到 2030 年氢和氨发电规模将达到近 3.5GW。

全球越来越多国家布局氢能产业发展，自 2021 年 9 月以来，已经有 10 余个国家通过了国家战略，已发布国家氢能战略的国家总数达到 26 个。2017 年，日本出台《氢能源基本战略》，到 2030 年左右实现氢能源发电商用化，以削减碳排放并提高能源自给率；通过技术革新等手段把氢能源发电成本降低至与液化天然气发电相同的水平。2020 年，德国政府制定和颁布《国家氢能战略》，共制定 38 项具体措施，支持开展相关氢能科研项目。2020 年 6 月，俄罗斯政府发布《2035 年能源战略》，提出将氢能作为“资源创新型发展”的重点方向。2022 年 9 月 22 日，美国能源部发布《国家清洁氢战略与路线图》，全面概述美国氢气生产、储运和应用的潜力，阐述清洁氢将如何助力美国脱碳和达成经济发展目标。2021 年 8 月 17 日，英国商务能源与产业战略部（Department for Business，Energy and Industrial Strategy，BEIS）发布《国家氢能战略》，提出到 2030 年成为氢能领域全球领导者，这是英国政府发布的首个氢能战略。

技术路线方面，可再生能源电解水制氢是全球制氢领域的发展重点。截至

2021 年年底，全球工业面已经形成了每年约 80 万吨的低碳氢气产能和约 550MW 的电解水氢气供应。中国是目前世界上最大的电解槽市场，装机容量约为 200MW（其中大部分涉及 2021 年投产的 150MW 工厂）。欧洲是第二大市场，安装了约 170MW 的电解槽（2021 年增加了 40MW）。其中约三分之二的需求来自工业终端用途，如合成氨厂或炼油厂，其次是约占总产能 10%的流动性市场。安装的电解槽中大约 75%是碱性技术，其次是质子交换膜（proton exchange membrane，PEM）技术，占其余 25%的大部分。大多数 PEM 电解槽的装机量在欧洲，而其他地区则有较高份额的碱性电解槽技术。加氢站的部署继续增加，特别是亚洲地区，到 2021 年底全球加氢站中约一半位于日本、韩国和中国。

2016～2021 年，全球主要国家氢燃料电池汽车保有量逐年上升。燃料电池方面，根据世界知识产权组织（World Intellectual Property Organization，WIPO）统计，2021 年，全球燃料电池出货量 85850 台，约 2313MW，比 2020 年增长 173%。运输领域的 PEM 燃料电池比例最高，约 31950 台，容量 1965MW（占总容量的 85%）。日本和德国的微型热电联产机组的发货量下降，相反大型热电联产和主电源的燃料电池发货量缓慢增长，2021 年达到 335MW。根据韩国市场研究机构统计，2021 年全球燃料电池汽车总销量 1.7 万辆，同比增长 83.0%。韩国依然是全球氢燃料电池汽车销售量最高的国家，全年共售出 8498 台，同比增长 46%，约占全球总销售量的 50%。根据加州燃料电池伙伴关系统计，美国 2021 年氢燃料电池汽车销量为 3341 台，同比增长 257%，主要是因为 2020 年新冠疫情导致销量基数过低。日本 2021 年共售出氢燃料电池汽车 2464 台，同比增长 67%。德国共售出氢燃料电池汽车 424 台，同比增长 38%。截至 2021 年年底，全球主要国家氢燃料电池汽车保有量为 49562 台（图 2-20），同比增长 49%。截至 2021 年年底，韩国氢燃料电池汽车保有量最多，占全球的 39%，美国占比为 25%，中国和日本则分别占比 18%和 15%。国际氢能委员会预计，到 2050 年，氢能将承担全球 18%的能源终端需求，创造超过 2.5 万亿美元的市场价值，燃料电池汽车将占据全球车辆的 20%～25%，届时将成为与汽油、柴油并列的终端能源体系消费主体。

2016～2021 年，无论在燃料电池方面，还是在运输领域，专利申请量都出现了强劲增长。运输领域燃料电池共检索获得 52433 项专利申请，占燃料电池相关专利申请的四分之一。2016～2020 年，氢燃料电池行业的专利申请增加了近四分之一（23.4%）。2020 年，中国专利申请量最高（7261 件），占总量的 69%，其次是日本（1186 件，11.3%）、德国（646 件，6.2%）、韩国（583 件，5.6%）和美国（403 件，3.8%）（图 2-21）。运输领域燃料电池的 Top30 申请人（21152 项专利家族）占专利申请总量（52433 项）的 40%左右。其中丰田、现代、大众、通用、戴姆勒、博世、本田和日产几乎活跃在每个子领域，涵盖终端产品和核心部件的制造。

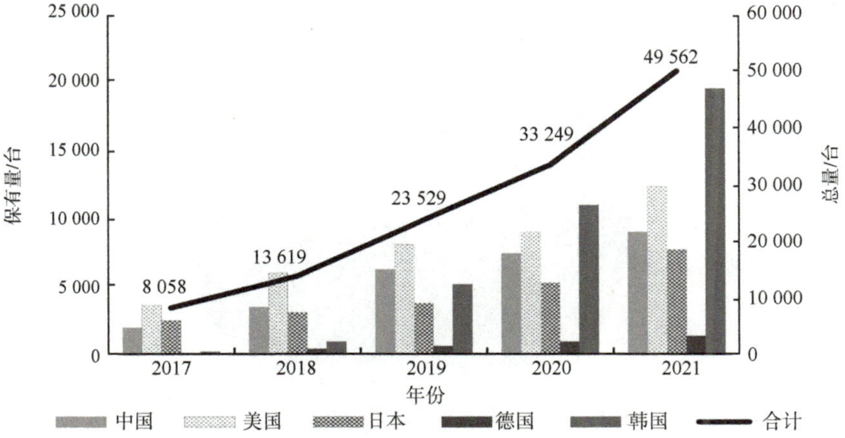

图 2-20　2017～2021 年全球主要国家氢燃料电池汽车保有量

资料来源：日本自动车贩卖协会联合会，中国汽车工业协会，加州燃料电池合作组织，韩国国土交通部，德国联邦汽车交通局

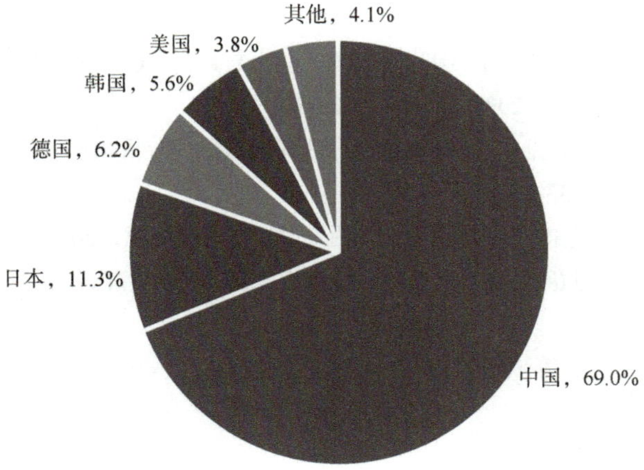

图 2-21　2020 年氢燃料电池行业的专利申请量

加氢站作为交通领域应用的基础设施，是全球各国氢能产业发展布局的重点。根据中国氢能联盟数据：2021 年全球在营加氢站数量为 659 座，分布在 33 个国家或地区。全球在营加氢站主要分布在东亚地区、欧洲地区、北美地区，其中东亚地区占比达 63.7%，主要聚集在中国、日本、韩国等地。2021 年全球加氢站数量 Top3 地区为中国、日本、德国，数量分别为 183 座、157 座、92 座，占全球总量的比例依次为 27.8%、23.8%、14.0%（图 2-22）。

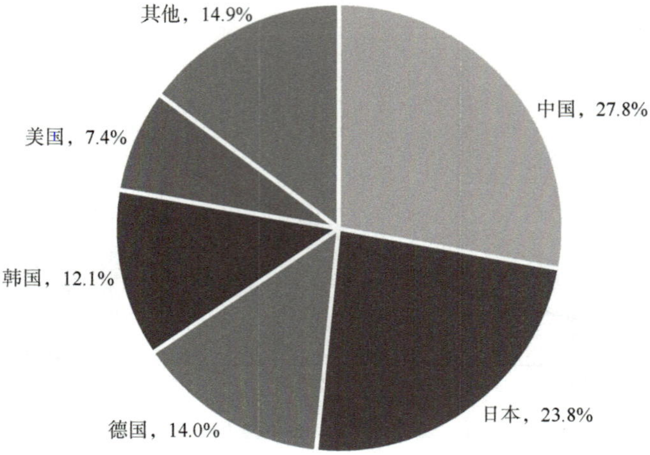

图 2-22　2021 年主要地区加氢站数量占比

参考文献

[1] 秦阿宁，吴晓燕，李娜娜，等. 国际碳捕集、利用与封存（CCUS）技术发展战略与技术布局分析[J]. 科学观察，2022，17（4）：29-37.

[2] 窦立荣，温志新，王建君，等. 2021 年世界油气勘探形势分析与思考[J]. 石油勘探与开发，2022，49（5）：1033-1044.

[3] 王恰. 碳中和背景下全球风电技术创新前沿研究[J]. 中国能源，2021，43（8）：69-76，20.

[4] 亢方超，唐春安，李迎春，等. 增强地热系统研究现状：挑战与机遇[J]. 工程科学学报，2022：1-11.

[5] 曹锐，多吉，李玉彬，等. 我国中深层地热资源赋存特征、发展现状及展望[J]. 工程科学学报，2022：1-9.

第 3 章　我国绿色低碳新兴产业发展动态

3.1　传统能源领域新兴产业

3.1.1　煤炭清洁高效利用产业

2012～2021 年，我国煤炭行业积极推动产业转型升级和高质量发展，煤炭产量、消费量持续增长，煤矿智能化加速推进，现代煤化工和煤炭清洁利用技术水平大幅提升，CCUS 技术进入示范应用阶段，我国逐渐进入到煤炭工业高质量发展的新时代。根据《中国矿产资源报告（2022）》，2021 年，全国一次能源生产总量为 43.3 亿吨标准煤，原煤产量为 41.3 亿吨，较 2012 年同比增长 44.75%，全国能源消费总量为 52.4 亿吨标准煤，煤炭消费量占能源消费总量的 56.0%（图 3-1），达到 42.3 亿吨标准煤，较 2020 年同期增长 4.6%。煤炭开发布局进一步优化，生产重心逐渐向晋陕蒙新地区集中，2021 年，山西、内蒙古、陕西、新疆、贵州、安徽等六省（自治区）原煤产量共计 35.4 亿吨，占全国总产量的 86%（图 3-2）；“十三五”期间累计退出落后产能超过 10 亿吨/年，全国煤矿数量减少至 4500 处，年产 120 万吨以上的大型煤矿产量占全国 85%左右，煤炭生产中心加快向晋陕蒙新地区集中。

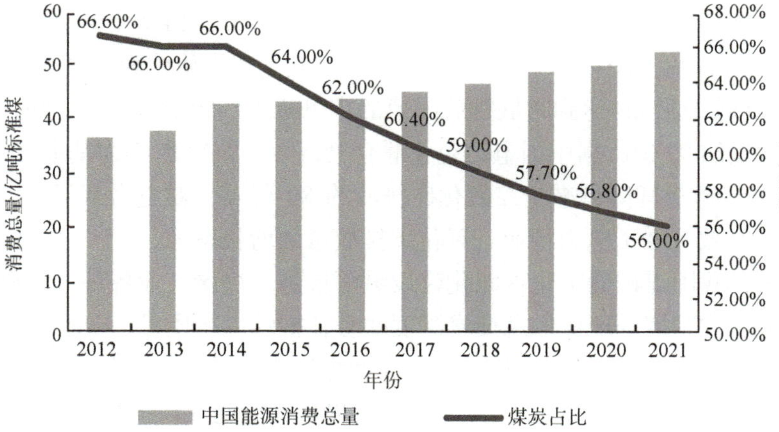

图 3-1　中国能源消费总量与煤炭占比

资料来源：《中国矿产资源报告（2022）》

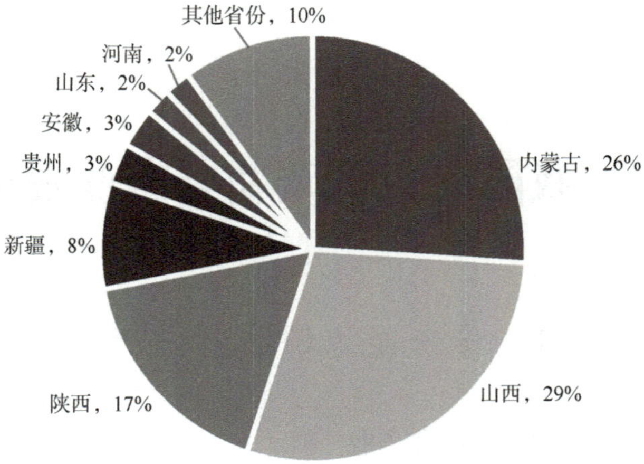

图 3-2　2021 年全国各省（自治区、直辖市）规模以上原煤产量分布

资料来源：中国煤炭工业协会

2012～2021 年，全国煤电装机容量占比逐渐减少，煤电发展从规模向高质量发展转型，供电煤耗降低对减缓电力行业二氧化碳排放量增长有显著作用。2021 年全国发电装机容量 23.8 亿 kW，煤电装机容量 11.1 亿 kW（图 3-3），占全国发电装机容量的 46.6%；煤电发电量 5.04 万亿 kW·h，占全国总发电量的 60%，发电用煤占全国煤炭总消费的一半以上。全国深入推进煤电“三改联动”（即节能降碳改造、灵活性改造、供热改造），灵活性改造和供热改造超额完成。2021 年 10 月，国家发展改革委、国家能源局深入推动煤电“三改联动”，联合印发《全国煤电机组改造升级实施方案》，据不完全统计，2021 年全国完成节能降碳改造 1.1 亿 kW，灵活性改造 6380 万 kW，供热改造 6830 万 kW。全国 6000kW 及以上火电厂供电标准煤耗 301.5g/（kW·h），比 2020 年降低 3.4g/（kW·h），较 2012 年下降 24.5g/（kW·h）（图 3-4）；单位火电发电量二氧化碳排放约为 828g/（kW·h），比 2005 年降低 21.0%；达到超低排放限值的煤电机组约 10.3 亿 kW，约占全国煤电总装机容量的 93.0%。据中国电力企业联合会统计，以 2005 年为基准年，2006～2021 年通过供电煤耗降低减少二氧化碳排放约 89 亿吨，对电力部门碳减排贡献度达 41%，有效减缓了电力行业二氧化碳排放量的增长态势。

近年来，我国煤矿数字化智能化建设纵深推进，煤炭产业各环节积极与大数据、区块链、物联网等现代信息技术深度融合，推动煤矿质量、效率、动力的提升。据不完全统计，截至 2021 年年底，大型煤炭企业采煤机械化程度比 2012 年提高约 17%，达到 98.95%，全国正全面开展煤矿智能化建设的煤矿有 400 余处，已建成智能化采掘工作面 813 个、采煤面 477 个、掘进面 336 个，累计投资规模

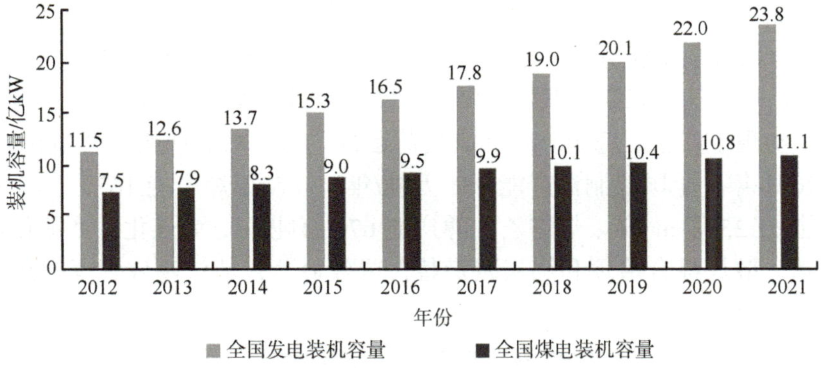

图 3-3　全国发电装机容量

资料来源：《中国电力年鉴》

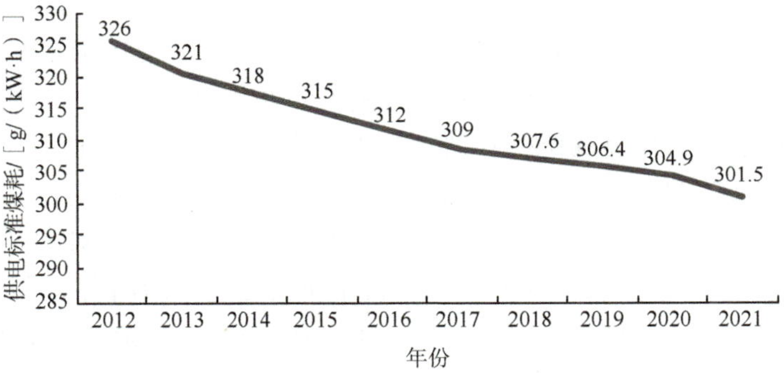

图 3-4　全国 6000kW 及以上火电厂供电标准煤耗

资料来源：中国电力企业联合会

超过 1000 亿元，已有采煤、钻锚、巡检等 29 种煤矿智能化机器人在 370 余处矿井实施应用。其中首批 71 处智能化示范建设煤矿投资规模超 150 亿元，建成智能化采掘工作面 156 个。2021 年，大型煤企原煤生产人员效率达到 8.786 吨/工，较 2012 年提升 36.5%；全国煤矿平均百万吨死亡率由 2012 年的 0.374 降至 2021 年的 0.044，当前“少人巡视、无人操作”的智能化采掘工作面正逐步迈向常态化应用，减人、增安、提效的效果日益显现。

“双碳”背景下，煤炭工业不断探索化石原料和燃料并重发展，现代煤化工产业关键技术和核心装备自主化取得了重大突破，成功示范相关煤炭深加工项目。国内科技领军企业、科研院所和高等院校持续协同攻关，开发了多种具有自主知识产权的高效低成本煤气化技术，彻底摆脱大型煤气化技术对国外进口的依赖；研发建设了世界首套百万吨级煤直接液化商业装置，实现长周期稳定运行；开发了 400 万吨/年煤间接液化成套技术，实现商业化运行；建成了世界首套 60 万吨/年煤制烯烃工业化生产装置，首次实现由煤化工向石油化工原料的规模转换。具有自主知识产权的神华宁煤400万吨/年煤炭间接液化等一批煤炭深加工重大示范工程建成投产，煤制油、煤制天然气、煤制烯烃、煤制甲醇、煤制汽油等示范项目取得成功，实现了安全、稳定、长期满负荷运行，污废水实现循环利用和“近零”排放。2021 年，全国煤制油产能 931 万吨/年、煤制烯烃产能 1672 万吨/年、煤制气产能 61.25 亿 m^3/年、煤制乙二醇产能 675 万吨/年，为煤化工产业创新发展奠定基础。散煤综合治理和煤炭减量替代成效显著，清洁高效燃煤锅炉得到普遍推广应用。

近几年，我国煤炭行业积极稳妥推进碳达峰碳中和，推动煤炭清洁高效利用加快发展，我国自主研发的多项相关技术达到世界领先水平。目前，我国已实现高参数、大容量超超临界燃煤机组自主研发和制造，百万千瓦空冷发电机组、二次再热技术、大型循环流化床发电等技术均达到世界领先水平。2020 年 12 月，全球最节能的新型高效洁净低碳燃煤发电设备、世界首台 135 万 kW 二次再热超超临界机组——安徽淮北平山电厂 3 号机组并网发电，设计供电煤耗为 251g/（kW·h），该机组采用高低位机双轴布置技术及一系列具有自主知识产权的节能减排创新技术。2021 年底，全国百万千瓦超超临界燃煤发电机组超过其他国家的总和，有 160 台在运行，平均供电标准煤耗约 280g/（kW·h），对世界燃煤发电技术发展起到引领作用。2021 年底，我国自主研发建造的国内首座大型二氧化碳循环发电试验机组完成 72 小时试运行，额定功率达到 5000kW，是世界上容量最大的超临界二氧化碳循环发电机组，为进一步提高火电机组效率打下坚实基础。当前，我国超临界和超超临界先进煤电机组多达 860 台，在全国煤电总装机中占比超过 50%。随着建设应用先进煤电技术、关停淘汰落后煤电机组，我国煤电结构不断优化，大容量、高参数、低排放的高效煤电机组占比将持续提升。

当前，我国的 CCUS 技术尚处于研发和示范阶段。迄今为止，已投入运行和正在建设中的 CCUS 示范项目大约有 40 个，这些项目主要集中在石油、煤化工、电力等行业的小规模捕集驱油示范，而大规模或全流程的工业化项目相对稀缺。我国试点示范项目的资金主要由重点国有企业提供，相比之下，民营资本的参与度较低。2021 年 6 月，国内规模宏大、标准领先的中国石油长庆姬塬油田黄 3 区 CCUS 国家示范工程二期综合试验站正式投入运行。2021 年 7 月，我国最大的 CCUS 全产业链示范基地、国内首个百万吨级 CCUS 项目——中国石化集团齐鲁石化–胜利油田百万吨级 CCUS 项目破土动工，并于 2022 年 8 月 29 日正式开始注气运行，这标志着我国 CCUS 产业已步入技术示范的中后期阶段，即成熟的商业化运营阶段。2021 年 8 月，我国首个海上二氧化碳封存示范工程——中国海油恩平 15-1 油田群开发项目在南海珠江口盆地正式开启。2022 年 6 月 27 日，中国海油、广东省发展改革委、壳牌集团、埃克森美孚共同签署《大亚湾工业园区二氧化碳捕集利用及封存集群研究项目谅解备忘录》，该项目成为我国首个千万吨级海上 CCUS 集群项目。

3.1.2　非常规油气产业

我国非常规油气资源丰富，随着国家政策支持和勘探开发技术不断取得突破，页岩气、页岩油、煤层气、天然气水合物等非常规油气资源已成为常规油气资源的有效补充。全国能源工作会议公布的数据显示，2021 年，页岩油产量 240 万吨，页岩气产量 230 亿 m^3，煤层气利用量 77 亿 m^3。油气企业用科技创新推进非常规油气效益开发，在页岩油气、致密气、煤层气等领域均取得可喜成果，为保障国家能源安全奠定基础。2021 年 1 月，国家能源局召开页岩油勘探开发推进会，要求页岩油勘探开发加快发展。2022 年 1 月，《“十四五”现代能源体系规划》发布，要求积极扩大非常规资源勘探开发，加快页岩油、页岩气开发力度。2022 年 7 月 24 日，国家能源局召开 2022 年大力提升油气勘探开发力度工作推进会，再次提出大力推动页岩油、页岩气成为战略接续领域，坚定非常规油气发展方向，加快非常规资源开发。

2012～2021 年，我国页岩气勘探开发进入快速发展阶段，接连在多个地区、多个层系获得重大突破和重要发现。我国页岩气储量丰富，页岩气资源主要集中在川渝地区。截至 2021 年年底，我国页岩气累计探明地质储量超过 2 万亿 m^3（图 3-5），页岩气产量为 230 亿 m^3，较 2015 年同比增长 414.43%（图 3-6），其中，中石化涪陵页岩气田全年产气 71.65 亿 m^3，中石油西南油气田页岩气产量达 111.7 亿 m^3。2021 年 1 月中国石化在重庆涪陵地区试获高产页岩油气井——泰页 1 井，初步预测该地区页岩气资源量 2000 亿 m^3、凝析油资源量 2800 万吨。2021 年 12 月 9 日，我国首个大型页岩气田——涪陵页岩气田白马区块页岩气探明储量新增报告通过自然资源部评审，经认定，该区块新增探明储量 1048.83 亿 m^3。至此，涪陵页岩气田累计探明含气面积达 824km^2，累计生产页岩气 400 亿 m^3，累计探明储量近 9000 亿 m^3，占全国页岩气探明储量的 34%[1]。2022 年 1 月 18 日，江汉油田部署在湖北省恩施土家族苗族自治州利川红星地区的页岩气预探井——红页 2HF 井，已连续试采生产 20 天，日产页岩气保持稳定，江汉油田已提交该地区当前首批页岩气预测储量 1051.03 亿 m^3。2022 年 1 月 24 日，重庆市綦江区的重点页岩气探井——丁页 7 井，在埋深 4400m 的龙马溪组页岩气层获得日产 42.8 万 m^3 高产气流，标志着我国在埋深 4000m 以上的深层页岩气勘探领域取得新进展，进一步证实了川东南探区超 20000 亿 m^3 深层页岩气资源的增储上产潜力。

截至 2021 年年底，四川盆地深层页岩气最短钻井周期已低于 30 天，最深完钻井深已达 7000m 以上，最长水平段达 3601m。深层超深层天然气实现了一批重大装备和关键工具的自主研发，多口超深井迈上 8500m 新台阶。海洋油气领域，“深海一号”大气田顺利投产，实现 3 项世界级创新，攻克 12 项关键装备国产化难题。

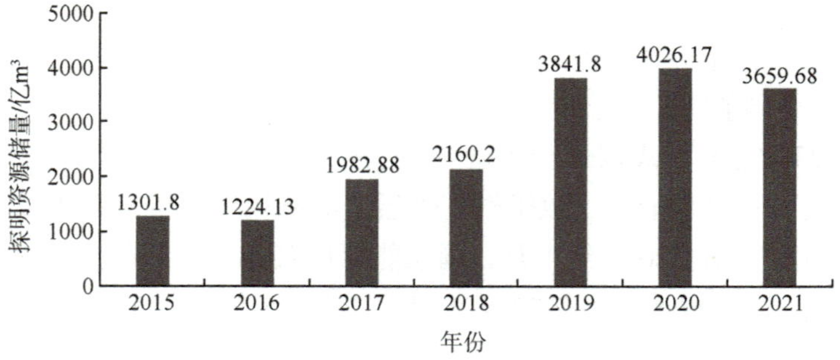

图 3-5 2015～2021 年我国页岩气探明资源储量

资料来源：中国矿产资源报告

图 3-6 2015～2021 年我国页岩气产量

资料来源：国家能源局

在页岩气发展增速势头不减的同时，国内页岩油勘探取得较多进展。2021 年初，国家能源局召开 2021 年页岩油勘探开发推进会，提出为进一步做好原油稳产增产，重点突破资源接替、技术创新和成本降低等阻碍产业发展的核心问题。2021 年，在油气企业的努力下，页岩油勘探取得重大发现。2021 年 4 月 21 日，中国石化渤页平 5 井放喷，峰值日产 160 吨标准油气，累计产 2.8 万吨标准油气，实现了高成熟度纹层-层状灰页岩油的商业产能突破。2021 年 6 月，中国石油长庆油田在鄂尔多斯盆地获得重大成果，探明地质储量超 10 亿吨的页岩油整装大油田。2021 年 10 月 23 日，中国石化帅页 3-7HF 井放喷，峰值日产油 36.44 吨，累计产油 6100 多吨，对老井重复利用具有借鉴意义。2021 年 11 月，中国石化胜利油田济阳页岩油勘探取得多点突破，首批上报预测石油地质储量 4.58 亿吨，初步测算该地区页岩油资源量达 40 亿吨以上，成为我国东部增储建产的现实接替新领域。2021 年 11 月 17 日，中国石化溱页 1HF 井放喷，峰值日产油 66.2 吨，累计产油 1.3 万多吨，为埋深大于 4000m 页岩油勘探提供了参考。2021 年 12 月，中国石化华东石油局在苏北盆地溱潼凹陷地区落实有利区面积 420km^2、页岩油资源量 3.5 亿吨。2022 年 7 月 28 日，我国海上首口页岩油探井——涠页-1 井，压裂测试成功并获商业油流，标志着我国海上页岩油勘探取得重大突破。2022 年 8 月 26 日，中国石化胜利济阳页岩油国家级示范区正式启动建设，是继新疆吉木萨尔、大庆古龙后我国第三个国家级页岩油示范区，是我国首个陆相断陷湖盆页岩油国家级示范区。

近年来，煤层气是颇受关注的一种非常规气资源，其开发与利用继续保持良好增长势头。我国煤层气资源丰富，世界排名第三，我国埋深 1500m 浅煤层气可采资源量 10.9 万亿 m^3，2000m 浅煤层气地质资源量约 36.8 万亿 m^3。全国 95%的煤层气资源分布在新疆、晋陕内蒙古、云贵川渝和冀豫皖四个含气区，其中晋陕内蒙古含气区煤层气资源量最大，为 17.25 万亿 m^3，占到我国煤层气总资源量的一半左右。据国家统计局统计，2015～2021 年我国煤层气产量整体上呈上升趋势，2021 年我国煤层气产量达到 104.7 亿 m^3（图 3-7），较 2015 年上升 65.14%。全国累计施工各类煤层气井 2 万余口。分省份来看，山西是我国煤层气主要产区，2021 年产量达到 89.5 亿 m^3，占 2021 年煤层气总产量的 85.48%（图 3-8）。2021 年，煤层气利用量为 77 亿 m^3，继续保持良好增长势头。2021～2022 年取暖季，煤层气日均供应量达到 2360 万 m^3。中国海油中联公司在沁水盆地南部建成我国首个年产超过 10 亿 m^3 的煤层气田，在沁水盆地南部老区，中联公司基本形成了煤层气提产稳产技术，通过实施储层改造、煤粉解堵等措施，保持了潘庄潘河气田的稳产高产。

图 3-7　2015～2021 年我国煤层气产量

资料来源：国家统计局

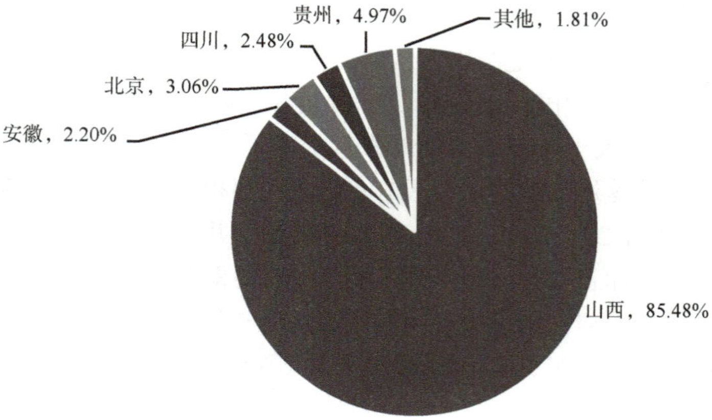

图 3-8　2021 年我国煤层气产量分省份占比情况

资料来源：国家统计局

我国天然气水合物资源丰富且潜力大，近年来不断研发关键技术，推动天然气水合物的开采深入发展。我国在南海、东海、黄海和青藏高原冻土带蕴藏有丰富的天然气水合物资源。2017 年至今，我国已经进行了三次海洋天然气水合物试采试验，在“试采时长、日均产量”等方面都创造了世界纪录，总体达到国际先进水平。2017 年 5 月，我国首次实施海域天然气水合物试采，在主动关井的情况下，试采连续稳产 60 天，累计产气 30.9 万 m^3，持续时间和产气总量远超美国、日本和加拿大等国家。2017 年 11 月 3 日，我国政府正式批准将天然气水合物列为新矿种，成为第 173 个矿种。通过法律确立其地位，促使我国天然气水合物勘探开发工作进入新的发展阶段。2020 年 3 月，我国在南海神狐海域开展的第 2 轮天然气水合物试采工作取得成功并超额完成目标任务。我国天然气水合物试采状况简表见表 3-1。

表 3-1　我国天然气水合物试采状况简表

地点	时间	方法	井型	时长	最高日产量/ m^3	总产气量/ m^3
青海木里	2011	降压+加热	单直井	101h	—	95
	2016	降压	水平井（3 井对接）	23d	136.6	1078.4
南海神狐	2017	降压	单直井	60d	3.5 万	30.9 万
	2017	固态硫化法	直井	10d	—	81
	2020	降压	水平井	30d	日均 2.87 万	86.14 万

3.2　新能源领域新兴产业

3.2.1　储能产业

储能产业是中国新能源领域产业发展的重点方向。近年来，中国储能行业发展势头迅猛，储能电站装机规模稳步提升。据中关村储能产业技术联盟（China Energy Storage Alliance，CNESA）全球储能项目库的不完全统计，截至 2021 年年底，中国已投运电力储能项目累计装机规模 46.1GW，同比增长 30%，达到全球市场总规模的 22%。其中，抽水蓄能的累计装机规模最大，为 39.8GW，同比增长 25%；市场增量主要来自新型储能，累计装机规模达 5.73GW，同比增长约 75%（图 3-9）。

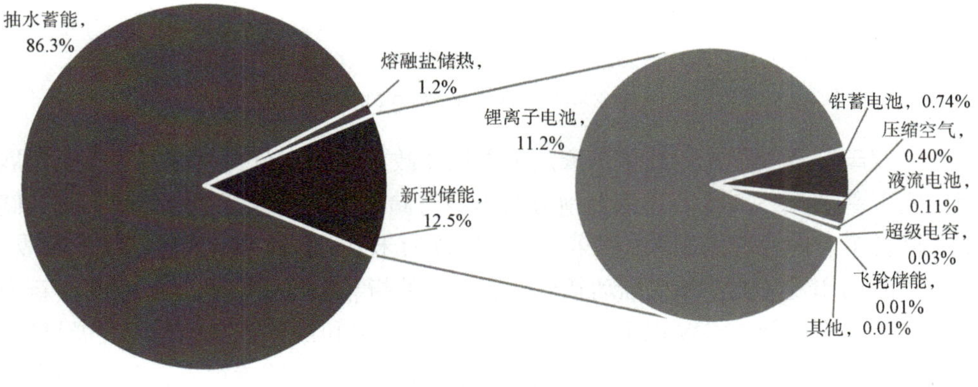

图 3-9　中国不同类别电力储能市场累计装机比例

资料来源：CNESA 全球储能项目库

新型储能在助力可再生能源规模化开发、新型电力系统的构建、“双碳”目标的实现、能源安全供应以及产业链供应链安全中发挥重要作用。2021 年，中国新增投运电力储能项目装机规模首次突破 10GW，达到 10.5GW，其中，抽水蓄能新增规模 8GW；新型储能新增规模达到 2.4GW，同比增长 54%；新型储能中，锂离子电池和压缩空气均有百兆瓦级项目并网运行，其中，压缩空气项目增长显著，新增投运规模 170MW，是 2020 年底累计装机规模的约 15 倍[2]。中国新型储能项目分布在全国 30 个省（自治区、直辖市），如山东提出了“共享储能”创新模式；江苏、广东发展用户侧储能，继续保持领先；内蒙古绿色电站配储项目示范等。大规模储能项目快速部署，储能应用不断拓展，产业发展超出业界预期。2021 年，中国新增储能项目 146 个，其中，抽水蓄能项目 5 个，电化学储能项目 131 个（锂离子电池储能项目 120 个）。2021 年，新增规划、在建、投运百兆瓦级项目的数量再次刷新历年纪录，达到 78 个，是 2020 年同期的 10 倍，规模达 26.2GW。仅 2021 年 12 月，就有山东首批储能示范项目、湖南儒林储能电站项目、张家口中储国能压缩空气储能电站项目等 10 余个百兆瓦级项目相继并网。2019～2021 年中国新型储能市场区域分布 Top5 省份见图 3-10。

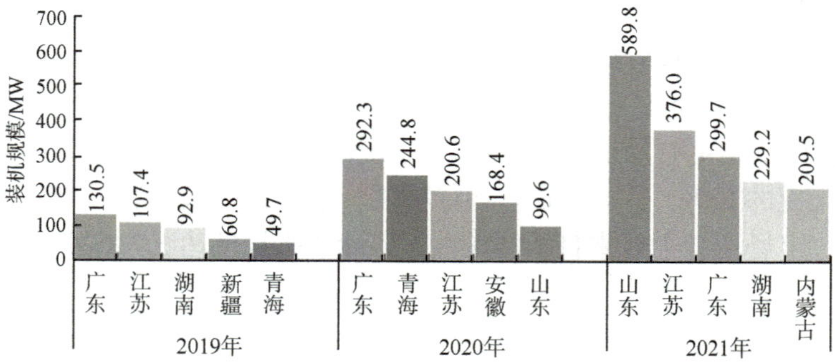

图 3-10　2019～2021 年中国新型储能市场区域分布 Top5 省份

资料来源：储能产业白皮书 2022

“双碳”背景下，近几年国家及地方储能政策密集出台，为储能规模化发展奠定实现基础。2021 年，国家及地方共出台与储能相关的政策 300 余项，涵盖储能发展各个方向及应用领域，政策支持力度前所未有。2021 年，国家发展改革委、国家能源局印发《关于加快推动新型储能发展的指导意见》中提出，2030 年新型储能装机规模达到 30GW 以上，首次从政策层面明确和量化了储能产业发展目标。2022 年我国发布的《“十四五”新型储能发展实施方案》明确提出，到 2030 年，实现新型储能全面市场化发展。除此之外，我国多达 14 个省份相继发布了储能规划，20 多个省份明确了新能源配置储能的要求。预计到 2025 年年末，新型储能在电力系统中的装机规模将达到 3000 万 kW 以上，年均增长 50%以上，有效支撑清洁低碳、安全高效的能源体系建设。

近年来，我国储能行业持续坚持创新引领、多元发展，强调市场主导、安全高效，鼓励创新示范、先行先试，积极推动新型储能技术创新。储能用锂离子电池能量密度较 2010 年提高了一倍以上，已形成较完备的产业链；全钒液流电池的隔膜、电解液等关键材料已经实现国产化；压缩空气储能技术发展迅速，在张北、金坛等地建设的大规模压缩空气储能示范项目已陆续并网运行；飞轮储能技术突破了大容量飞轮及高速电机关键技术，完成了样机方案设计及关键部件研制；钠离子电池作为下一代储能技术，具有成本低、原材料丰富的特点。“十四五”期间我国年新增新能源装机预计将达到 1 亿～1.2 亿 kW，相比“十三五”年新增新能源装机规模翻番，将对电力系统接网消纳能力造成前所未有的挑战，亟须以新型储能等技术为物理基础，结合数字化智能化等技术，构建新型电力系统[3]。同时，结合新型电力系统的实际需求，以提高终端用户用电可靠性、提升电力系统稳定性和技术经济性为导向，因地制宜，循序渐进，尊重市场主体，推进新型储能高效应用和高质量发展。

3.2.2　核能产业

2012～2021 年，我国核电装机容量稳步增长，国内在建核电工程整体上持续推进。截至 2021 年年底，我国在运核电机组 53 台（不含台湾地区），装机容量 5465 万 kW，约占全国电力总装机容量的 2.30%，仅次于美国与法国，继续位居全球第三。2021 年，我国新开工核电机组 6 台：昌江核电站 3、4 号机组，田湾核电站 7 号机组，海南昌江小堆示范工程，徐大堡核电站 3 号机组，三澳核电站 2 号机组。截至 2021 年年底，我国在建核电机组 20 台，在建机组装机容量继续保持全球第一，总装机容量 2142.9 万 kW。我国在运在建核电机组分布在 21 个核电站，其中霞浦、漳州、太平岭、三澳、徐大堡 5 个核电站为没有在运机组的新建核电站。全国核电装机容量稳步增长，2021 年达 5326 万 kW，较 2012 年上涨 323.71%，新增装机较 2020 年增加 228 万 kW，达到 340 万 kW（图 3-11），主要是因为“华龙一号”全球首堆示范工程——福清核电 5 号机组正式投入商业运行，全球首个并网发电的第四代高温气冷堆核电项目——石岛湾高温气冷堆核电站示范工程首次并网发电，田湾核电 6 号、红沿河核电 5 号机组建成投产。

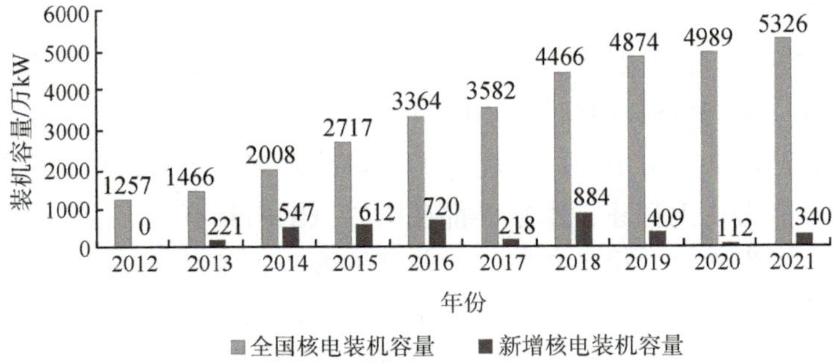

图 3-11　2012～2021 年我国核电装机和新增装机容量

资料来源：《中国电力年鉴》

2012～2021 年，我国核电发电量持续增长，为保障电力供应安全和推动节能减排作出了重要贡献。我国核电发电量 2021 年达 4075.2 亿 kW·h，较 2012 年增加 314.57%（图 3-12），约占全国总发电量的 4.8%。从分布来看，2021 年我国核能发电主要分布在八个省（自治区），各省（自治区）比例分别为：广东 29.6%、福建 19.1%、浙江 18%、江苏 11.9%、辽宁 9.7%、山东 4.8%、广西 4.5%、海南 2.4%。与燃煤发电相比，核电发电相当于减少燃烧 11558.05 万吨标准煤，减少排放二氧化碳 30282.09 万吨、二氧化硫 98.24 万吨、氮氧化物 85.53 万吨。2021 年，我国核电设备利用小时数为 7777.85 小时，同比上升 4.72%；机组平均能力因子为 92.27%，同比大幅上升 9.13%。

图 3-12　2012～2021 年我国核电发电量

资料来源：《中国电力年鉴》、国家统计局

2012～2021 年，我国核能行业通过一批核能供热、供汽等工程示范项目的建设，实现了核能从发电向综合利用的转化，进一步凸显了核能的环境效益。2019 年 11 月，海阳核电站实现向海阳市政热用户供热，使海阳市成为首个核能供热城市。2022 年 4 月，我国南方首个核能供热示范项目（秦山核能供热）首个供暖季顺利结束。2021 年 7 月，全球首个多用途模块式小型堆示范工程“玲龙一号”开工建设；2022 年 5 月，我国首个工业用途核能供汽项目（田湾核电蒸汽功能项目）在连云港正式开始建设。此外，国家能源核能供热商用示范工程二期项目以及我国南方地区首个核能供热项目也于 2021 年分别在山东海阳和浙江海盐正式投运。我国核电产业已经初步形成了一套完整的可持续发展的产业体系，配套的产业基础、自主技术能力、工程建设水平等都在世界范围内具有一定的竞争力，既能提供核电设计、工程建设、设备制造、运营维护等一条龙服务，又能提供核燃料供应、核燃料循环、核废料处理等一系列的技术与设备，具备一站式核电解决方案，仅核电领域，即可形成我国每年核准 6～8 台或千万千瓦级装机的整体供货能力，同时建造 30 台核电机组的施工建设能力。

我国核能行业深入推进对外开放，秉持开放合作、互利共赢理念，在核电工程、核能产业链等领域持续加强国际合作。中俄元首共同见证田湾核电站 7、8 号和徐大堡核电站 3、4 号机组项目正式开工；巴基斯坦卡拉奇 K-2 机组投入商运；卡拉奇 K-3 机组首次装料，进入带核调试阶段。我国企业参与合作投资建设的首座海外核燃料组件厂正式建成投产。铀资源贸易高质量推进，海绵锆、锆 4

管坯产品实现出口。18 家中资企业成功注册成为阿联酋核电公司合格供应商，巴基斯坦 C-4 机组首获 WANO（World Association of Nuclear Operators，世界核电运营者协会）综合运行指标评分满分。国际热核聚变实验堆（International Thermonuclear Experimental Reactor，ITER）中国氦冷固态实验包层系统（HCCB TBS）首个项目启动，与美国电力研究院（Electric Power Research Institute，EPRI）“核电厂 1E 级电缆老化和鉴定”技术合作项目圆满完成。深化与国际原子能机构（International Atomic Energy Agency，IAEA）合作，履行核领域国际义务，高温堆示范工程全面落实 IAEA 核保障监督要求；中国专家加入日本福岛核事故污染水处置问题技术工作组。积极参与 WANO 全球活动，WANO 上海办公室正式揭牌，国内核电 WANO 指标不断提升。

2012～2021 年，我国核电技术的国产化水平已跃居世界领先地位。自主开发的“华龙一号”核电技术已投入商业运行，这标志着我国已经完全掌握了第三代核电技术。国产焊接材料首次在示范工程的核一级设备制造中得到应用，核电站池边检查技术的研发取得了重大进展，自主化的仪控系统及堆内外核测系统研制成功，具有自主知识产权的第三代核电技术标准体系得到了进一步的完善。一系列自主化的关键核心设备部件已在相关项目中得到应用，数字化和智能化水平不断提升，基于经验反馈的设计优化改进持续进行，后续型号的研发也在积极推进中。海南昌江多用途模块式小型堆科技示范工程已经开工建设，海上小堆的研发取得了积极的进展，气冷微堆的总体技术方案已经完成固化，多种供热堆型号都在积极推进示范工程项目的落地。示范快堆工程的建设顺利推进，快堆高性能数值模拟及仿真关键技术取得了重要突破。

随着国家“双碳”目标的持续推进和能源安全战略的深化落实，核能将保持积极、安全、有序的发展态势。预计未来核电装机规模将进一步加快扩大，发电量将大幅增加。自主三代压水堆核电技术将持续改进优化，进一步提升安全性和经济性，形成改进优化的机型系列。高温气冷堆、钠冷快堆有望通过技术创新实现示范项目的推广，并拓展应用场景。铅冷快堆、熔盐堆等先进核能技术的基础科研工作将进一步夯实，逐步由概念走向科研示范。天然铀勘查采冶技术、纯化转化技术将向绿色、低碳、智能、高效方向发展。未来核电建设将更加注重与电网布局和区域经济发展相适应，更好地支撑适合我国国情的新型电力系统建设。

3.2.3　风能产业

2012～2021 年，在各项政策措施的引导和支持下，我国风电产业依托自身优势努力保持全球领先地位，风电新增装机和累计装机连续 9 年位列全球第一。2022 年 4 月 22 日，中国可再生能源学会风能专业委员会（China Wind Energy Association，CWEA）正式发布《2021 年中国风电吊装容量统计简报》。根据统计简报，2021 年，中国风电装机再创新高，全国（除港、澳、台地区外）新增装机 15911 台，容量 5592 万 kW（图 3-13），同比增长 2.7%，其中陆上风电新增装机容量 4144 万 kW，同比下降 18.1%，海上风电新增装机容量 1448.2 万 kW，同比增长 276.6%，陆上、海上风电新增装机容量均位居全球第一。2012～2021 年我国风电累计装机容量连续增长，截至 2021 年年底，我国风电累计装机数量超过 17 万台，累计装机容量首次突破 3 亿 kW，约达到 3.47 亿 kW，同比增长 19.2%，其中陆上风电累计装机容量 3.21 亿 kW，海上风电累计装机容 2535 万 kW，海上风电累计装机容量一举超过英国，成为全球海上风电累计装机容量最多的国家，约占全球海上风电市场总份额的 46.2%。2021 年，全国六大区域的风电新增装机容量占比分别为中南 25.8%、华东 23.9%、华北 18.4%、西北 16.2%、东北 10.6%、西南 5.1%。与 2020 年相比，2021 年六大区域中装机占比出现增长的区域分别有中南、华东、东北和西南。截至 2021 年年底，全国十大风电装机省（自治区）分别是：内蒙古 3996 万 kW、河北 2546 万 kW、新疆 2408 万 kW、江苏 2234 万 kW、山西 2123 万 kW、山东 1942 万 kW、河南 1850 万 kW、甘肃 1725 万 kW、宁夏 1455 万 kW、广东 1195 万 kW。

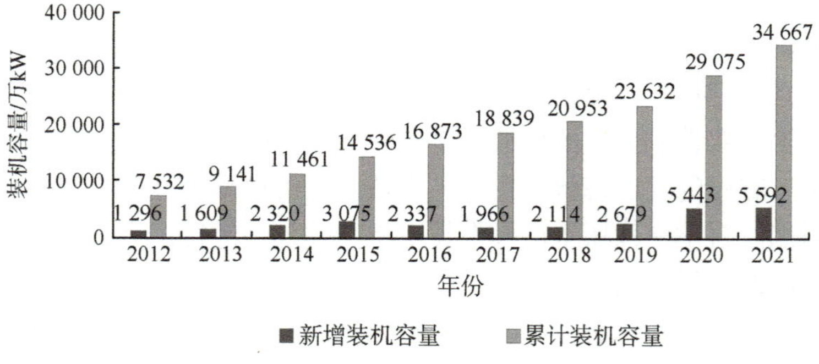

图 3-13　2012～2021 年中国风电新增和累计装机容量

资料来源：风能专业委员会（CWEA）

2012～2021 年，我国风电发电量实现快速增长，开发利用水平进一步提升，逐渐发展成为我国第三大电源。2021 年，全国风电发电量进一步提升至 6526 亿 kW·h，同比增长 40.5%，占全社会用电量的 7.9%，占全国可再生能源发电量的 26.4%，开发利用水平进一步提升。全国风电利用小时数为 2246 小时，比 2012 年提高 356 小时，风电平均利用小时数较高的地区依次是福建（2836 小时）、蒙西地区（2626 小时）和云南（2618 小时）。全年全国弃风电量 206.1 亿 kW·h，风电平均利用率 96.9%，较 2020 年提高 0.4%，尤其是湖南、甘肃和新疆，风电利用率同比显著提升，同比分别提升 4.5%、2.3%、3.0%。

2012～2021 年，我国风电机组设备经历了从引进、消化吸收、再创新，到自主研发的阶段，目前已具备大兆瓦级风电机组的自主研发能力，风机大型化发展趋势凸显。2021 年，中国新增装机的风电机组的平均单机容量为 3514kW，同比增长 31.7%；其中，陆上风电机组平均单机容量为 3.1MW，较 2012 年的 1.6MW 增长 93.75%，海上风电机组平均单机容量为 5.6MW，较 2012 年的 2.8MW 增长 100%（图 3-14）。截至 2021 年年底，累计装机的风电机组平均单机容量为 2025kW，同比增长 8.1%。陆上风电方面，2008～2013 年我国陆上风电兆瓦级主流机组为 1.5MW，之后向 2MW、3MW 逐步发展，当前 3MW 以上陆上风电机组装机容量已占据很大比例，4MW 和 5MW 机组已批量小规模投产，相关企业研发重点已经布局到 5MW 或 6MW 以上，向着容量更大、适应于不同运行环境的定制化风电机组发展。海上风电方面，2010 年第一个海上风电场——上海东海大桥海上风电场建成，采用当时单机容量最大的 3MW 海上风电机组，随后海上风电机组容量开始逐年提升，到 2020 年 5MW 以上风电机组新增装机容量占比首次超过半数，现在 8MW 已成为我国海上风电机组新的起点，在较长时期内将保持大型化发展趋势。

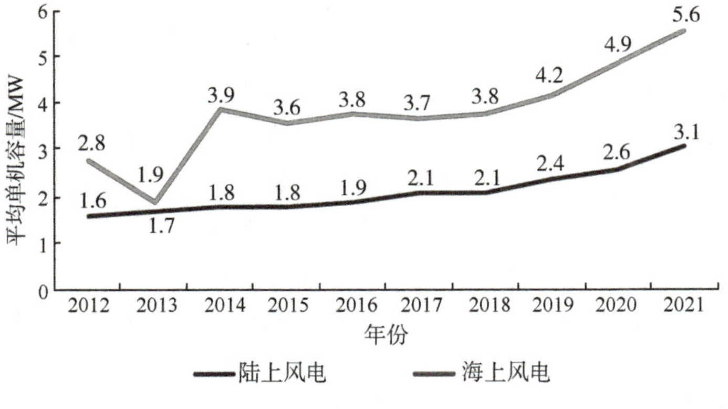

图 3-14　2012～2021 年我国新增陆上和海上风电机组平均单机容量

资料来源：风能专业委员会（CWEA）

受补贴取消影响，海上风电投资成本不降反增，但 2012～2021 年总体呈下降趋势。根据国际可再生能源署（International Renewable Energy Agency，IRENA）发布的报告，2021 年我国陆上风电加权平均度电成本为 0.028 美元/（kW·h），相较于 2010 年的 0.083 美元/（kW·h）下降 66.3%。2021 年我国海上风电度电成本为 0.079 美元/（kW·h），相比 2010 年的 0.178 美元/（kW·h）下降了 55.6%。2021 年我国海上风电加权平均度电成本为 0.47～0.55 元/（kW·h），已经接近沿海各省 0.4 元/（kW·h）左右的煤电标杆价，海上风电预计将很快实现平价。2021 年，陆上平原风电造价约 5800 元/kW，山区地形为 7200 元/kW，不含塔筒的陆上风电机组中标价格在 1700～2300 元/kW。经过多年发展，我国海上风电在技术、建设和运营等方面不断进步，海上风电项目成本总体呈现下降趋势。海上风电项目因建设环境不同，成本也会出现地域差异，2021 年江苏以北地区海上风电建设成本约 17 000 元/kW，而在福建及粤东地区，海上风电建设成本仍高达 19 000 元/kW。

2012～2021 年，我国作为全球最大的风电装机国和风电整机装备生产国，通过合资合作、技术引进、消化吸收再创新以及国家风电特许项目的推动，风电国产化技术已达到成熟阶段。我国已构建起具有国际竞争力的风电装备全产业链，成功实现了风电产业“走出去”的战略目标。目前，我国已具备自主研制大兆瓦级风电整机和核心部件的能力，机组制造实现了系列化、标准化和型谱化，产品类型包括双馈、直驱和混合式，单机容量已达到全球领先的 16MW 级别。通过一系列技术创新，风电发电效率在 2012～2021 年提升了 30%，成本累计下降了约 50%。同时，我国已形成一条成熟的产业链，涵盖风电项目建设、设备制造、技术研发、检测认证、配套服务等多个方面，成为全球最大的风电装备制造基地。风电设备不仅满足了国内市场的需求，还出口至 30 多个国家，全球风电机组产量的三分之二以上源自我国，发电机、轮毂、机架、叶片、齿轮箱、轴承等产品的产量占全球的 60%～70%。2021 年，我国向海外出口风电机组 886 台，总容量达到 326.8 万 kW，同比增长 175.2%，海上风电机组也开始走向国际市场，共出口 72 台，总容量为 32.5 万 kW。截至 2021 年年底，我国向海外出口风电机组累计达到 3614 台，总容量为 964.2 万 kW，标志着风电产业“走出去”战略目标的真正实现。为了进一步提升效率和降低成本，风电产业链仍需进一步优化和完善，特别是在关键与共性技术方面需要进行深入研究和攻关。这包括风电机组的大型化、定制化和智能化开发，大功率齿轮箱和百米级叶片等关键部件技术的持续突破，以漂浮式为代表的海上风电前沿技术研发，高性能替代材料的研发与应用，陆上和海上工程装备的专业化研发，新型电力系统中多能互补等综合应用技术创新，以及产业链上下游的协同创新，产业外部围绕电力网、信息网和交通网的三网融合创新，这些都是风电产业未来发展的重点方向。

3.2.4　太阳能光伏产业

我国光伏产业发展成效显著，装机规模稳居全球首位，发电量占比稳步提升，成本快速下降，已基本进入平价无补贴发展的新阶段。自 2021 年开始，总的太阳能光伏市场配额不受国家发展改革委或国家能源局控制，光伏发电装机容量由省级政府统筹安排。2021 年，我国光伏发电新增并网容量 54.88GW，同比增长 13.9%，虽低于年初预期，但仍然达到历史新高，比历年新增装机最高点 2017 年的 53.06GW 高出 3.43%，其中，集中式光伏新增 25.6GW，分布式光伏新增 29.28GW，分布式光伏新增在全部新增并网容量占比历史上首次突破 50%，达到 53.4%（图 3-15）。从新增装机布局看，装机占比较高的区域为华北、华东和华中地区，分别占比 39%、19%和 15%。截至 2021 年年底，我国光伏发电累计装机容量达到 305.99GW，累计装机容量自 2015 年以来连续 7 年居全球首位，其中，集中式光伏电站累计装机容量 198.48GW，分布式光伏电站累计装机容量 107.51GW。户用光伏已经成为我国落实乡村振兴战略的重要力量，2021 年新增装机规模与安装户数同比几乎翻倍增长。2021 年，户用新增装机容量达 21.59GW，同比增长 113.3%，占 2021 年我国新增光伏装机容量的 39.4%，累计装机规模突破 40GW，达到 41.81GW。2021 年全国户用光伏项目新增户数约为 87.3 万户，累计安装户数达到 243.4 万户。

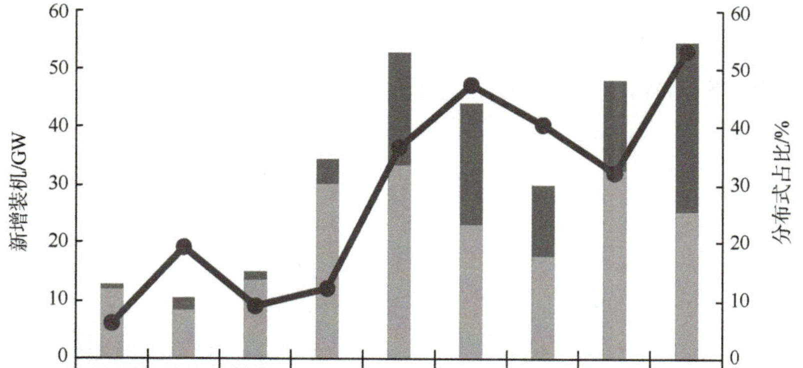

	2013	2014	2015	2016	2017	2018	2019	2020	2021
分布式新增	0.8	2.05	1.39	4.23	19.44	20.96	12.2	15.52	29.28
集中式新增	12.12	8.55	13.74	30.31	33.62	23.30	17.91	32.68	25.60
分布式占比	6.192	19.34	9.187	12.247	36.638	47.357	40.518	32.199	53.353

图 3-15　2013～2021 年我国光伏新增装机情况

资料来源：国家能源局

2012～2021 年，我国光伏发电量持续性快速增长。2021 年达 3259 亿 kW·h，同比增长 25.1%，占全社会用电量的 3.9%。全国利用小时数 1163 小时，同比增加 3 小时，利用小时数较高的地区为东北 1471 小时、华北 1229 小时，利用率较高的省（自治区）为内蒙古 1558 小时、吉林 1536 小时、四川 1529 小时。全国 2021 年弃光电量 67.8 亿 kW·h，弃光率为 2%，与 2020 年持平，但整体呈现下降趋势。光伏发电平均利用率 97.9%，与 2020 年同期基本持平，新疆、西藏等地光伏消纳水平显著提升，光伏利用率同比分别提升 2.8%和 5.6%。

2012～2021 年，我国光伏产业连续引领全球发展。光伏组件产量连续 15 年居全球首位，多晶硅产量连续 11 年居全球首位。2021 年我国光伏制造端（多晶硅、硅片、电池片、组件）产值突破 7500 亿元，光伏产品（硅片、电池片、组件）出口额超过 284 亿美元，创历史新高。2021 年，我国多晶硅产能达到 62.3 万吨，同比增长 36.3%，产量 50.5 万吨（图 3-16），同比增长 28.8%，多晶硅进口额约 18.7 亿美元，同比增长 108.5%，进口量约为 11 万吨，同比增长 11.1%。随着我国多晶硅产能和产量的持续增加，自给能力持续提升，对外依存度逐步降低。我国 2021 年度硅片产量 226.6GW，同比增长 40.5%，占全球产量的 97.3%，占据绝对主导地位；硅片出口额 24.5 亿美元，出口量约 22.6GW。我国电池片产量 197.9GW，占全球产量的 88.4%，其中前十名企业总产能占全国总产能的 68.2%，头部企业的规模化优势明显，综合成本持续下降；电池片出口额 13.7 亿美元，出口量约 10.3GW。光伏组件产量达到 181.8GW，同比增长 45.9%；光伏组件出口额为 246.1 亿美元，占光伏产品（硅片、电池片、组件）出口额的 86.6%，同比增长 44.8%；出口量 98.5GW，占我国组件产量的 54.2%。

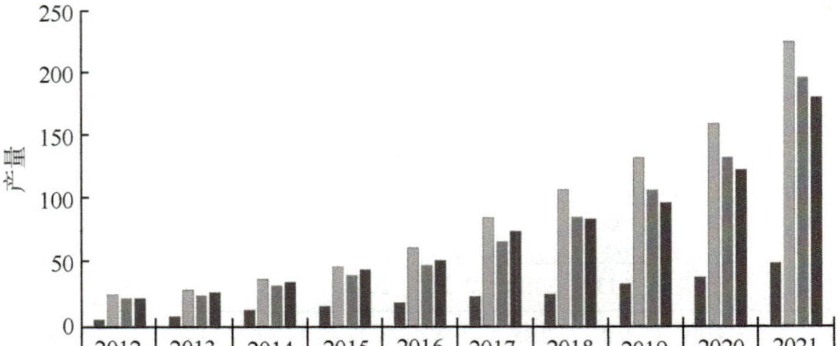

	2012	2013	2014	2015	2016	2017	2018	2019	2020	2021
■ 多晶硅/万吨	6	8.4	13.6	16.5	19.4	24.2	25.9	34.2	39.2	50.5
■ 硅片/GW	26	29.5	38	48	63	87	109.2	134.6	161.3	226.6
■ 电池片/GW	23	25.1	33	41	49	68	87.2	108.6	134.8	197.9
■ 组件/GW	23	27.4	35.6	45.8	53	76	85.7	98.6	124.6	181.8

图 3-16　2012～2021 年我国光伏产品产量

资料来源：中华人民共和国工业和信息化部

目前，国内分布式光伏主要分布在山东、河北、河南、浙江等地，且大部分地区投资都具有经济性。2021 年，我国地面光伏（集中式光伏）系统的初始全投资成本约为 4.15 元/W，较 2020 年上涨 0.16 元/W。其中，组件约占投资成本的 46%，较 2020 年上升 7%；非技术成本约占 14.1%（不包含融资成本），较 2020 年下降 3.2%。2021 年我国工商业分布式光伏系统初始投资成本为 3.74 元/W，同比上涨 10.6%。运维成本方面，2021 年，分布式光伏系统运维成本为每年 0.051 元/W，集中式光伏地面电站运维成本为每年 0.045 元/W，较 2020 年小幅下降。2021 年，全投资模型下地面光伏电站在 1800 小时、1500 小时、1200 小时、1000 小时等效利用小时数的平准化发电成本（levelized cost of electricity，LCOE）分别为 0.21 元/（kW·h）、0.25 元/（kW·h）、0.31 元/（kW·h）、0.37 元/（kW·h）；分布式光伏发电系统在 1800 小时、1500 小时、1200 小时、1000 小时等效利用小时数的 LCOE 分别为 0.19 元/（kW·h）、0.22 元/（kW·h）、0.28 元/（kW·h）、0.33 元/（kW·h）。

2012～2021 年，得益于产业规模的迅速扩张，我国的光伏发电技术实现了迅猛发展。光伏电池和组件等关键部件的产业化量产技术已达到世界领先水平，生产设备水平显著提升，基本实现了国产化。同时，光伏发电系统技术不断得到优化和完善，智能化运维技术的应用有效提升了发电效率。截至“十三五”规划末期，我国光伏电池制造环节已基本完成了从传统“多晶铝背场”技术向“单晶 PERC”技术的升级换代。主流规模化量产晶体硅电池的平均转换效率实现了显著的跨越式增长，从“十三五”初期的 18.5%提升至 22.8%。新型晶体硅高效电池与组件技术的产业化水平持续提升，我国企业在晶硅电池实验室效率方面不断刷新世界纪录，其中 n 型 TOPCon、HJT、P 型单晶 TOPCon 的实验室最高转换效率分别达到了 25.09%、26.30%、25.19%，并且已经具备了规模化生产能力，展现出强大的国际竞争力。以钙钛矿技术为代表的新一代高效电池技术在国际上处于领先地位，我国研究机构多次打破钙钛矿电池实验室转换效率的世界纪录。一些企业已经开始进行产业化生产研究，并多次刷新产业化生产组件转换效率纪录。我国光伏设备实现了从低端向高端的转变，产品定制化程度、高产能、高效自动化能力不断提升，自动化、数字化、网络化程度的提高推动了光伏制造向光伏智造的转变。多晶硅、硅片、电池片、组件等各环节的生产装备已基本实现国产化。

在政策层面，我国推出了一系列政策措施以促进光伏产业的发展。2021 年 12 月，国务院国资委公布的《关于推进中央企业高质量发展 做好碳达峰碳中和工作的指导意见》中，要求坚持集中式与分布式并举，优先推动风能、太阳能的就地就近开发利用。2021 年 10 月，第一期装机容量约 1 亿 kW 的大型风电光伏基地项目已有序开工，第二期项目申报工作已经启动。未来，集中式光伏将依托“多能互补”“源网荷储一体化”等发展模式，建设更多“风光+光热”“光伏+治沙”“光伏+储能”“光伏+氢能”等创新应用和示范项目。

3.2.5 太阳能光热产业

近年来，政府大力支持光热行业的发展，我国光热行业市场正向规模化发展。国家发展改革委 2021 年 6 月 7 日发布的《关于 2021 年新能源上网电价政策有关事项的通知》中提出：鼓励各地出台针对性扶持政策，支持光伏发电、陆上风电、海上风电、光热发电等新能源产业持续健康发展。根据太阳能光热产业技术创新战略联盟统计，截至 2021 年年底，我国太阳能热发电累计装机容量 538MW（含兆瓦级以上规模的发电系统）（图 3-17）。在我国已建成的太阳能热发电系统中，塔式技术路线占比 59.55%，槽式占 28.02%，线性菲涅耳技术（以下简称线菲）占 12.43%（图 3-18）。

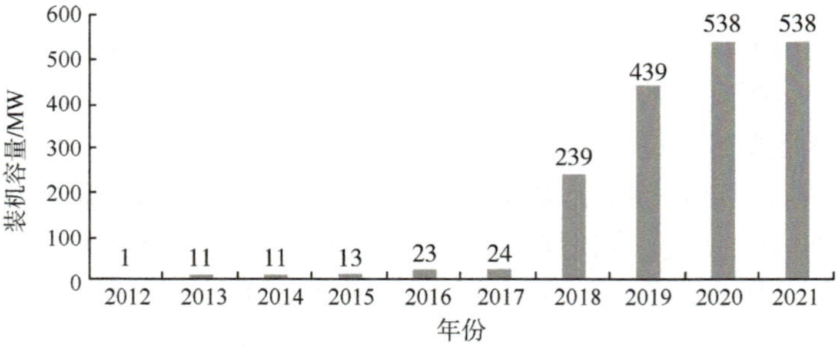

图 3-17　2012～2021 年我国太阳能热发电累计装机容量

资料来源：《2021 中国太阳能热发电行业蓝皮书》

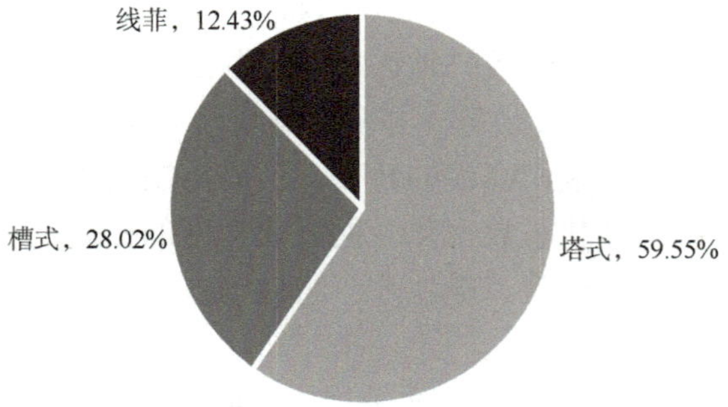

图 3-18　我国已建成太阳能热发电项目中的装机技术类型

资料来源：《2021 中国太阳能热发电行业蓝皮书》

按照国际能源署预测，中国光热发电市场到 2030 年将达到 29GW 装机容量，到 2040 年翻至 88GW 装机容量，到 2050 年将达到 118GW 装机容量，成为全球继美国、中东、印度、非洲之后的第五大市场。根据国家能源局 2021 年 5 月发布的《关于 2021 年风电、光伏发电开发建设有关事项的通知》，对于保障性并网范围以外仍有意愿并网的项目，可通过自建、合建共享或购买服务等市场化方式落实并网条件后，由电网企业予以并网。并网条件主要包括配套新增的抽水蓄能、储热型光热发电、火电调峰、新型储能、可调节负荷等灵活调节能力。在国家能源局批复的首批 20 个太阳能热发电示范项目中，截至 2021 年年底共有 8 个项目并网发电（表 3-2）。按照国家发展改革委《关于 2021 年新能源上网电价政策有关事项的通知》文件，这些项目均执行 1.15 元/（kW·h）的上网电价。另外，太阳能热发电示范项目的性能和发电量逐步提升，例如，中广核德令哈 50MW 槽式电站是我国首个大型商业化光热示范电站，2021 年度上网电量同比 2020 年度提升 31.6%，自 2021 年 9 月 19 日至 2022 年 1 月 4 日，机组已经连续运行 107 天，刷新了 2020 年最长连续运行 32.2 天的记录。

表 3-2　我国太阳能热发电示范项目简况及关键设备使用情况

项目简称	初投资/亿元	设计年发电量/（亿 kW·h）	储热时长/h	反射镜面积/万 m^2	熔盐用量/万吨	吸热管用量/万支	导热油用量/万吨
中广核德令哈 50MW 槽式项目	17	1.975	9	62	3.6	2.75	0.2
首航高科敦煌 100MW 塔式项目	30	3.9	11	140	3	—	—
青海中控德令哈 50MW 塔式项目	10.88	1.46	7	54.27	1.01	—	—
中电建青海共和 50MW 塔式项目	12.22	1.569	6	60.032	0.93	—	—
中能建哈密 50MW 塔式项目	16.4	1.983	13	71.99	1.6	—	—
兰州大成敦煌 50MW 线菲项目	16.88	2.14	15	127	2.4	2.2	—
乌拉特中旗 100MW 槽式项目	28.8	3.92	10	115	7.313	5.28	0.75
鲁能格尔木多能互补 50MW 塔式项目	19.86	1.6	12	61	1.6	—	—

资料来源：《2021 中国太阳能热发电行业蓝皮书》

根据太阳能光热产业技术创新战略联盟《中国太阳能热发电及采暖行业蓝皮书 2020》，我国已建立了数条太阳能热发电专用的部件和装备生产线，具备了支撑太阳能热发电大规模发展的供应能力，年供货量可满足 2～3GW 太阳能热发电项目装机。据不完全统计，主要建成太阳能超白玻璃原片生产线 5 条，年产能 9200 万 m^2；槽式玻璃反射镜生产线 6 条，年产能 2350 万 m^2；平面镜生产线 6 条，年产能 3360 万 m^2；槽式真空吸热管生产线 10 条，年产能 100 万支；跟踪驱动装置生产线 21 条，年产能 2 万套；导热油生产线 9 条，年产能 50 万吨；熔融盐生产线 15 条，年产能 60 万吨；塔式定日镜和槽式集热器组装生产线各 19 条。

3.2.6　生物质能产业

2012～2021 年，我国生物质发电装机量迅速增加。2021 年，生物质发电新增装机 808 万 kW，占全国新增装机的 4.6%；累计装机达 3798 万 kW，较 2014 年累计装机提升 301.48%（图 3-19）；生物质清洁供热超 3 亿 GJ，其中，供暖面积超 3 亿 m^2；年产生物天然气（含沼气）3 亿 m^3；年产生物液体燃料 402 万吨；年消纳各类有机废弃物 4.6 亿吨，减少二氧化碳排放 2.18 亿吨。截至 2021 年年底，我国生物质能开发利用总量约 7500 万吨标准煤，提供了相当于 5000 万吨标准煤的绿色电力，生物质能非电利用量约 2500 万吨标准煤，主要应用于工业和居民供热、交通运输燃料、农村和城镇燃气领域。2021 年，累计装机容量排名前五位的省份是山东、广东、浙江、江苏和安徽，分别为 395.6 万 kW、376.6 万 kW、291.7 万 kW、288.0 万 kW 和 239.1 万 kW；新增装机容量排名前五位的省份是河北、河南、黑龙江、山东和浙江，分别为 91.8 万 kW、78.7 万 kW、72.3 万 kW、61.1 万 kW 和 58.1 万 kW（图 3-20）。

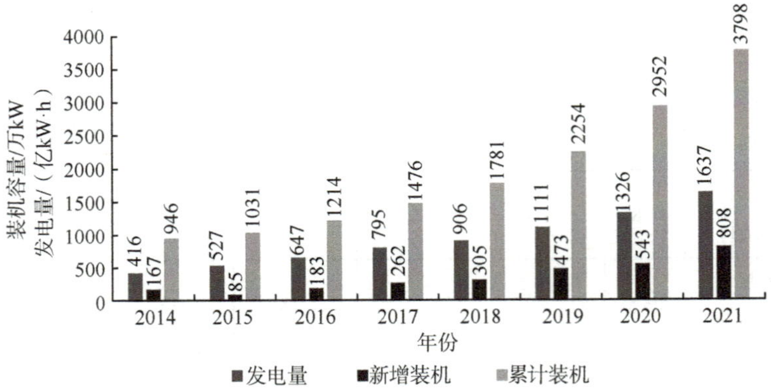

图 3-19　2014～2021 年我国生物质发电情况

资料来源：国家能源局

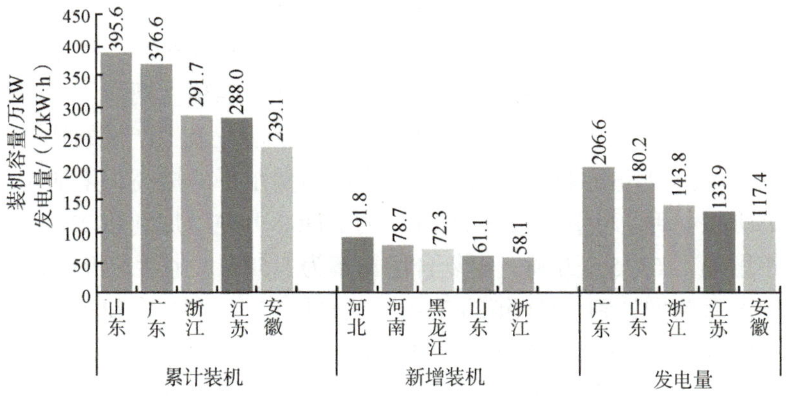

图 3-20 2021 年中国生物质装机及发电量 Top5 省份

资料来源：国家能源局

碳中和背景下，生物质电力将为风电和光伏发电提供有力调峰支持。我国生物质发电量由 2012 年的 337 亿 kW·h 逐年持续性增长至 2021 年的 1637 亿 kW·h，占全社会用电量的 2%，位居全球第一。按发电结构来看，我国生物质发电主要分为垃圾焚烧发电、农林生物质发电和沼气发电三大类，分别占比 61.2%、35.5%、3.3%（图 3-21）。2021 年，年发电量排名前五位的省份是广东、山东、浙江、江苏、安徽，分别为 206.6 亿 kW·h、180.2 亿 kW·h、143.8 亿 kW·h、133.9 亿 kW·h、117.4 亿 kW·h（图 3-20）。2021 年，生物质发电的年平均利用小时数为 4804 小时，较 2020 年减少 350 小时，下降 6.8%，其中农林生物质发电项目的年平均利用小时数仅为 3800 小时。在原料供给充足的前提下，生物质发电年利用小时数可达 7000 小时以上，在现有装机容量不变的条件下，年发电量可超过 2600 亿 kW·h。

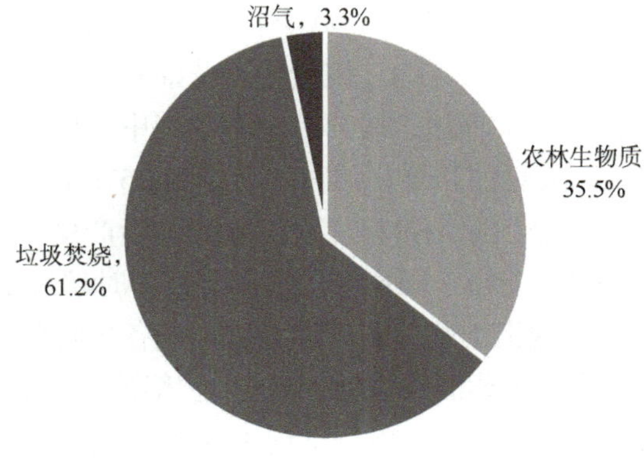

图 3-21 2021 年中国不同生物质原料发电量占比

资料来源：国家能源局

我国生物质资源丰富，总量约 45.3 亿吨，其中，农作物秸秆总量约 7.9 亿吨，畜禽养殖粪污约 30.5 亿吨，林业剩余物约 3.4 亿吨，生活垃圾约 3 亿吨，其他有机废弃物约 0.5 亿吨[4]。秸秆作为生物质能重要的原材料之一，其产量呈逐年增长态势。我国秸秆产量由 2016

年的 8.13 亿吨增加到 2021 年的 8.29 亿吨，可收集资源量也从 2016 年的 6.81 亿吨增加到 2021 年的 6.94 亿吨。我国秸秆资源主要分布在东北、河南、四川等产粮大省，资源总量前五分别是黑龙江、河南、吉林、四川、湖南，占全国总量的 59.9%。垃圾焚烧是生物质发电的重要形式之一，生活垃圾生产量的持续增加为垃圾焚烧行业提供了大量原材料。随着居民生活消费水平的提高，生活垃圾生产量也在持续增加。生活垃圾清运量从 2016 年的 20362 万吨增加到 2021 年的 26707.5 万吨，5 年增加了 6345.5 万吨，年复合增长率为 5.58%；生活垃圾处置量由 2016 年的 19673.8 万吨增加到 2021 年的 26913.4 万吨，5 年增加了 7239.6 万吨，年复合增长率为 6.47%。我国生活垃圾资源集中在东部人口稠密地区，资源总量前五分别是广东、山东、江苏、浙江、河南，占全国总量的 36.5%。

我国生物质交通燃料仍以燃料乙醇和生物柴油为主，但均在原料方面面临一些阻碍，亟须探寻新的发展方向，创新相关技术，推动我国生物质能产业可持续性发展。自 2019 年新冠疫情暴发以来，我国的燃料乙醇产量呈现持续下降态势，由 2019 年的 298 万吨下降至 2021 年的 254 万吨。燃料乙醇生产原料主要为玉米等粮食作物，其次为木薯等非粮作物。我国燃料乙醇发展的初衷是为了消化陈化粮，因粮食储存技术的突破，我国的陈化粮率已降到 0%，出于粮食安全的考虑，国家近年来对粮食和木薯等非粮燃料乙醇的产能扩张持谨慎态度。与以往的生物质能源发展规划不同，《“十四五”可再生能源发展规划》并未提及粮食和木薯等非粮燃料乙醇的推广，但仍然提出积极发展纤维素等非粮燃料乙醇。纤维素燃料乙醇是我国燃料乙醇产业未来发展的重点，目前亟须突破纤维素燃料乙醇产业化的技术瓶颈，如原料收集成本高、预处理能耗大、纤维素酶生产成本高等难题。2021 年 7 月，国家能源局印发的《2021 年能源工作指导意见》明确提出，要加快推进纤维素等非粮生物燃料乙醇产业示范，指出发展纤维素燃料乙醇将是生物燃料乙醇的重点方向。生产生物柴油的关键原料是动植物油脂，主要包括大豆油、棕榈油、菜籽油、废弃油脂等。其中，棕榈油是生物柴油最主要的原料，占比约 39%；大豆油和菜籽油占比分别为 25%和 15%；废弃油脂原料约占 10%。2021 年以来，受到原油价格上涨、欧洲油脂产量下滑、需求增高等因素影响，生物柴油价格持续上涨，同比上涨 35%，最高时超过 1.1 万元/吨。我国油脂资源相对匮乏，主要用地沟油和餐厨废油为原料制备生物柴油，并从 2010 年开始商业化供应 B5 生物柴油（柴油中添加 5%的生物柴油）。2021 年，我国生物柴油产量约 150 万吨，同比增长 16.8%，出口量约 130 万吨，同比增长 45%，得益于 2018 年欧盟对植物油来源的生物柴油的限制及对废弃油脂来源的生物柴油的激励，我国的生物柴油产业迎来了发展的黄金期，生产的生物柴油大部分出口到欧洲，出口量连年攀升，出口金额在 2021 年达到 18 亿美元，是 2017 年的 12 倍。我国生物甲烷的推广应用依然备受重视，由于商业模式不清晰、产业链不完善、沼液难处理等因素，大型生物甲烷工程运营难以为继，建立成熟的商业化运营模式和多元化产品标准体系等是保障生物甲烷产业可持续发展的关键。

在国家相关政策的大力支持下，我国生物质清洁供热产业发展成效显著。我国生物质清洁供热主要有热电联产集中式供热、锅炉分布式供热和成型燃料户用炉具供热等，目前供热量已超过 3 亿 GJ，供暖面积超过 3 亿 m^2，但仅相当于北方地区供暖面积的 2%左右。国家发展改革委、国家能源局等九部门于 2022 年 6 月联合印发的《"十四五"可再生能源发展规划》提出合理发展以农林生物质、生物质成型燃料等为主的生物质锅炉供暖，可按照就地取材原则，因地制宜推广户用成型燃料炉具供暖。国家发展改革委联合国家能源局印发的《关于促进生物质能供热发展的指导意见》提出，到 2035 年，生物质热电联产装机容量超过 2500 万 kW，生物质成型燃料年利用量约 5000 万吨，生物质燃气年利用量约 250 亿 m^3，生物质能供热合计折合供暖面积约 20 亿 m^2，年直接替代燃煤约 6000 万吨。

3.2.7　地热能产业

我国地热能资源丰富，但受地形构造、岩浆活动、地层岩性、水文地质条件等因素的影响，区域分布不均。其中，浅层地热资源主要分布在北京、天津、河北、山东、江苏、安徽、河南、陕西和东北部分地区。水热型地热资源以中低温为主，高温为辅，依据构造成因可分为隆起山地型和沉积盆地型两种。隆起山地型（中低温）地热资源主要分布于东南沿海、胶东半岛、辽东半岛等山地丘陵地区，隆起山地型（高温）地热资源主要分布在我国台湾和藏南、滇西、川西等地区。沉积盆地型地热资源主要分布于华北平原、江淮平原、松辽盆地等地区，大型沉积盆热储多、厚度大且分布广，赋存大量的中低温地热水资源。我国干热岩资源分四种类型：高热流花岗岩型集中在我国东南沿海地区；沉积盆地型主要分布在关中、咸阳、贵德、共和、东北等白垩系形成的盆地下部；近代火山型分布在我国腾冲、长白山、五大连池等地；强烈构造活动型主要分布在我国青藏高原地区。中国是世界上拥有地热资源最多的国家之一，目前中国陆地 336 个主要城市浅层地热能年可采资源量折合 7 亿吨标准煤，可实现供暖（制冷）建筑面积 320 亿 m^2；陆地水热型地热能（中深层地热能）年可采资源量折合 18.65 亿吨标准煤；埋深 3000～10000m 干热岩型地热能（深层地热能）基础资源量约为 856 万亿吨标准煤，约为浅层地热资源近 10 万倍，按照深部地热资源开采率的下限（2%）进行计算，深层地热资源可开采量为 17.1 万亿吨标准煤，相当于 2021 年能源消耗总量 52.4 亿吨的 3267 倍。

我国地热能开发利用规模持续扩大，水热型地热能直接利用以年均 10%的速度增长，已连续多年居世界首位。我国 2030 年和 2050 年地热开发中长期战略目标见图 3-22。“十三五”前四年，我国在西藏羊易村建成 16MW 地热电站，地热发电装机量增长了近一倍，但国内地热供暖（制冷）产业与国际地热发电发展迅速的国家相比仍显劣势，我国地热发电装机量较小、发展较慢，“十三五”期间仅完成规划目标的 9%。

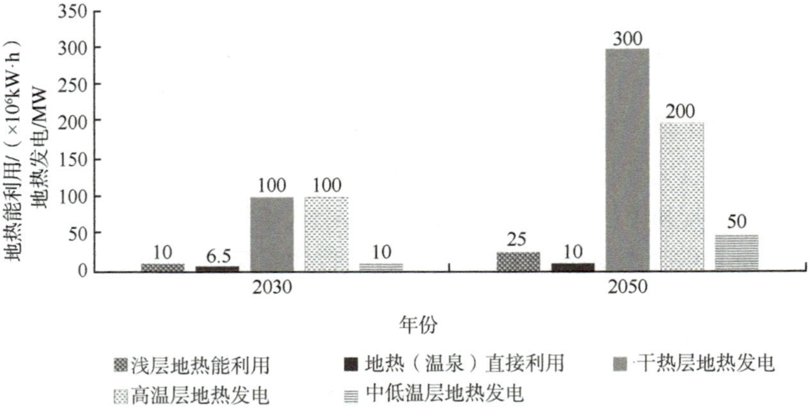

图 3-22　2030 年和 2050 年地热开发中长期战略目标

资料来源：《中国地热资源中长期战略规划》

我国地热能作为清洁可再生能源受到了国家的重视，国家、省市逐步将地热能纳入可再生能源发展规划和城市相关产业发展规划，为地热能的有序发展奠定扎实基础。国家发展改革委、国家能源局等八部委发布的《关于促进地热能开发利用的若干意见》提到，到 2025 年，各地基本建立起完善规范的地热能开发利用管理流程，全国地热能开发利用信息统计和监测体系基本完善，地热能供暖（制冷）面积比 2020 年增加 50%，在资源条件好的地区建设一批地热能发电示范项目，全国地热能发电装机容量比 2020 年翻一番；到 2035 年，地热能供暖（制冷）面积及地热能发电装机容量力争比 2025 年翻一番。此外，中国科学院 2012 年发布的《中国地热资源中长期战略规划》制定了我国 2030 年和 2050 年地热开发中长期战略目标，到 2030 年我国浅层地热能利用将达 10000MW·h，地热（温泉）直接利用 6500MW·h；到 2050 年我国浅层地热能利用将达 25000MW·h，地热（温泉）直接利用 10000MW·h，具体见图 3-22。

我国各省（自治区、直辖市）正逐步将地热能纳入本地的相应发展规划中。例如，北京市已公示《北京市矿产资源总体规划（2021—2025 年）（草案）》，在该规划中，地热资源被确定为首都矿产资源开发与利用中极为关键的矿种，并提出需强化地热资源的勘探工作以及基础地质调查，以支撑城市建设和清洁能源的利用；河南省开封市发展和改革委员会起草的《开封市“十四五”地热供暖发展规划（2021—2025）（征求意见稿）》透露，在“十四五”规划期间，开封市计划新增地热供暖面积达到 1400 万 m^2；江西省南昌市也发布了《南昌市矿产资源总体规划（2021—2025 年）（公示稿）》，规划期内南昌市将提升地热及浅层地热能的开发与利用，推动医疗养生温泉产业和地源热泵供暖产业的发展，促进地热水的综合利用；湖北省襄阳市则发布了《襄阳市“十四五”建筑节能和绿色建筑发展规划（征求意见稿）》，规划指出在“十四五”期间，襄阳市将在资源条件允许的地区，优先发展工业余热和再生水源热泵，积极推广地埋管地源热泵、地表水地源热泵，并适度发展地下水地源热泵，大规模推进浅层地热能在建筑领域的应用，深入实施地热能建筑规模化应用的试点示范工程以及综合利用的关键技术研究，并加强中深层地热资源的勘探与应用潜力评估。

我国各省、市高度重视地热能开发利用，因地制宜积极推进地热能产业发展。2021 年，河南省地热能供暖能力新增 1400 万 m^2，提出因地制宜开发地热资源，实行山区温泉、平原中深层地热井区别对待，以及城镇地热田、单井开采差异化管理，重点支持城镇建设采灌平衡、规模开发的地热集中供暖项目。陕西省在 2021 年大力推进地热能开发，开展全省 11 个地方的地热能资源赋存地质条件和基本特征调查，攻克浅层地热能开采关键技术，研发地热尾水回灌成套设备，编制浅层地热能勘探开发利用规范等工作，2021 年，全省建成利用地热能供暖（制冷）项目 576 处，面积 3445 万 m^2，占全省城市集中供暖面积的 9.8%。河北省 2021 年开展地热项目规范管理，严把项目审核和监管，通过统筹规划、依法管控、因地制宜、分类施策、政府引导、市场推动、保护生态、高效节能，引导地热市场健康可持续开发，截至 2021 年年底，全省地热能供暖面积 3692 万 m^2，约占全省总供暖面积的 3%。青海省 2021 年进一步攻关干热岩发电技术，300kW 试验性发电取得成功，共和县首个地热供暖改造示范项目投入使用[5]。2020 年山西省大同市发现了约 160℃的高温水热型资源，并于 2021 年初成功投产 1 台 300kW 和 1 台 280kW 模块式双工质地热发电机；2021 年山西省地热资源勘探中，探获华北地区浅层最高温地热孔，是迄今为止中国东部 2000m 以浅深度范围内温度最高的地热孔；开展 4000m 深层裂缝型储层地热开发科学钻探勘探试验，提出利用断层及裂缝带可规模开发致密地层裂缝型热储地热能的成套技术，为干热岩勘探开发提供了新思路。内蒙古自治区呼和浩特市土默特左旗塔布赛乡打出优质地热井，井深 2551.98m，水头高出地面 56.2m，单井自流量达 6312m^3/d，井口出水温度 75℃，是该地目前盆地型热储最大自流量、最大单产流量和最大地热产能的地热井。在甘肃省张掖国家沙漠体育公园开展的地热资源普查项目中，新近钻探的地热井取得了显著成果。该勘探井的自流量已超过 6000m^3/d，自流温度达到 78℃，这标志着该井不仅是甘肃省迄今为止自流量最大、自流温度最高的地热井，而且在西北地区的地热勘探活动中，其成效亦属最佳。

3.2.8　氢能与燃料电池产业

我国已成为全球最大的产氢国，氢气产量保持连续增长。据中国煤炭工业协会统计，2021 年我国氢气产能约 4000 万吨/年，产量 3300 万吨，较 2020 年同期增长 32%（图 3-23），其中符合工业氢气质量标准的有 1200 万吨，我国已成为全球最大的产氢国。当前，国内煤制氢、工业副产制氢是最重要的两种制氢方式，煤炭制氢技术相对比较成熟，制氢的工艺体系和产业链条也比较完善。在各个制氢技术中，每一种技术所占的比例分别是：煤制氢 64%，天然气制氢 14%，工业副产制氢 21%，电解水制氢 1%。中国电解水制氢技术已比较成熟，年产能约为 9 亿 m^3，且随着成本逐渐下降，预计产能将持续增长。可再生能源制氢发展态势积极，项目在华北和西北等地积极推进。例如，宁夏宁东光伏制氢工程利用丰富的光伏资源为煤化工项目提供绿色低碳氢能；浙江大陈岛氢能综合利用示范工程，依托海岛丰富的风电资源，实现清洁能源 100%消纳与全过程“零碳”供能。

图 3-23　2012～2021 年我国氢气产量及增速

资料来源：中国煤炭工业协会、中国氢能联盟、华经产业研究院

高压气态长管拖车为国内氢气运输主要方式，未来液氢存储和固态储氢将成为氢能实现大规模储运的发展方向。氢气运输方面，根据《氢能产业发展中长期规划（2021—2035 年）》，高压气态长管拖车现为国内氢气运输的主要方式，其氢气储存压力为 20MPa，单车可运载约 300kg 氢气，技术及装备制造相对成熟，基础设施依赖度较小。现有另一种氢气运输方式是管道输氢，其可让大规模、常态化、低成本氢气长途运输成为现实，是未来氢气储运体系的重要组成部分，但是

我国目前在这方面的技术不够成熟，氢气管道已铺设里程约 400km，在用管道应用与示范不足，输送压力为 4MPa。在氢气存储方面，现有液氢存储和固态储氢两种技术，基本无须压力容器，运输便捷，但是目前均处于小规模实验室阶段，未来将成为氢能实现大规模储运的方向。

我国建成加氢站数、在营加氢站数、新建加氢站数实现全球三个“第一”。根据中国氢能联盟数据，截至 2022 年年底，我国已建成加氢站 358 座（在运营 69%、已建成未运营 27.93%、暂停 3.07%），新建成加氢站 109 座，在营 247 座，累计供氢能力达 17.73 万 kg/天，其中，固定站占比 59.51%，35MPa 压力等级加氢站 213 座，占比 86.23%，供氢能力为 500～1000kg/天的加氢站占比 76.11%。全国 358 座加氢站中，55 座未面向社会开放，其主要用于氢燃料电池电堆、系统、整车内部测试。分省份看，我国已建成的加氢站累计覆盖 28 个省（自治区、直辖市、特区）所属 116 个地级市，其中广东省、山东省、上海市、江苏省、内蒙古自治区位列前五，合计占比 40%。从加氢站类型来看，自 2019 年中石化建成国内第一座油氢合建站并成为加氢站主要建设力量以来，国内新建加氢站中合建站比例逐年提升，2022 年油氢合建站的建站比例约占 60%，加氢、加油、加气及充电的综合能源供应站已成为加氢站的发展趋势。

我国燃料电池汽车产销量逐步增长，燃料电池系统累计装机量突破历史新高。根据中国汽车工业协会发布的数据，2022 年全国氢燃料电池汽车产销数据分别为 3992 辆和 3789 辆，同比增长 124.65%和 138.90%（2021 年产销数据为 1777 辆和 1586 辆）（图 3-24）。近年来，随着燃料电池汽车市场的增长及国家政策的扶持，我国燃料电池装机规模逐步增长，部分区域实现燃料电池汽车小规模示范应用。2020 年，受新冠疫情和补贴退坡的影响，氢燃料电池装机量出现下降，2021 年氢燃料电池装机容量恢复增长至 173MW，同比增长 119%。2022 年，我国燃料电池

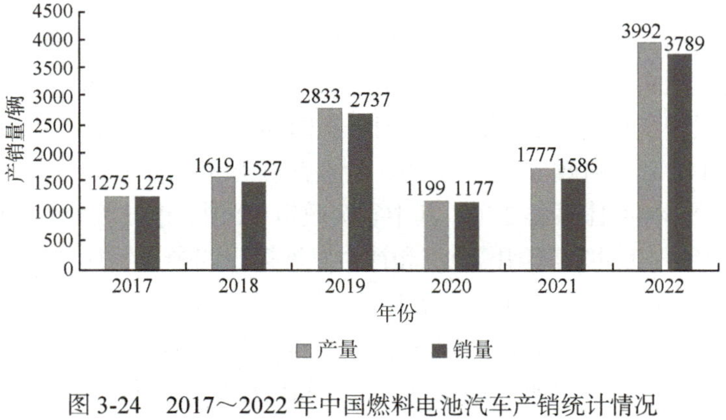

图 3-24　2017～2022 年中国燃料电池汽车产销统计情况

资料来源：中国汽车工业协会

系统累计装机容量 506.9MW，同比增长 193%，突破历史纪录。2022 年，中国氢燃料电池累计装机容量排名前四的企业是亿华通、鸿力氢动（国鸿氢能控股子公司）、重塑科技和捷氢科技，累计装机容量占比分别为 21%、15%、19%和 8%。2022 年，北京冬奥会和冬残奥会上实现大规模氢能应用示范，根据北京冬奥会组委会公布的数据，北京冬奥会示范运行 1000 多辆氢能汽车（包括 816 辆氢燃料电池客车），配套建设加氢站 30 余座，是全球最大的一次燃料电池汽车示范。随着燃料电池的不断商业化拓展，短期内燃料电池市场将主要集中在交通领域、分布式发电和应急电源等应用场景。

我国氢能产业的结构正在逐步形成，众多大型中央企业的参与为氢能产业的成熟发展提供了坚实的支撑。我国氢能产业链条相对完整，不同阶段的企业分布呈现出显著的地域差异，从而促进了氢能产业格局的形成。在氢气的生产环节，企业主要集中在北方地区，如山东、山西、内蒙古、河北等；在加氢环节，企业分布呈现出沿海向内陆递减的趋势；在氢气的应用环节，企业分布较为分散，但省份之间存在较大差异；在氢能技术设备方面，其分布特点与氢气的应用环节相似。在氢能产业的发展过程中，大型中央企业的陆续加入为产业的成熟提供了重要支持。据初步统计，目前超过三分之一的中央企业利用自身产业优势，已经制定了涵盖制氢、储氢、加氢、用氢等全产业链的布局，并取得了一系列技术研发和示范应用的成果。我国氢能产业园区的建设尚处于起步阶段，超过半数的园区仍处于规划或建设中。据初步统计，截至 2022 年年底，我国规划、在建或已投入运营的氢能产业园区约有 60 个，仅 2022 年第一季度就提出了 9 个园区的规划或签订了合作协议。我国氢能产业园区多为园区内的专业园区，超过 30%的园区主要由氢能企业负责建设和运营。从省份分布来看，广东、浙江、江苏对氢能的关注度较高，氢能产业园区的建设数量位居全国前三，约占全国产业园区总数的 36.67%。

氢能产业的加速布局与国家及地方层面氢能相关政策体系的逐步完善相辅相成。据初步统计，自 2006 年以来，我国已发布国家层面氢能相关政策 80 余项。据中国氢能联盟统计，截至 2023 年 1 月，我国共发布地方氢能政策 324 项，包括发展规划类 142 项，财政支持类 66 项，管理办法类 55 项，项目支持类 55 项，氢能安全类 4 项，标准体系类 2 项；其中省级政策 82 项，市县级政策 242 项。2021 年 3 月，《中华人民共和国国民经济和社会发展第十四个五年规划和 2035 年远景目标纲要》首次将氢能产业纳入“五年规划”。2021 年 10 月，《中共中央、国务院关于完整准确全面贯彻新发展理念做好碳达峰碳中和工作的意见》发布，推动氢能全链条发展。2021 年底，财政部、工业和信息化部等五部门联合印发《关于启动新一批燃料电池汽车示范应用工作的通知》，全国“3+2”燃料电池汽车示范格局正式确立。在燃料电池示范城市群政策的推动下，相关地方政府相继出台实施方案，明确了包括整车购置、关键零部件、加氢站建设补贴等在内的积分奖励细则。2022 年 3 月，国家发展改革委和国家能源局联合印发了《氢能产业发展中长期规划（2021—2035 年）》，氢能被确定为未来国家能源体系的重要组成部分、用能终端实现绿色低碳转型的重要载体及战略性新兴产业和未来产业的重点发展方向。

参 考 文 献

[1] 余璇. 我国新型储能市场保持高速增长[N]. 中国电力报，2022-05-12（002）.
[2] 张森. 我国储能行业 2021 年发展情况分析及发展趋势展望[J]. 电气时代，2022（6）：22-25.
[3] 陈海生，李泓，马文涛，等. 2021 年中国储能技术研究进展[J]. 储能科学与技术，2022，11（3）：1052-1076.
[4] 邱辰，赵增海，郭雁珩，等. 2021 年中国生物质发电现状与展望[J]. 水力发电，2022，48（11）：1-3+114.
[5] 乔勇，易跃春，赵太平，等. 2021 年中国地热能发展现状与展望[J]. 水力发电，2022，48（08）：1-3+40.

第4章　我国绿色低碳产业技术体系与产业图谱

4.1　我国绿色低碳产业技术体系

4.1.1　煤炭清洁高效利用产业

煤炭清洁高效利用产业技术体系可以划分为煤炭加工与净化技术、煤炭高效洁净燃烧技术、煤炭转化与合成技术、污染物控制技术、废弃物处理技术、碳减排技术、综合利用技术等主要技术方向，详见图 4-1[1, 2]。其中，煤炭加工与净化技术包括选煤、洗煤、型煤、水煤浆以及配煤技术；煤炭高效洁净燃烧技术包括循环流化床燃烧、加压流化床燃烧、粉煤燃烧、超临界发电、超超临界发电、整体煤气化联合循环（integrated gasification combined cycle，IGCC）、整体煤气化燃料电池联合循环（integrated gasification fuel cell，IGFC）以及富氧燃烧；煤炭转化与合成技术包括直接液化、煤间接液化、甲醇制汽油、中低温煤焦油加氢、煤制甲醇燃料、煤制天然气、煤制芳烃和煤制乙二醇以及煤制烯烃；污染物控制技术包括工业锅炉和窑炉、烟气净化、脱硫、脱硝、除尘、颗粒物控制以及汞排放；废弃物处理技术包括粉煤灰、煤矸石、煤层气、矿井水以及煤泥；碳减排技术包括碳捕集与封存（CCS）技术和碳捕集、利用与封存（CCUS）技术；综合利用技术包括多联产技术。

4.1.2　非常规油气产业

非常规油气产业技术体系可以划分为煤层气开发利用技术、页岩气勘探开发技术、页岩油勘探开发技术以及 CO_2 地质利用与封存技术等主要技术方向，详见图 4-2。其中，煤层气开发利用技术又分为煤层气勘探开发技术和煤层气利用技术[3, 4]；煤层气勘探开发技术包括钻完井技术、水平井分段压裂技术、排采控制关键技术以及已开发气田稳产、增产技术；煤层气利用技术包括含氧煤层气深冷液化技术、低浓度煤层气变压吸附浓缩技术、低浓度煤层气发电提效技术、低浓

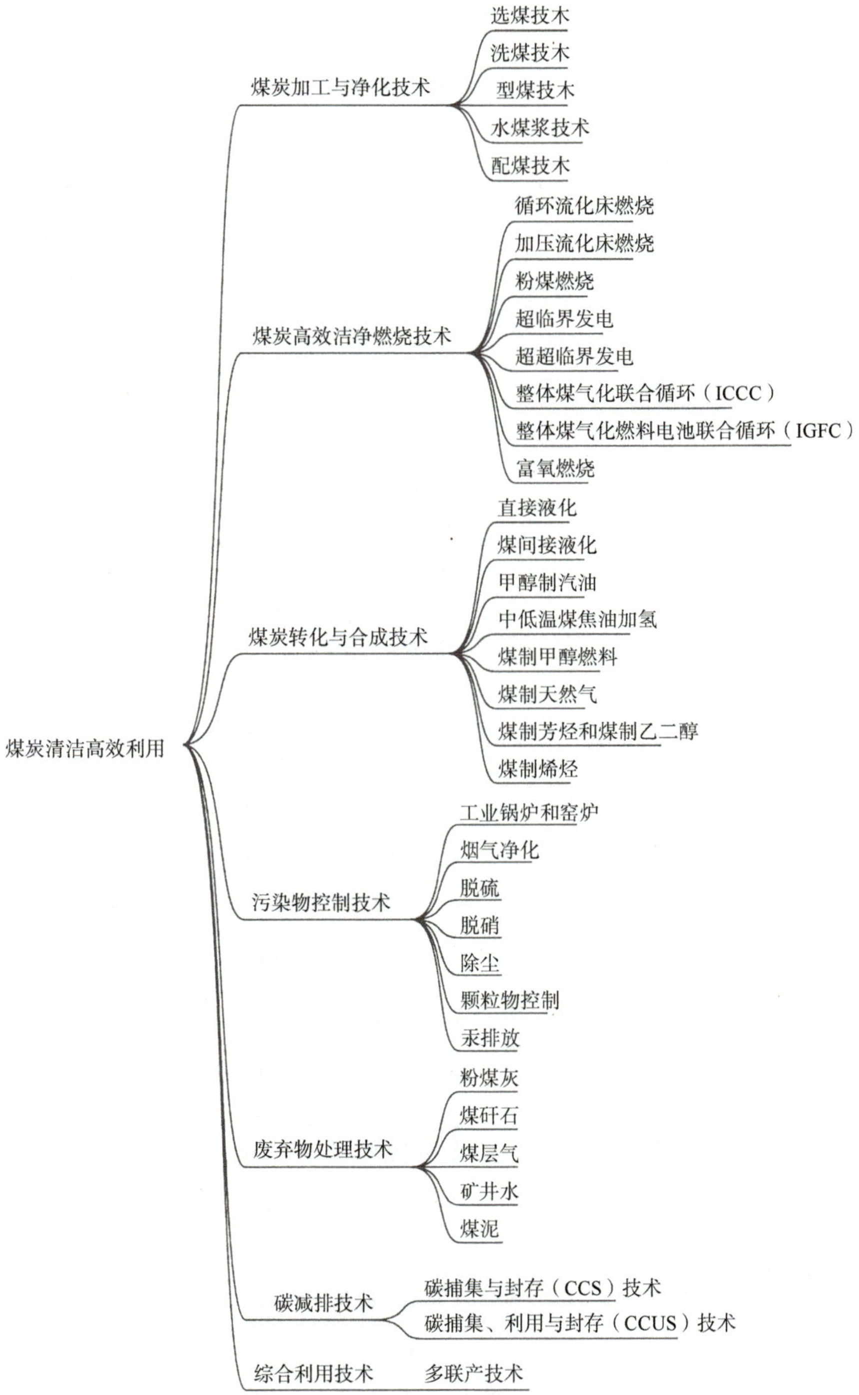

图 4-1 煤炭清洁高效利用产业技术体系[1, 2]

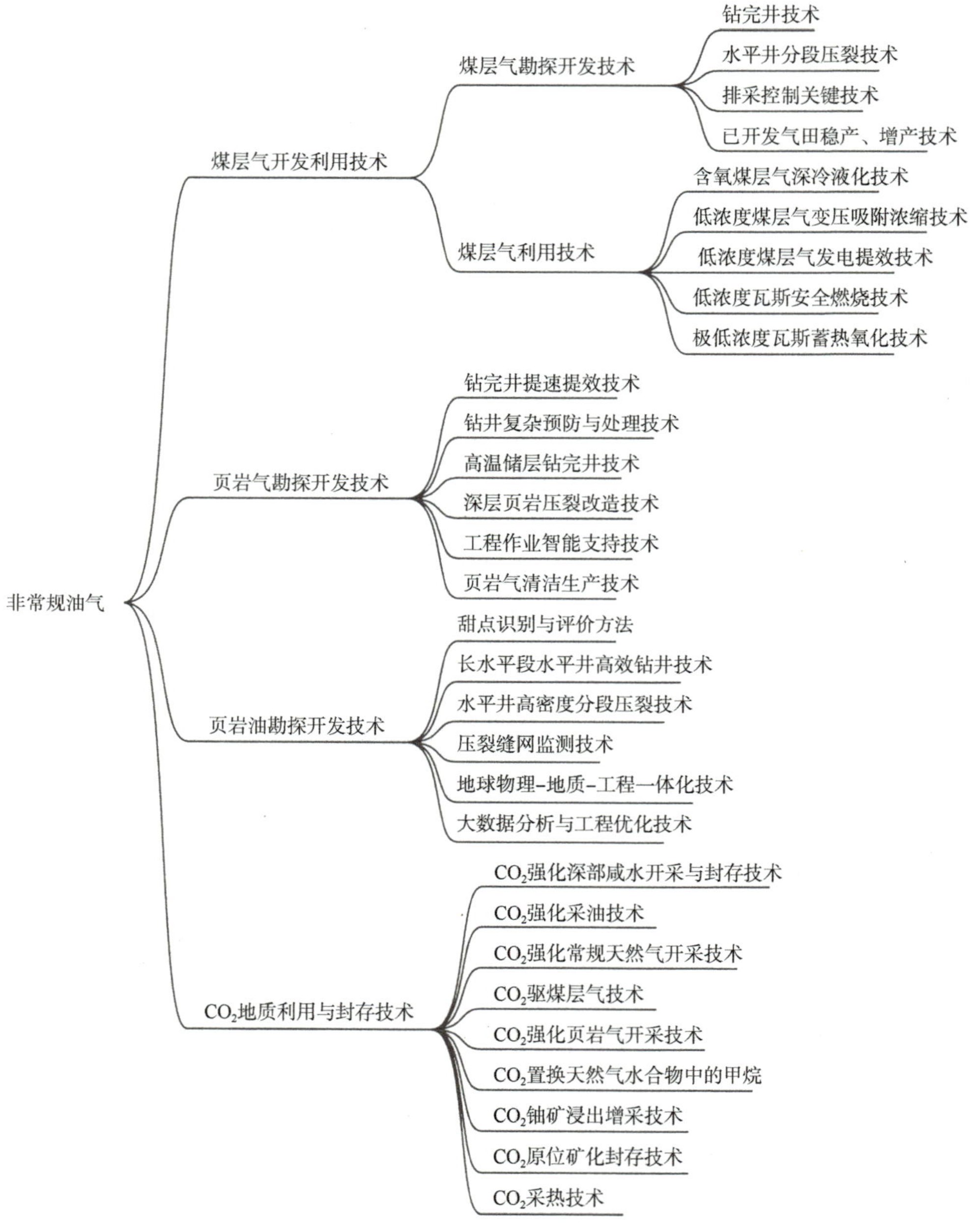

图 4-2　非常规油气产业技术体系

度瓦斯安全燃烧技术以及极低浓度瓦斯蓄热氧化技术；页岩气勘探开发技术包括钻完井提速提效技术、钻井复杂预防与处理技术、高温储层钻完井技术、深层页岩压裂改造技术、工程作业智能支持技术以及页岩气清洁生产技术[5]；页岩油勘探开发技术包括甜点识别与评价方法、长水平段水平井高效钻井技术、水平井高密度分段压裂技术、压裂缝网监测技术、地球物理–地质–工程一体化技术以及大数据分析与工程优化技术[6-8]；CO_2 地质利用与封存技术包括 CO_2 强化深部咸水开采与封存技术、CO_2 强化采油技术、CO_2 强化常规天然气开采技术、CO_2 驱煤层气技术、CO_2 强化页岩气开采技术、CO_2 置换天然气水合物中的甲烷、CO_2 铀矿浸出增采技术、CO_2 原位矿化封存技术以及 CO_2 采热技术[9]。

4.1.3　储能产业

储能产业技术体系可以划分为机械储能、电磁储能以及化学储能等主要技术方向[9]，详见图 4-3。其中，机械储能包括飞轮储能、抽水储能和压缩空气储能；电磁储能包括超级电容器储能和超导磁储能；化学储能包括铅酸/铅碳电池、锂离子电池、钠离子电池、钠硫电池和液流电池。

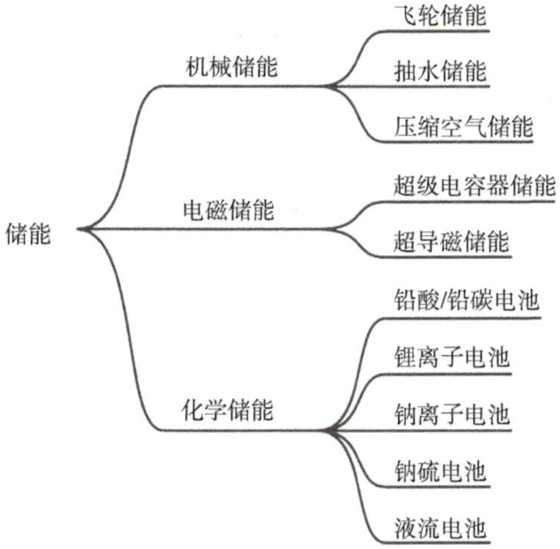

图 4-3　储能产业技术体系

4.1.4　风能产业

风能产业技术体系可以划分为发电技术、机组技术、并网输电技术、运维技术和海上风电场站工程建设技术等主要技术方向，详见图 4-4。其中，发电技术包括功率调节技术、发电机变转速/恒频技术、风轮机迎风技术以及风力机控制技术；机组技术包括叶片设计与变桨技术、传动链技术、风电机组电机技术、变流器及控制系统技术、风机基础及塔架技术以及新型高效风能转换技术；并网输电技术包括高压交流系统送出技术、柔性直流送出技术、低频系统送出技术以及紧凑化轻型化平台设计技术；运维技术包括功率预测技术、海上风电尾流控制技术以及设备智能监测运维技术；海上风电场站工程建设技术包括海洋工程技术和海底电缆技术。

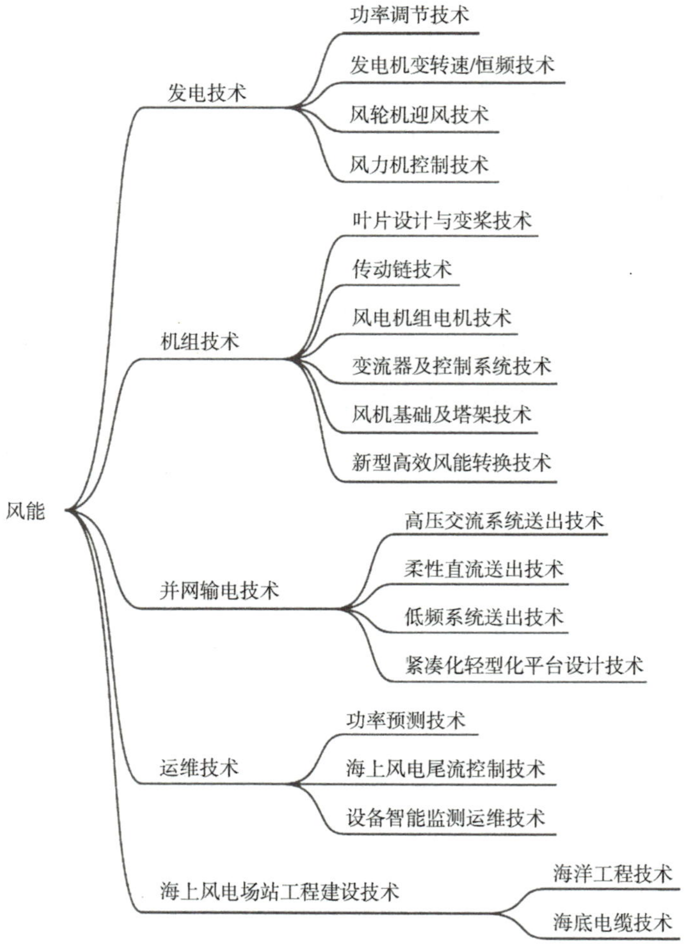

图 4-4　风能产业技术体系[10, 11]

4.1.5　太阳能光伏/光热产业

太阳能光伏/光热产业技术体系见图 4-5。

太阳能光伏产业技术体系可以划分为光伏发电系统、光伏电池、电能变换技术、最大功率点跟踪技术、蓄电池充放电技术、光伏并网逆变器控制策略、孤岛效应检测技术、聚光光伏技术以及太阳能跟踪系统。其中，光伏发电系统包括独立光伏发电系统、并网光伏发电系统以及互补性光伏发电系统；光伏电池包括晶硅太阳电池技术和薄膜太阳电池技术；电能变换技术包括直流直流变换技术和直流交流变换技术。

太阳能光热技术体系可以划分为平板型集热技术、真空管集热技术、聚光集热技术、太阳能采暖系统、太阳能制冷、太阳能热动力发电和太阳能海水淡化。

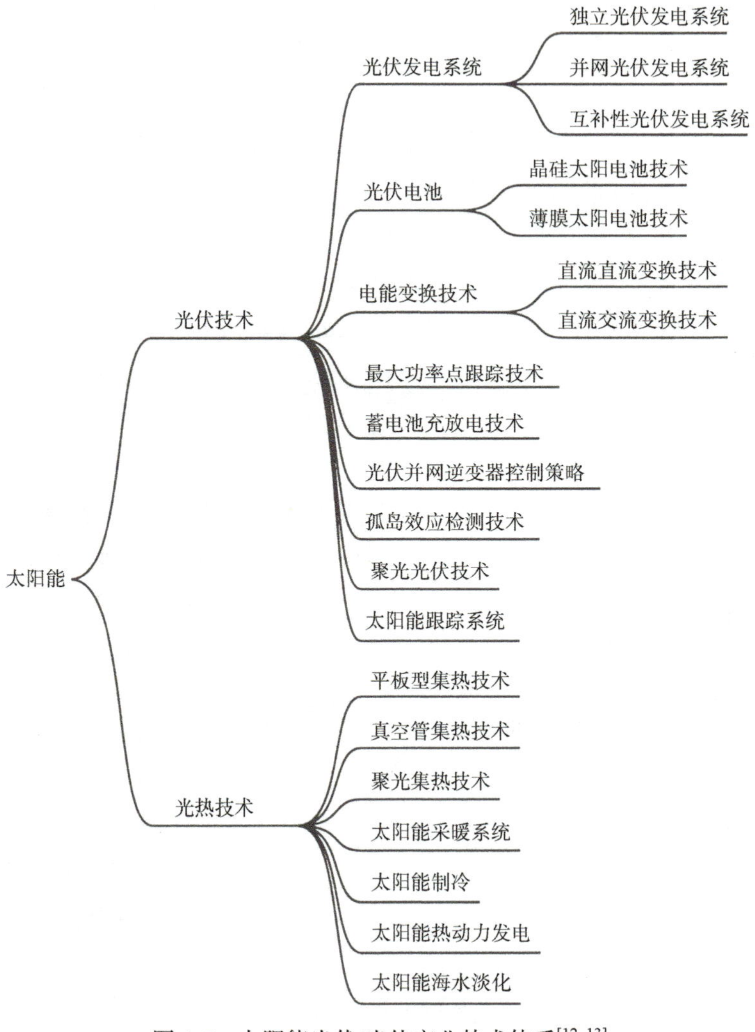

图 4-5　太阳能光伏/光热产业技术体系[12, 13]

4.1.6　生物质能产业

生物质能产业技术体系可以划分为生物质气化制备技术、生物质发电技术、生物质成型燃料制备技术、生物质液体燃料利用技术以及沼气利用技术等主要技术方向，详见图 4-6。其中，生物质气化制备技术包括直接制燃气技术（包括合成

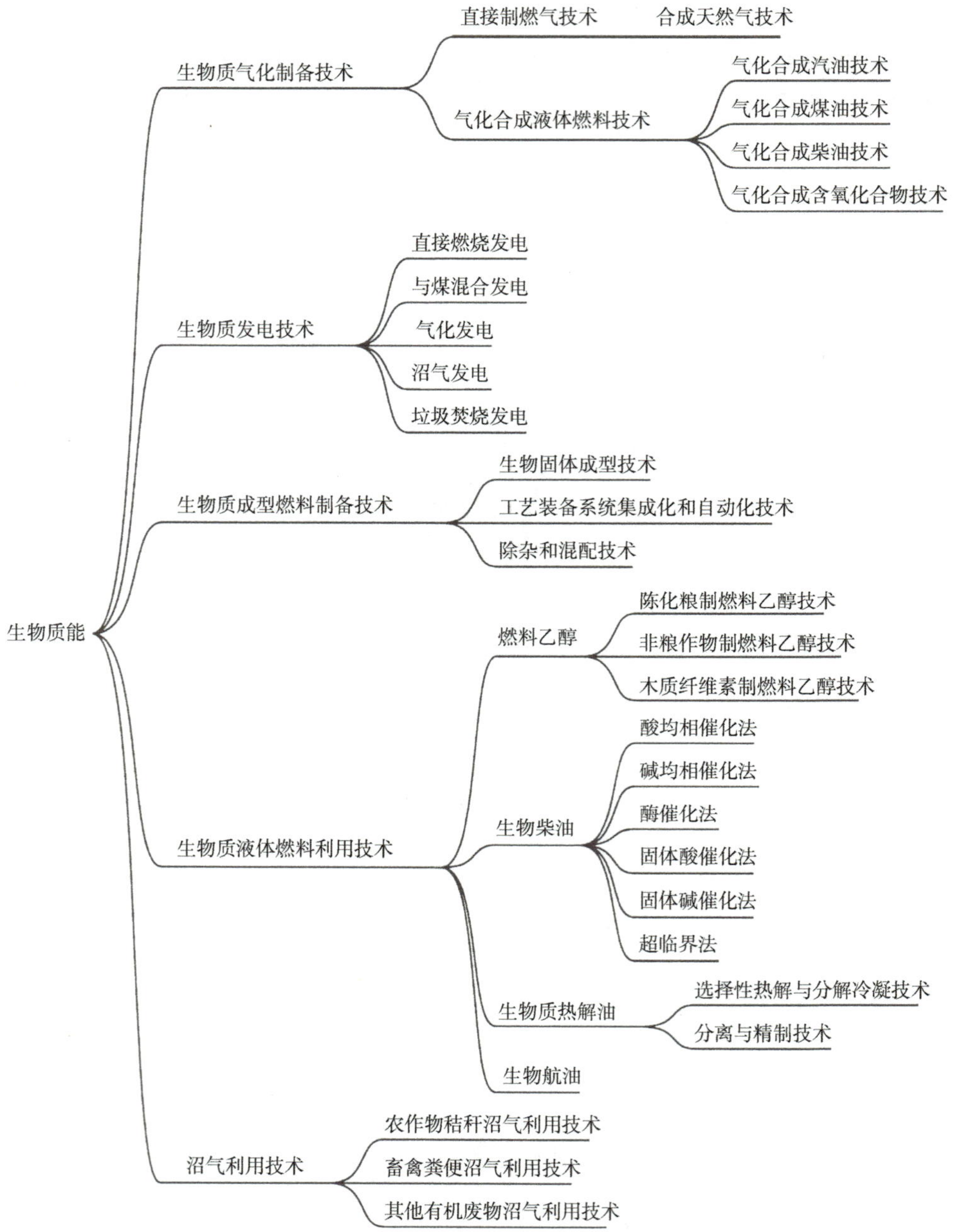

图 4-6　生物质能产业技术体系[14]

天然气技术）和气化合成液体燃料技术（包括气化合成汽油技术、气化合成煤油技术、气化合成柴油技术和气化合成含氧化合物技术）；生物质发电技术包括直接燃烧发电、与煤混合发电、气化发电、沼气发电以及垃圾焚烧发电；生物质成型燃料制备技术包括生物固体成型技术、工艺装备系统集成化和自动化技术以及除杂和混配技术；生物质液体燃料利用技术包括燃料乙醇（包括陈化粮制燃料乙醇技术、非粮作物制燃料乙醇技术、木质纤维素制燃料乙醇技术）、生物柴油（包括酸均相催化法、碱均相催化法、酶催化法、固体酸催化法、固体碱催化法和超临界法）、生物质热解油（包括选择性热解与分解冷凝技术和分离与精制技术）以及生物航油；沼气利用技术包括农作物秸秆沼气利用技术、畜禽粪便沼气利用技术以及其他有机废物沼气利用技术。

4.1.7　地热能产业

地热能产业技术体系可以划分为地热能开发利用技术和地热能发电站技术两个主要技术方向，详见图 4-7。其中，地热能开发利用技术包括地热回灌技术、地

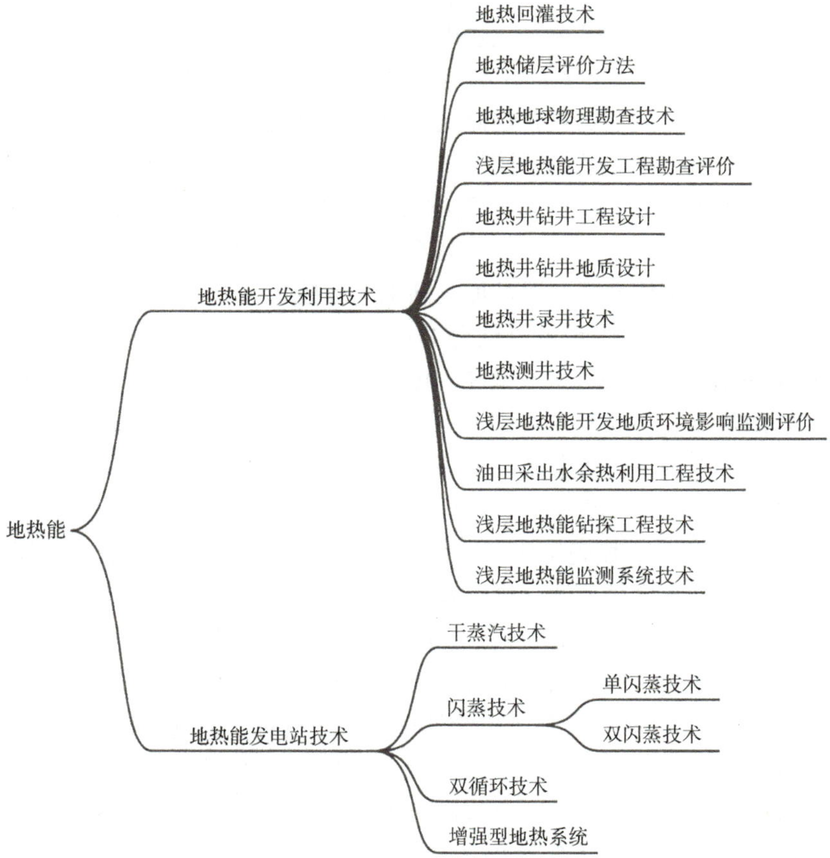

图 4-7　地热能产业技术体系[15-17]

热储层评价方法、地热地球物理勘查技术、浅层地热能开发工程勘查评价、地热井钻井工程设计、地热井钻井地质设计、地热井录井技术、地热测井技术、浅层地热能开发地质环境影响监测评价、油田采出水余热利用工程技术、浅层地热能钻探工程技术以及浅层地热能监测系统技术；地热能发电站技术包括干蒸汽技术、闪蒸技术（包括单闪蒸技术和双闪蒸技术）、双循环技术以及增强型地热系统。

4.1.8 氢能与燃料电池产业

氢能产业技术体系可以划分为制氢技术、储氢技术、输氢技术以及加氢站关键技术等主要技术环节，详见图 4-8。其中，制氢技术包括化石能源重整制氢（包括煤制氢、天然气制氢、高温分解甲醇制氢、高温分解液氨制氢）、工业副产气制氢（包括氯碱工业制氢、煤化工焦炉煤气制氢）、电解水制氢（包括碱性电解水制氢、氢质子电解水制氢和固体氧化物电解水制氢）以及其他制氢技术（包括生物质气化制氢、微生物制氢和光催化制氢）；储氢技术包括高压气态储氢、低温液化储氢、材料吸附储氢、金属氢化物储氢以及复杂氢化物储氢；输氢技术包括车船运输（包括高压氢气车船运输、液态氢车船运输、液氨车船运输和有机液态氢化物车船运输）和管网输送（包括纯氢气的管网输送、氢–天然气混合气的管网输送、氢气的泄漏和全程监测、氢气压缩）；加氢站关键技术包括加氢技术与装备、压缩机技术装备、液氢泵技术装备以及加氢站工艺和控制。

燃料电池产业技术体系可以划分为质子交换膜燃料电池（proton exchange membrane fuel cell，PEMFC）技术和固体氧化物燃料电池（solid oxide fuel cell，SOFC）技术两个主要的技术环节，详见图 4-9。其中，质子交换膜燃料电池（PEMFC）技术包括质子交换膜（包括全氟磺酸质子交换膜、部分氟化质子交换膜、非氟化质子交换膜、复合质子交换膜）、催化剂（包括铂黑催化剂、Pt/C 催化剂、Pt-M 合金催化剂、核壳结构电催化剂、P 单原子催化剂、非贵金属催化剂）、气体扩散层（包括基底层、微孔层、水管理技术）以及双极板（包括无孔石墨双极板、金属双极板、复合材料双极板）等环节[22-24]；固体氧化物燃料电池（SOFC）技术包括电解质（包括氧化锆系电解质、氧化铈系电解质、镓酸镧系电解质、高温质子导体电解质）、阴极（包括单钙钛矿型阴极材料、钴基单钙钛矿阴极材料、R-P 结构阴极材料、复合阴极材料）、阳极（包括金属阳极、金属陶瓷阳极、氧化物阳极、镓酸镧基电池阳极）以及双极板（包括 $LaCrO_3$ 基陶瓷材料、合金材料、三元层状陶瓷材料、复合材料）等内容[25-27]。

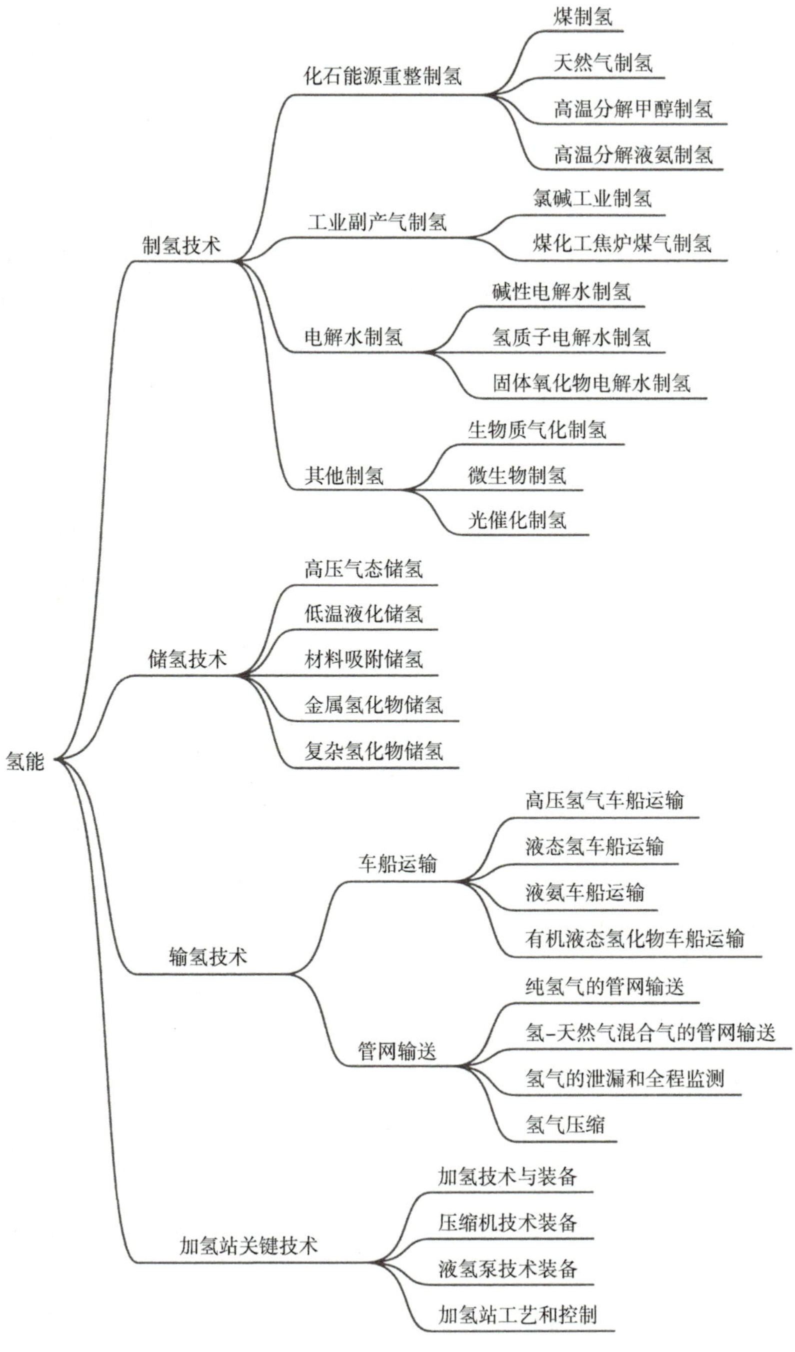

图 4-8　氢能产业技术体系[18-21]

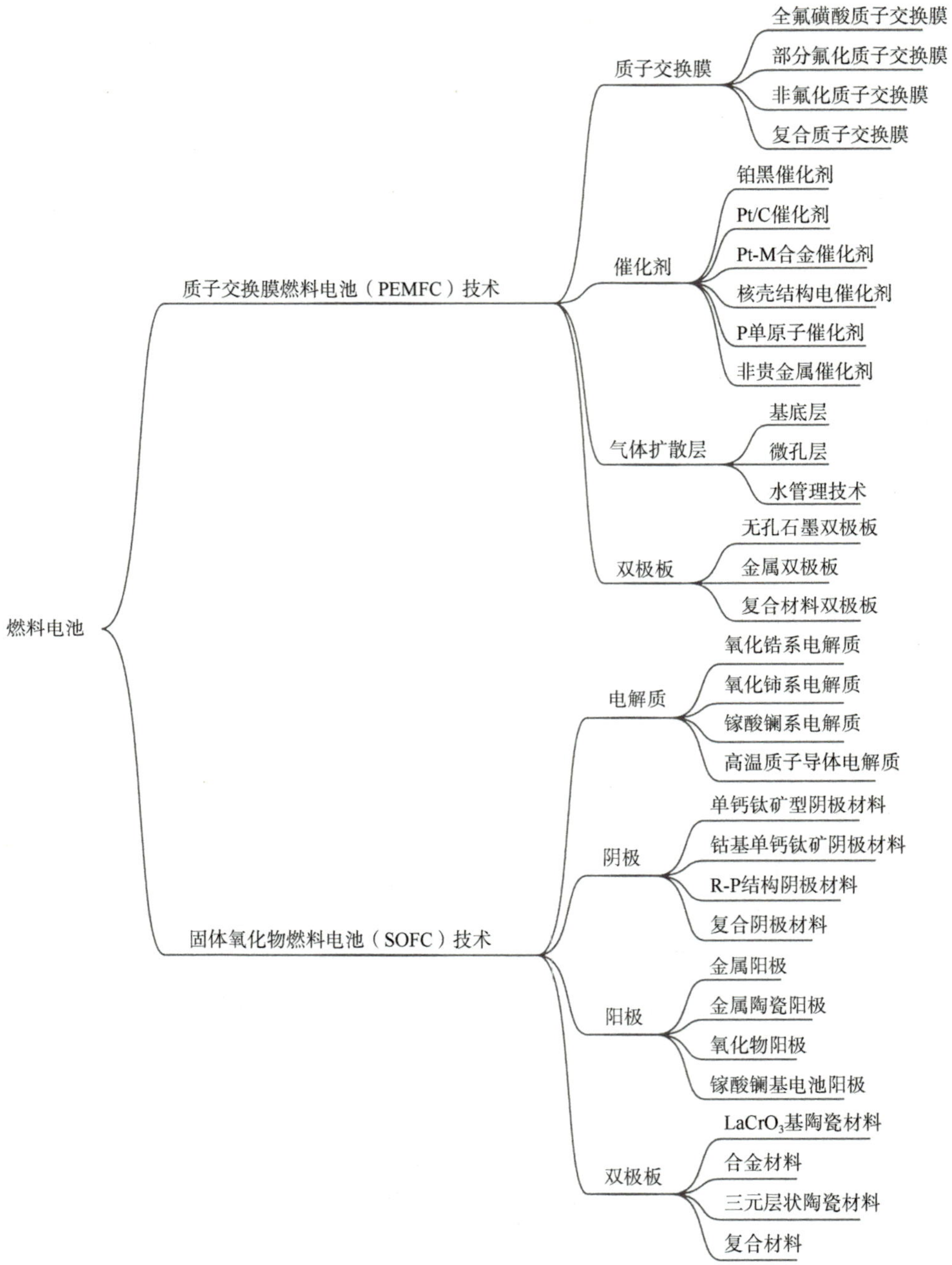

图 4-9　燃料电池产业技术体系

4.2　我国绿色低碳产业技术发展路线

4.2.1　煤炭清洁高效利用产业

1. 技术发展方向

煤炭清洁高效利用产业未来发展的关键技术包括先进的 700℃超超临界燃煤发电技术、先进 IGCC/IGFC 技术以及先进 CCUS 技术等。

超超临界发电技术是通过高温、高压来提升热力效率，700℃超超临界发电技术指在 700℃/35MPa 及以上的条件下的机组发电技术，研究表明通过增加再热次数其效率可达 50%以上，其节能减排经济效益是 600℃超超临界技术的 6 倍，同时可以降低 CO_2 的捕集成本，有助于推进 CCUS 技术的应用。先进的 700℃超超临界燃煤发电技术的子技术包括系统设计优化技术、高温耐热合金材料及主机关键部件的制造技术。

IGCC 是煤气化制取合成气后，通过燃气-蒸汽联合循环发电方式生产电力的过程。IGFC 是将 IGCC 与高温燃料电池相结合的发电技术，实现将电化学发电和热力循环发电相结合的复合发电。IGCC/IGFC 发电技术被视为具有颠覆性的煤炭清洁利用技术，可实现燃煤发电近零排放的清洁利用，供电效率有望达到 60%以上。先进 IGCC/IGFC 技术的子技术包括整体煤气化联合循环发电技术及整体煤气化燃料电池发电技术。

CCUS 技术是把生产过程中排放的 CO_2 进行提纯，继而投入到新的生产过程中进行循环再利用。CCUS 技术是 CCS 技术的升级，可实现 CO_2 的再利用。CCUS 技术的子技术包括先进的 CO_2 捕集技术，地质、化工、生物和矿化等 CO_2 利用前沿技术以及 CO_2 地质封存等关键技术。

2. 技术路线图

煤炭清洁高效利用产业技术路线详见表 4-1，依靠科技创新，在提高煤炭发电效率、推动现代煤化工产业升级示范以及燃煤污染物超低排放、CO_2 减排、煤炭资源综合利用等方面取得突破性进展。到 2035 年全面形成煤炭清洁高效利用技术体系：煤炭集中高效利用比例提高到 90%以上，燃煤发电及超低排放技术进入国际领先水平，完成 900MW 级 IGCC 发电系统、100MW 级 IGFC 发电系统示范，发电效率达到 60%，污染物实现近零排放，CO_2 捕集率达到 95%以上。

表 4-1　煤炭清洁高效利用产业技术路线

关键技术	2025 年	2035 年
先进的 700℃超超临界燃煤发电技术	建成 700℃超超临界示范电站，发电效率>50%	实现大规模燃煤电站的 700℃超超临界燃煤技术推广和改造
先进 IGCC/IGFC 技术	建设 5～10 座 900MW 等级 IGCC 示范电站，发电效率>48%～50%，CO_2 捕集率>90%，建成兆瓦等级 IGFC 示范电站	900MW 等级 IGCC 电站规模化应用，100MW 等级 IGFC 电站推广应用，发电效率>60%，CO_2 捕集率>95%
先进 CCUS 技术	基于煤炭先进发电技术的 CO_2 捕集及利用技术示范应用	CCUS 产业实现商业化

4.2.2　非常规油气产业

1. 技术发展方向

非常规油气未来发展的关键技术包括页岩气/油开采技术、中低成熟度页岩油原位转化技术、低阶煤煤层气增产技术、天然气水合物大规模安全经济开采关键技术、旋转导向技术及无水压裂技术。

页岩气/油开采的关键技术包括深层超深层海相页岩气开采技术、常压海相页岩气开采技术、陆相页岩气开采技术和中高成熟陆相页岩油开发技术。

中高成熟陆相页岩油开发技术是通过加热、化学作用促使页岩干酪根和重质组分裂解形成轻质组分，大幅度提高原油流动性，实现商业开发。中高成熟陆相页岩油开发技术的子技术包括中低成熟度陆相页岩油原位改质机理、原位改质数值模拟技术、电加热储层技术与装备及化学原位改质技术。

中低成熟度页岩油原位转化技术是指在中低成熟度页岩油藏中，通过地下原位加热转化技术，使干酪根和滞留烷烃发生多级平行化学反应，从而改变流体组成和储集空间，提高页岩油的采收率。

低阶煤煤层气增产技术的子技术包括低阶煤含气储层精细评价技术、低伤害钻井、复合完井技术、多层系的裂隙系统疏通与再造扩展相结合的增产改造一体化技术及多层系多压力系统煤层深度排水降压采气技术。

天然气水合物大规模安全经济开采关键技术的子技术包括天然气水合物资源评价与目标区优选技术、天然气水合物成藏机理及储层特性评价技术、天然气水合物安全试采和高效开采技术以及天然气水合物开采安全监测及风险评价技术。

旋转导向系统是利用测、传、控等功能引导钻头沿目标轨迹钻进的智能控制系统，实现油气勘探开发提速、提效、提产，是当今石油钻井工程的高端代表，是自动化–智能化钻井系统的核心。

无水压裂技术的子技术包括液态二氧化碳压裂技术、液态 CO_2 / N_2 泡沫压裂技术、液化石油气压裂技术、电脉冲致裂技术。我国剩余油气资源品位差，大多数赋存于致密储层中，且主要分布在水资源短缺的中西部地区，开展无水压裂技术攻关对支撑我国非常规油气资源实现大规模开发具有重要意义。

2. 技术路线图

非常规油气产业技术路线详见表 4-2，依靠政策支持、技术进步、体制创新，加大页岩气勘探开发力度，攻克页岩气勘探开发核心技术，尽快落实资源，形成规模产量，推动页岩气产业有序快速发展，依托国家各类科技计划（专项、基金等），突破煤层气（煤矿瓦斯）开发利用技术装备瓶颈，形成产、学、研、用相结合的科技创新平台，形成煤炭远景区先采气后采煤、煤炭生产规划区先抽后采和采煤采气一体化格局，促进形成资源勘查与开发、地面开发与井下抽采协调发展格局，推动地面开发基地化、井下抽采规模化，实现“安全–资源–环保”绿色发展。

表 4-2　非常规油气产业技术路线

关键技术	2025 年	2035 年
页岩气/油开采技术	4500m 深层页岩气实现商业突破，常压页岩气、中高成熟度页岩油实现商业开发	年产达到深层页岩气 10 亿～50 亿 m^3，常压页岩气 10 亿 m^3，中高成熟度页岩油 1000 万吨
中低成熟度页岩油原位转化技术	中低成熟度页岩油实现技术突破	通过持续攻关，力争实现中低成熟度页岩油商业应用
低阶煤煤层气增产技术	实现商业开发	通过持续攻关，力争实现低阶煤煤层气规模开发
天然气水合物大规模安全经济开采关键技术	取得商业突破	通过持续攻关，力争实现水合物商业开采取得重大突破
旋转导向技术	进入商业推广阶段	实现旋转导向国产化和规模化应用，相关性能指标与国际水平相当
无水压裂技术	攻关试验，部分技术取得突破	无水压裂技术试验取得重大突破，并得到推广应用

4.2.3　核能产业

1. 技术发展方向

核电未来发展的关键技术包括一体化燃料循环的自主大型商用快堆技术、耐事故燃料元件技术、核电站消除大规模释放安全技术、满足快堆核燃料闭式循环先进乏燃料后处理技术、聚变-裂变混合堆技术。

一体化燃料循环的自主大型商用快堆技术的子技术包括先进的燃料技术、非能动的停堆与余热排出等安全技术、先进设计分析及其评价技术。基于快堆的闭式燃料循环的主要目的是实现核燃料的增殖与长寿命锕系核素的嬗变。目前快堆处于 MOX 燃料的开式燃料循环发展阶段。研究重点包括先进的燃料技术，金属燃料或氮化物燃料能够进一步提高反应堆的固有安全性与热工裕量，开展增殖和嬗变研究；非能动的停堆与余热排出等安全技术能够进一步提高快堆安全性，同时商用快堆将充分利用先进设计分析及其评价技术，实现经济性与安全性指标的合理分配。

耐事故燃料元件技术的子技术包括新型包壳或燃料材料、新型燃料制造、密封、组件组装工艺及设备与燃料元件无损检测技术。开发比现有燃料形式固有安全性好、具有更好抵抗严重事故能力的新型燃料，可以为核电站应对地震、海啸等极端灾害提供更长应急时间，改变事故进程或缓解严重事故后果。为此，需要针对碳化硅复合包壳、先进不锈钢、全陶瓷微封装弥散燃料及高铀密度燃料等新型包壳或燃料材料，开展成分工艺筛选、关键性能测试、机理模型研发，尽早实现耐事故燃料元件的入堆考验和工业应用。研发工业规模的新型燃料芯体制造工艺及设备、新的燃料棒密封、组件组装工艺及设备。研究三维全息影像技术、超导量子干涉检测技术、超声相控阵检测技术在燃料元件无损检测中的应用。

核电站消除大规模释放安全技术的子技术包括堆芯熔融机理、保障安全壳完整性、严重事故分析方法和软件工具。核电安全发展的目标是做到消除大规模放射性释放，能够达到减缓甚至取消场外应急。首先需要研究堆芯熔融机理，通过开展堆芯熔融物在堆内迁移以及堆外迁移的主要进程和现象研究，优化完善事故预防与缓解的工程技术措施，包括堆内熔融物滞留技术、堆芯熔融物捕集器和消氢技术等；然后开展保障安全壳完整性研究，包括安全壳失效概率计算、源项去除等预防及缓解措施，应对安全壳隔离失效、安全壳旁路和安全壳早期失效及其他导致安全壳包容功能失效的事故序列；采取确定论和概率论方法并开发严重事故分析方法和软件工具，验证能够实现消除大规模释放。

满足快堆核燃料闭式循环先进乏燃料后处理技术的子技术包括氧化铀、钚电解精炼工艺、首端技术及废物处理整备等技术。研究开发基于水法后处理工艺的，结合高放废液分离要求的先进的一体化后处理技术，可处理热堆和快堆乏燃料，满足快堆 MOX 燃料、嬗变靶件制造要求，满足废物最小化和处置要求，工艺流程要达到经济性好、分离性能高、无盐化。研究掌握针对快堆的先进的干法后处理技术，能够处理高燃耗乏燃料，包括氧化铀、钚电解精炼工艺、首端技术、废物处理整备，在关键材料和设备、分析检测技术和测控自动化技术取得突破，开展乏燃料热试验、元件制备。

聚变–裂变混合堆技术的子技术包括驱动器技术（含托卡马克、激光惯性约束聚变、Z 箍缩惯性约束聚变等技术方向）、临界堆技术（含产氚、增殖、嬗变、能源供应等技术方向）及增益聚变靶设计技术（对惯性约束聚变而言）。聚变-裂变混合堆（简称混合堆）是一种结合聚变和裂变的优点、克服二者缺点的核能技术，有利于实现氚自持、减少初始投氚量，从能量平衡看，可以降低聚变功率，减少高能中子对材料的辐照损伤。混合堆与纯聚变堆的主要区别是包层内含有裂变燃料，裂变燃料比 Be 或者 Pb 有更好的中子增殖能力和能量放大能力，有利于降低聚变工程的难度。与裂变堆相比，混合堆是聚变中子源驱动的深度次临界系统，安全性能突出，在能量输出的同时可以很好地解决裂变燃料增殖和超铀元素嬗变问题。混合堆的发展趋势是立足于近期可实现的聚变参数并借鉴成熟的裂变堆技术，促进聚变能的提前应用，探索解决裂变能源可持续发展的途径。

2. 技术路线图

核电产业技术路线详见表 4-3，2025 年前通过技术反馈和优化实现三代核电技术规模化发展，通过模块化小型堆示范工程及浮动核电站的建设，配套开展核能供热、制冷、海水淡化技术的研究，实现核能多用途利用和综合能源网建设；2030 年通过新一代核电和后处理示范工程的建设，建立核燃料闭式循环；2035 年，探索核聚变能源商业利用，聚变裂变混合堆示范工程实现应用，压水堆技术实现耐事故燃料元件研发并应用在在役和新建核电站中，提升固有安全性，四代核电技术实现示范工程建设，形成国际先进的集技术开发、设计、装备制造、运营服务于一体的核电全产业链发展能力，实现核电规模化、多用途、可持续发展的格局。

表 4-3　核电产业技术路线

关键技术	2025 年	2035 年
一体化燃料循环的自主大型商用快堆技术	建成百万千瓦级大型高增殖商用快堆	完成规模化建造，并实现快堆一体化燃料循环技术，在实现高增殖的同时进行嬗变
耐事故燃料元件技术	初步掌握具备耐事故燃料特征的先进燃料芯块研制关键技术，论证选型出具有可工程应用的耐事故燃料组件技术类型，实现先导组件入商用堆辐照，力争实现耐事故燃料大规模入堆应用	
核电站消除大规模释放安全技术	实现严重事故预防与缓解技术及方法论创新，服务于智能化及更高安全性和更好经济性的先进核电技术，普遍接受“实际消除大量放射性物质释放”的兜底措施	
满足快堆核燃料闭式循环先进乏燃料后处理技术	全面掌握具有自主知识产权的后处理核心技术，形成可处理第三代核电站高初始富集度、高燃耗乏燃料的大型后处理厂自主设计和建设能力	干法后处理技术完成实验室研究、技术路线确定和热台架验证，具备建设工业示范验证设施的条件

续表

关键技术	2025 年	2035 年
聚变-裂变混合堆技术	实现开展核聚变示范堆的设计和研发，设计建造中国聚变示范堆 CFETR（China Fusion Engineering Test Reactor），探索核聚变能源商业利用，聚变裂变混合堆示范工程实现应用	

4.2.4 风能产业

1. 技术发展方向

风力发电未来发展的关键技术包括复杂地形和台风影响区域风资源特性数值仿真分析技术、漂浮式海上风电技术、分段式或组合式超长叶片设计制造技术、废弃风电设备无害化回收处理技术以及大型风电主轴轴承设计制造技术。

复杂地形和台风影响区域风资源特性数值仿真分析技术的子技术包括复杂地形和台风影响区域湍流风特性时空变化特征及其形成机理、湍流风参数分类及测量方法、非定常湍流风的多尺度耦合数值模拟。

漂浮式海上风电技术的子技术包括漂浮式平台设计、系泊系统设计建造、全工况风电机组-浮体-系泊系统气动弹性和水动载荷及其耦合作用仿真分析。

分段式或组合式超长叶片设计制造技术的子技术包括叶片分段标准化、模块化设计、分段叶片高精度对接技术及叶片气弹稳定性技术。

废弃风电设备无害化回收处理技术的子技术包括风电叶片和永磁体无害化回收处理技术、叶片材料的高效分离回收技术及装备、不可回收材料无害化处理技术及装备。

大型风电主轴轴承设计制造技术的子技术包括复杂全工况条件下低速重载、高可靠、长寿命大型风电主轴轴承设计技术、热处理工艺技术及测试验证技术。

2. 技术路线图

风电产业技术路线详见表 4-4，2025 年前需要开展复杂地形和台风影响区域风资源特性数值仿真分析技术、大型风电主轴轴承设计制造技术、漂浮式海上风电技术、分段式或组合式超长柔性叶片气动、气弹设计制造技术以及废弃风电设备无害化回收处理技术等关键核心技术设计方法与设计体系研究，形成国际竞争力，支持风电产业高质量可持续发展；2030 年前需要开展复杂地形和台风影响区域风资源特性数值仿真分析技术，大型风电主轴轴承设计制造技术，漂浮式海上风电技术，分段式或组合式超长柔性叶片气动、气弹设计制造技术，废弃风电设备无害化回收处理技术等关键核心装备、系统研制，形成完整的风能开发利用自主技术创新体系和产业体系；2035 年前需要掌握陆/海上规模化风电开发成套技术与装备，积极参与国际项目竞争，成为风电技术创新和产业发展强国。

表 4-4　风电产业技术路线

关键技术	2025 年	2035 年
复杂地形和台风影响区域风资源特性数值仿真分析技术	建立数据库及其测量与计算方法指南，开发风资源评估软件系统	建立复杂地形和台风区域湍流风特性数据库，开发高精度模型的风资源评估软件系统
漂浮式海上风电技术	漂浮式海上风电样机可靠性验证	实现批量装机运行，为开发我国深远海风能资源提供装备支撑
分段式或组合式超长叶片设计制造技术	超长叶片分段式或组合式技术方法、工艺设计研究，分段或组合叶片高精度对接技术研究	攻克分段式或组合式超长叶片设计制造技术，并试验验证
废弃风电设备无害化回收处理技术	风电叶片和永磁体无害化回收处理技术验证及装备研制	风电叶片和永磁体等废弃设备大规模、连续化、低成本、低能耗、低污染的工业化回收利用
大型风电主轴轴承设计制造技术	试验测试方法研究，全工况试验测试台架搭建	攻克大型风电主轴轴承设计制造测试技术难题，全面实现国产化

4.2.5　太阳能光伏产业

1. 技术发展方向

太阳能光伏发电未来发展的关键技术包括效率 24%晶硅太阳电池产业化技术、效率 22%薄膜太阳电池产业化技术、效率 20%以钙钛矿太阳电池为代表的新型电池产业化技术。

晶硅太阳电池是晶体硅为光电转换材料的太阳电池，包括单晶硅太阳电池、多晶硅太阳电池，是目前产业化效率最高，应用范围最广的太阳电池。

薄膜太阳电池包含铜铟镓硒、硅基薄膜、碲化镉、铜锌锡硫、砷化镓等半导体材料为光电转换材料，由于其厚度仅需微米量级，非常薄，故称为薄膜太阳电池。

新型太阳电池包括有机、量子点、染料敏化、硒化锑、聚光等太阳电池。

2. 技术路线图

太阳能光伏发电产业的技术路线详见表 4-5，在 2025 年建成小规模高效晶硅和薄膜太阳电池生产线，形成技术示范，形成合适的新型电池技术路线；2030 年建成中等规模高效晶硅和薄膜太阳电池示范线，形成可靠的生产技术，建成高效新型太阳电池中试线；2035 年建成百兆瓦级高效晶硅和薄膜太阳电池示范线，形成可靠的生产技术，建成高效新型太阳电池和晶硅太阳电池叠层电池生产线。

表 4-5　太阳能光伏发电产业的技术路线

关键技术	2025 年	2035 年
效率 24%晶硅太阳电池产业化技术	建立 50MW 量级生产线，效率达到 23%，电池片建成 5MW 级示范电站	建立百兆瓦级生产线，效率达到 24%，电池片建成 10MW 级示范电站
效率 22%薄膜太阳电池产业化技术	建立 50MW 量级生产线，效率达到 19%，电池片建成 5MW 级示范电站	建立百兆瓦级生产线，效率达到 20%，电池片建成 10MW 级示范电站
效率 20%以钙钛矿太阳电池为代表的新型电池产业化技术	建立 5MW 量级高效电池中试线，整线效率大于 22%，利用中试线生产的电池片建成 5kW 示范电站	建立 10MW 钙钛矿太阳电池与晶硅太阳电池叠层电池效率超过 30%的高效电池示范线，利用实验线生产的电池片建成 10kW 示范电站

4.2.6　生物质能产业

1. 技术发展方向

生物质能未来发展的关键技术包括纤维素燃料乙醇技术，生物燃气制备技术，生物航空煤油制备技术，生物质电、热、冷等多产品联产技术。

纤维素燃料乙醇通常采用预处理、酶解、发酵和蒸馏等关键步骤将木质纤维素类生物质转化为燃料乙醇。纤维素燃料乙醇技术的子技术包括低耗高效的预处理技术和低成本酶解糖化技术。

生物燃气制备是通过厌氧发酵制备沼气，再经净化提纯获得甲烷纯度较高的燃气。生物燃气制备技术的子技术包括厌氧发酵和净化提纯。

生物航空煤油制备是指油脂加氢脱氧制备多种结构与长度的烷烃混合物。

生物质电、热、冷等多产品联产是指生物质通过直接燃烧、与煤混燃或气化燃烧的方式产生热量用于发电、供热、制冷等。生物质电、热、冷等多产品联产技术的子技术包括高效直燃锅炉和混燃锅炉或气化装置。

2. 技术路线图

生物质能产业技术路线详见表 4-6，2025 年，生物质能产业形成成熟的热、电等多产品生产的运行模式，生物质与煤混燃发电运行稳定；生物质成型燃料商业运行模式成熟；纤维素燃料乙醇实现产业化，生物柴油的商业运营模式成熟，生物天然气实现商业化应用，生物质气化、热解、催化形成的液体燃料达到万吨级以上示范规模。2030 年，生物质发电产业的热、电等多产品联产实现产业化，发电成本接近煤电成本；生物质成型燃料制备成本下降，其供热成本接近燃煤供热；纤维素燃料乙醇、生物柴油和生物天然气形成成熟的商业化运营模式；生物质气化、热解、催化形成的液体燃料达到产业化前期阶段。2035 年，农林生物质、垃圾和沼气发电成本与煤电持平或更低，生物质成型燃料供热成本与燃煤供热持平甚至更低，纤维素燃料乙醇、生物柴油和生物天然气的生产成本进一步下降，分别与粮食燃料乙醇、柴油和天然气相当，生物质气化、热解、催化形成的液体燃料实现产业化。

表 4-6　生物质能产业技术路线

关键技术	2025 年	2035 年
纤维素燃料乙醇技术	商业化运行，成本与非粮乙醇相当，年产量 50 万吨以上	纤维素燃料乙醇生产成本与粮食燃料乙醇相当，年产量达到 100 万吨以上
生物燃气制备技术	生物天然气年产量超过 150 亿 m^3，建立沼气多产品开发及运营模式	沼气多产品开发及运营模式成熟，年产量超过 300 亿 m^3，生物天然气高效液化技术成熟
生物航空煤油制备技术	建成原料生产基地，实现年产 5 万吨以上规模的平稳运行	形成稳定的原料供应链和成熟的产销模式，生物航空煤油年产量达到 50 万吨以上
生物质电、热、冷等多产品联产技术	生物质热电多产品联产以及生物质与煤联合气化混燃发电实现产业化	单机产能达到 15MW 以上，商业化运营模式成熟

4.2.7　地热能产业

1. 技术发展方向

地热能未来发展的关键技术包括人工储层改造技术、采灌均衡条件下水热型地热资源动态评价技术、浅层地热能科学开发利用适宜性评价技术。

人工储层改造是开采干热岩资源的必要手段，当前的主要技术手段是水力压裂。国内外干热岩资源开发的主要技术方式是通过水力压裂形成人工热储，进而构建增强型地热系统进行热电转换和试验性发电。技术的关键在于通过压裂、酸化和长时间的循环疏通等手段，通过长时间水力压裂、天然裂隙和割理，构建规模巨大、人工裂隙较为均匀的人工热储，通过水或者 CO_2 等介质进行能量交换和开采。

采灌均衡的地热开发是未来地热开发的必然趋势，构建采灌均衡条件下地热资源评价技术，根据地热地质条件和采灌均衡需求，提出资源评价准则，有效服务可持续利用。

浅层地热能科学开发利用适宜性评价技术从广义（恒温带范围内）、狭义（可利用）两个角度定义浅层地热能的概念。从地质、水文地质、环境、开发利用等角度对地下水源热泵和地埋管热泵系统的适宜性进行了评价。

2. 技术路线图

地热能产业技术路线详见表 4-7，2025 年，加强基础地热测量，摸清不同类型地热资源赋存机制；2030 年，整合地热勘查技术，形成系统化综合勘查技术体系；2035 年，突破地热开发利用关键技术，总体提升热能利用效率。

表 4-7　地热能产业技术路线

关键技术	2025 年	2035 年
人工储层改造技术	研发耐高温金属封隔器，实现压裂封隔器耐温大于 280℃，实现较为成熟的分段压裂与定向压裂技术	建立较为成熟的增强型地热系统储层建造技术，实现压裂封隔器耐温大于 300℃
采灌均衡条件下水热型地热资源动态评价技术	建立成熟的碳酸盐岩热储层采灌均衡条件下水热型地热资源动态评价技术，初步建立花岗岩和砂岩热储层灌溉均衡条件下水热型地热资源动态评价技术	建立不同热储条件下模式化的采灌均衡条件下水热型地热资源动态评价技术
浅层地热能科学开发利用适宜性评价技术	初步建立包含复杂地质条件特征的浅层地热能开发利用适宜性评价体系	建立基于地质、环境气候、水文地质条件等特征的浅层地热能开发利用适宜性评价体系

4.2.8　燃料电池产业

1. 技术发展方向

燃料电池未来发展的关键技术包括质子交换膜燃料电池（PEMFC）技术、熔融碳酸盐燃料电池（molten carbonate fuel cell，MCFC）技术、固体氧化物燃料电池（SOFC）技术。

质子交换膜燃料电池（PEMFC）是用聚合物电解质膜作为质子导体，铂材料作为催化剂的燃料电池。它所拥有的低工作温度、高能量密度和易于大型应用的优点使其在未来将会应用于分布式发电、交通动力和便携移动能源等领域。

熔融碳酸盐燃料电池（MCFC）又称为第二代燃料电池，是由多孔陶瓷阴极、多孔陶瓷电解质隔膜、多孔金属阳极、金属极板构成的燃料电池，其电解质是熔融态碳酸盐，工作温度是 600～650℃。

固体氧化物燃料电池（SOFC）属于第三代燃料电池，是一种在中高温下直接将储存在燃料和氧化剂中的化学能高效、环境友好地转化成电能的全固态化学发电装置，工作温度是 800～1000℃。

2. 技术路线图

燃料电池产业技术路线详见表 4-8，2025 年，提高燃料电池电堆性能与比功率，提高燃料电池的耐久性，降低燃料电池成本，推动质子交换膜燃料电池的研发与利用；2030 年，根据国内市场发展前景，基于目前国内固体氧化物燃料电池（SOFC）技术尚未完全成熟的现状，开发 100kW 级发电单元并实现示范应用，为以后兆瓦级乃至百兆瓦级发电系统规模化奠定基础；2035 年，突破高性能单电池批量化制备技术、电池组装技术、发电系统设计以及产业化应用技术，以促进熔融碳酸盐燃料电池的发展。

表 4-8　燃料电池产业技术路线

里程碑	2025 年	2035 年
质子交换膜燃料电池（PEMFC）技术	商用车比功率 3kW/L，寿命大于 3 万小时，成本小于 500 元/kW	商用车比功率 4kW/L，寿命大于 3 万小时，成本小于 300 元/kW
熔融碳酸盐燃料电池（MCFC）技术	兆瓦级 MCFC 发电系统的自主设计、制造与示范运行；8000 元/kW，4 万小时；净效率大于等于 52%	50MW 级 IGFC 发电系统的自主设计、制造与示范运行；6000 元/kW
固体氧化物燃料电池（SOFC）技术	兆瓦级 SOFC 及 SOEC（solid oxide electrolysis cell，固体氧化物电解池）自主设计制造、示范运行，10000 元/kW，4 万小时	50MW 级 IGFC 及 SOEC 自主设计、制造、示范运行，5000 元/kW，8 万小时

4.3　我国典型绿色低碳产业图谱

4.3.1　太阳能光伏产业链图谱

太阳能光伏产业是我国能源供应体系的重要分支，也是新能源的重要组成部分。太阳能光伏产业的上游包括硅料、多晶硅、单晶硅、硅锭、硅片等环节；中游包括电池片和电池组件等环节；下游主要涉及逆变器、跟踪支架、电站集成、汇流箱等环节，详见图 4-10。

目前，太阳能光伏产业链上游参与者类型广泛，其中，硅料环节的代表企业有通威股份、保利协鑫、新特能源、大全新能源、亚洲硅业等；多晶硅环节的代表企业有通威股份、大全新能源、江苏中能、中硅高科等；单晶硅环节的代表企业有隆基股份、晶科科技、京运通、拓日新能等；硅锭、硅片环节的代表企业有隆基股份、上机数控、晶盛机电、双良节能、天合光能等。

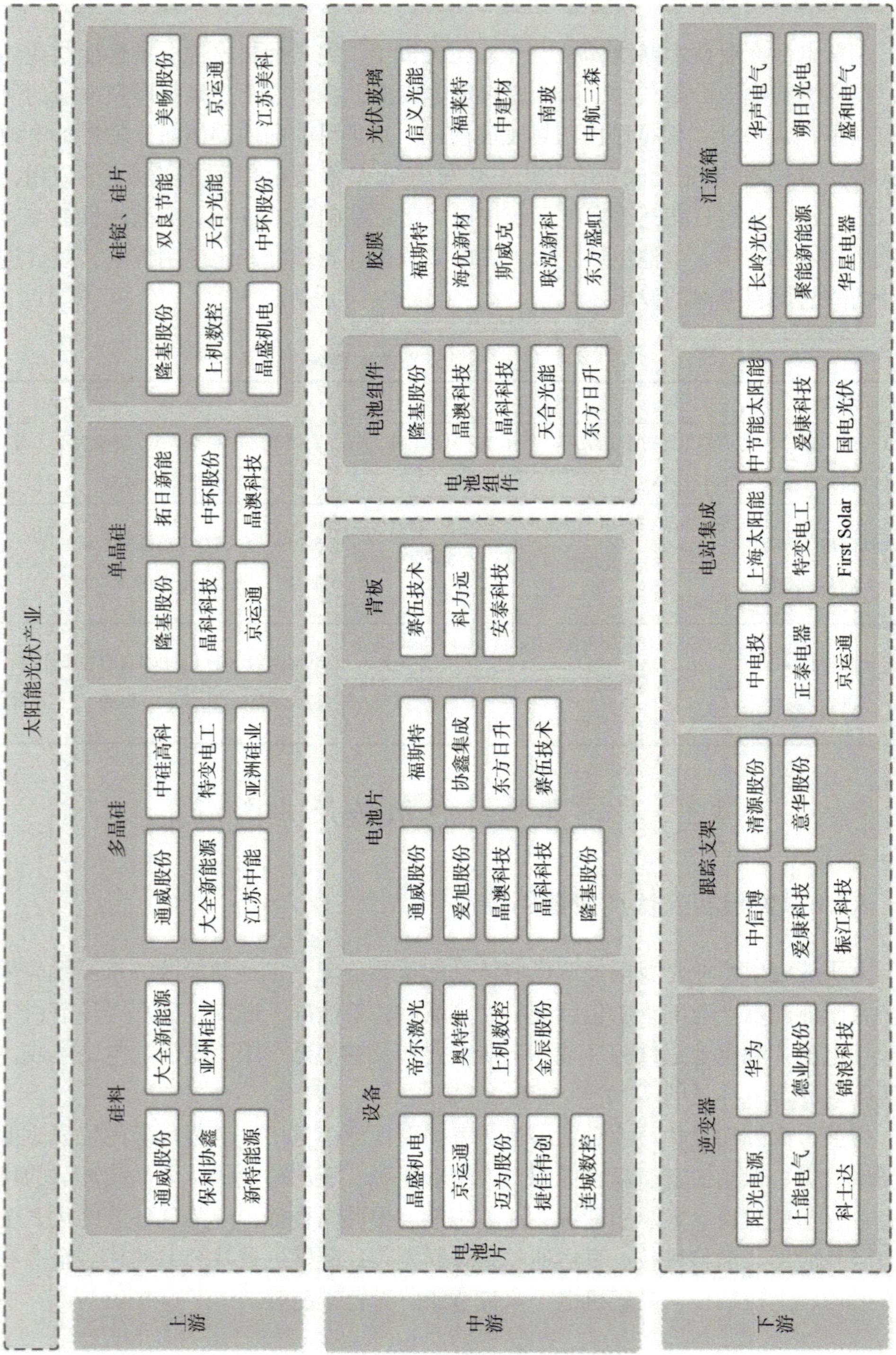

图 4-10　太阳能光伏产业链图谱

太阳能光伏产业链中游包含电池片和电池组件，电池片包含设备、电池片、背板等，电池组件包含电池组件、胶膜、光伏玻璃等。其中，设备环节的代表企业包括晶盛机电、京运通、迈为股份、捷佳伟创、连城数控等；电池片环节的代表企业包括通威股份、爱旭股份、晶澳科技、晶科科技、隆基股份等；背板环节的代表企业包括赛伍技术、科力远、安泰科技等；电池组件环节的代表企业包括隆基股份、晶澳科技、晶科科技、天合光能、东方日升等；胶膜环节的代表企业包括福斯特、海优新材、斯威克、联泓新科、东方盛虹等；光伏玻璃环节的代表企业包括信义光能、福莱特、中建材、南玻等。

太阳能光伏产业链下游中，逆变器环节的代表企业为阳光电源、上能电气、科士达、华为、德业股份等；跟踪支架环节的代表企业为中信博、爱康科技、振江科技、清源股份、意华股份等；电站集成环节的代表企业为中电投、正泰电器、京运通、上海太阳能、国电光伏等；汇流箱环节的代表企业为长岭光伏、聚能新能源、华星电器、盛和电气等。

4.3.2　电化学储能产业链图谱（新型储能）

电化学储能产业链中游主要为储能系统的集成与制造，对于一个完整的储能系统，本节以锂电池为例，介绍其产业链。电化学储能产业链上游包括正极材料、负极材料、电解液、隔膜及其他辅材；中游包括锂电池模组及 PACK；下游包括消费电子领域、动力电池领域及储能领域等。

电化学储能产业链上游环节涉及的原材料类型丰富，其中正极材料包括钴酸锂、镍酸锂、锰酸锂、三元材料及磷酸铁锂；负极材料包括石墨材料、碳材料、钛酸锂及硅碳负极；电解液包括溶剂、添加剂、新型锂盐及六氟磷酸锂；其他辅材包含黏结剂、分散剂、铝塑膜、导电剂及铜箔/铝箔，其中每个环节涉及的代表企业众多，具体如图 4-11 所示。

产业中游为锂电池模组及 PACK，其包含 BMS（battery managernent system，电池管理系统）、电机、电控及充电站等，BMS 环节的代表企业为德赛电池、晖谱能源、欣旺达、国轩高科等；电机环节的代表企业为万向、上汽、一汽及二汽等；电控环节的代表企业为 Wabco（威伯科）、京四重工、ACTIA 及启明信息等；充电桩环节的代表企业为中国石油、中国石化、国家电网及南方电网等。

产业链下游为电化学储能使用端，主要包含消费电子领域、动力电池领域、储能领域。

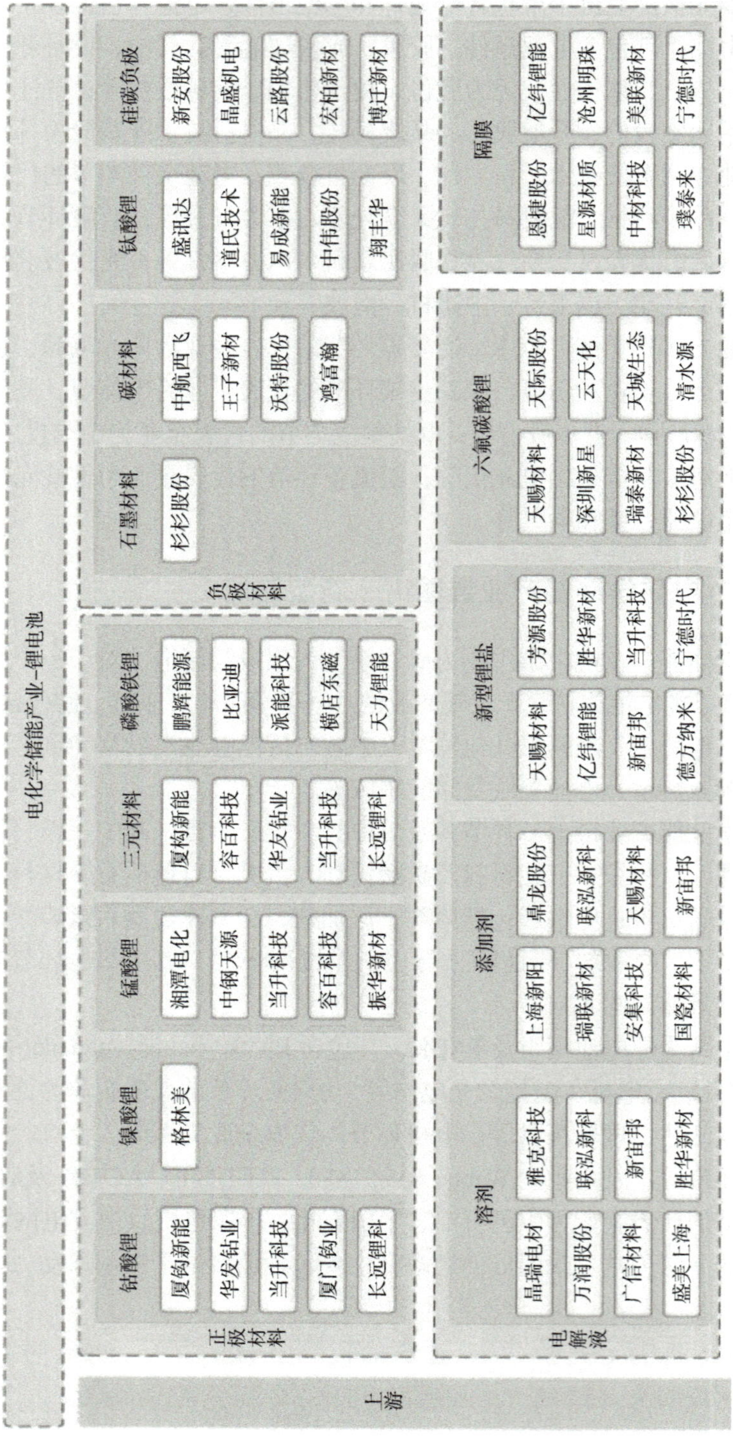
电化学储能产业-锂电池
上游
正极材料
钴酸锂
厦钨新能
华友钴业
当升科技
厦门钨业
长远锂科
镍酸锂
格林美
锰酸锂
湘潭电化
中钢天源
当升科技
容百科技
振华新材
三元材料
厦钨新能
容百科技
华友钴业
当升科技
长远锂科
磷酸铁锂
鹏辉能源
比亚迪
派能科技
横店东磁
天力锂能
负极材料
石墨材料
杉杉股份
碳材料
中航西飞
王子新材
沃特股份
鸿富瀚
钛酸锂
盛讯达
道氏技术
易成新能
中伟股份
翔丰华
硅碳负极
新安股份
晶盛机电
云路股份
宏柏新材
博迁新材
电解液
溶剂
晶瑞电材
雅克科技
万润股份
联泓新科
广信材料
新宙邦
盛美上海
胜华新材
添加剂
上海新阳
鼎龙股份
瑞联新材
联泓新科
安集科技
天赐材料
国瓷材料
新宙邦
新型锂盐
天赐材料
芳源股份
亿纬锂能
胜华新材
新宙邦
当升科技
德方纳米
宁德时代
六氟碳酸锂
天赐材料
天际股份
深圳新星
云天化
瑞泰新材
天域生态
杉杉股份
清水源
隔膜
恩捷股份
亿纬锂能
星源材质
沧州明珠
中材科技
美联新材
璞泰来
宁德时代

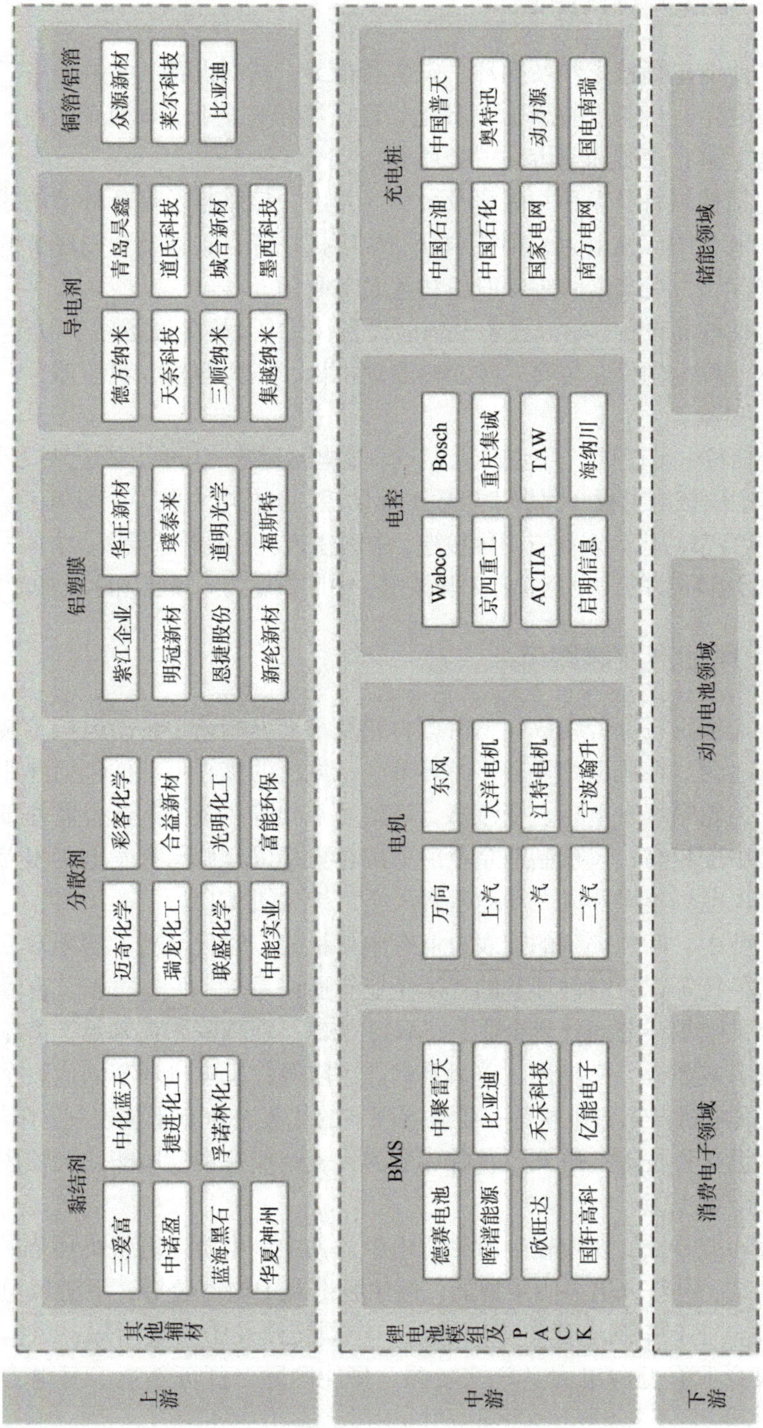

图 4-11　电化学储能产业链图谱

4.3.3 核能产业链图谱

核能产业链包括核燃料及循环、碳素及金属、核岛设备、常规设备、辐射设备、核电站设计、土建/安装/调试、核电站运营等相关企业，按照企业在产业链中的位置分为上游、中游和下游共三个环节。

上游包括核燃料及循环、碳素及金属。其中，核燃料及循环环节的代表企业有中广核矿业、中广核电力、中核国际、中广核技等；碳素及金属环节的代表企业有中钢国际、方大炭素、宝钛股份和兰太实业等。

中游包括核岛设备、常规设备及辐射设备。其中，核岛设备环节包含主管道、蒸汽发生器、堆内构件、主泵、控制棒驱动机构、压力容器、稳压器等，代表企业详见图 4-12。

下游包括核电站设计、土建/安装/调试、核电站运营。其中，核电站设计环节的代表企业有中国核电工程、深圳中广核工程设计、国核电力院、上海核工院等；土建/安装/调试环节的代表企业有中国核建、中国建筑、中国能建投资、中国核电工程等；核电站运营环节的代表企业有中国核电、中广核电力、华能国际及浙能电力等。

4.3.4 风能产业链图谱

风能产业链由三部分组成：上游原材料及零部件制造、中游风机总装、下游风电场投资运营。在风电产业链上游环节中，风机的核心零部件包括叶片、铸锻件、轴承、齿轮箱、发电机、变流器、塔架及基础等；风机制造企业处于行业中游，市场集中度较高；风机制造企业的下游客户是以大型国有发电集团为代表的企业，包含风电场建设及风电场运营两大类，详见图 4-13。

上游环节中，叶片环节的代表企业有中材科技、时代新材、洛阳双瑞、重通成飞及艾朗科技等；铸锻件环节的代表企业有通裕重工、大连重工、吉鑫科技、金雷股份等；轴承环节的代表企业有 FAG、SKF、新强联、瓦轴等；齿轮箱环节的代表企业有威能极、南高齿、重齿及南方宇航等；发电机环节的代表企业有永济电机、上海电机及东方电机等；变流器环节的代表企业有禾望电气、阳光电源、日风电气、世嘉科技等；塔架及基础环节的代表企业有泰胜风能、天顺风能、海力风电及大金重工等。

中下游环节涉及的企业较上游相比略少，其中，中游风电整机环节的代表企业有金风科技、电气风电、明阳智能、运达股份及中国海装等；下游风电场建设环节的代表企业有中国电建、中国能建、中国交建及中集集团等；风电场运营环节的代表企业有龙源电力、三峡能源、华能国际、江苏新能、粤电力及大唐集团等。

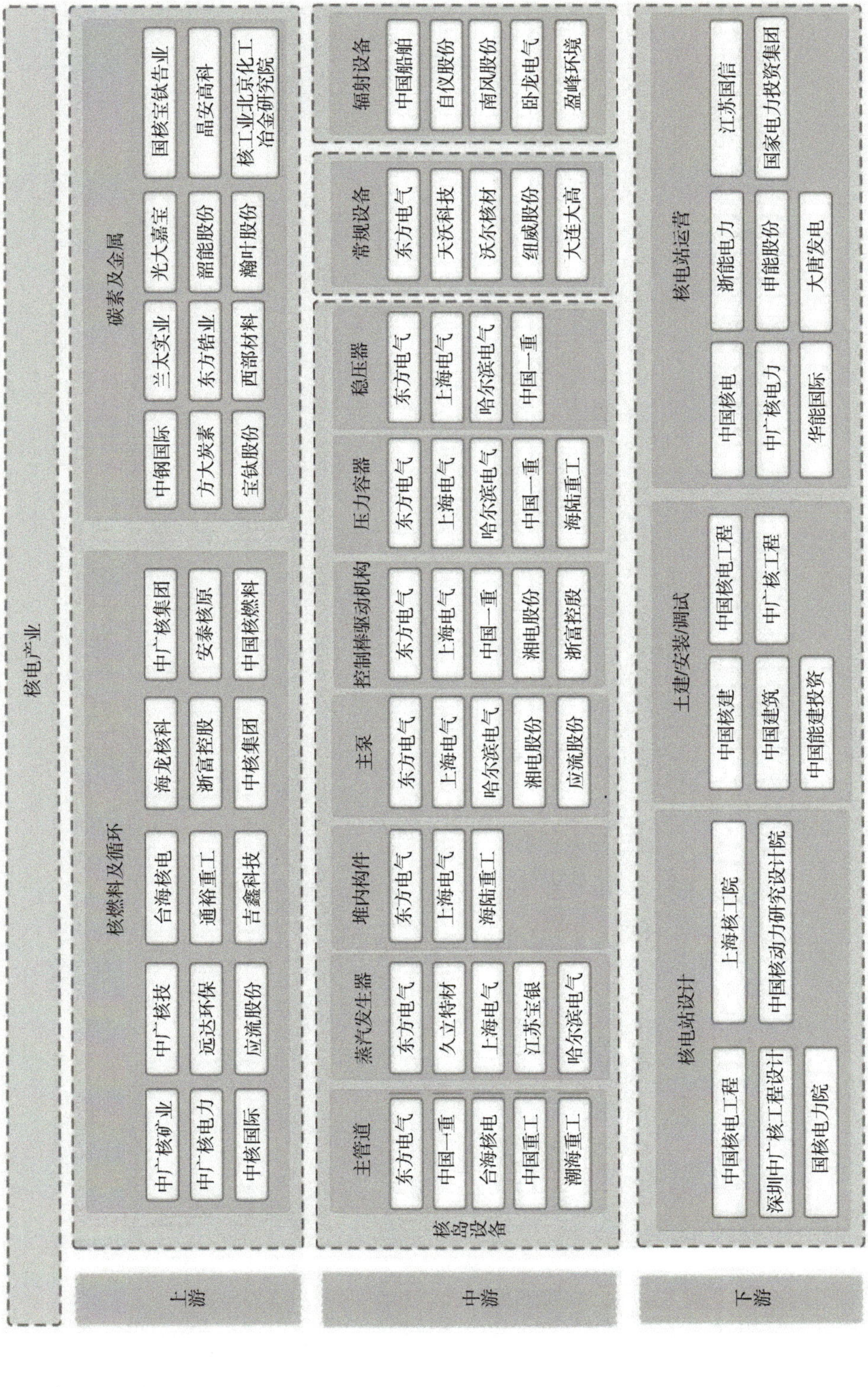

图4-12　核能产业链图谱

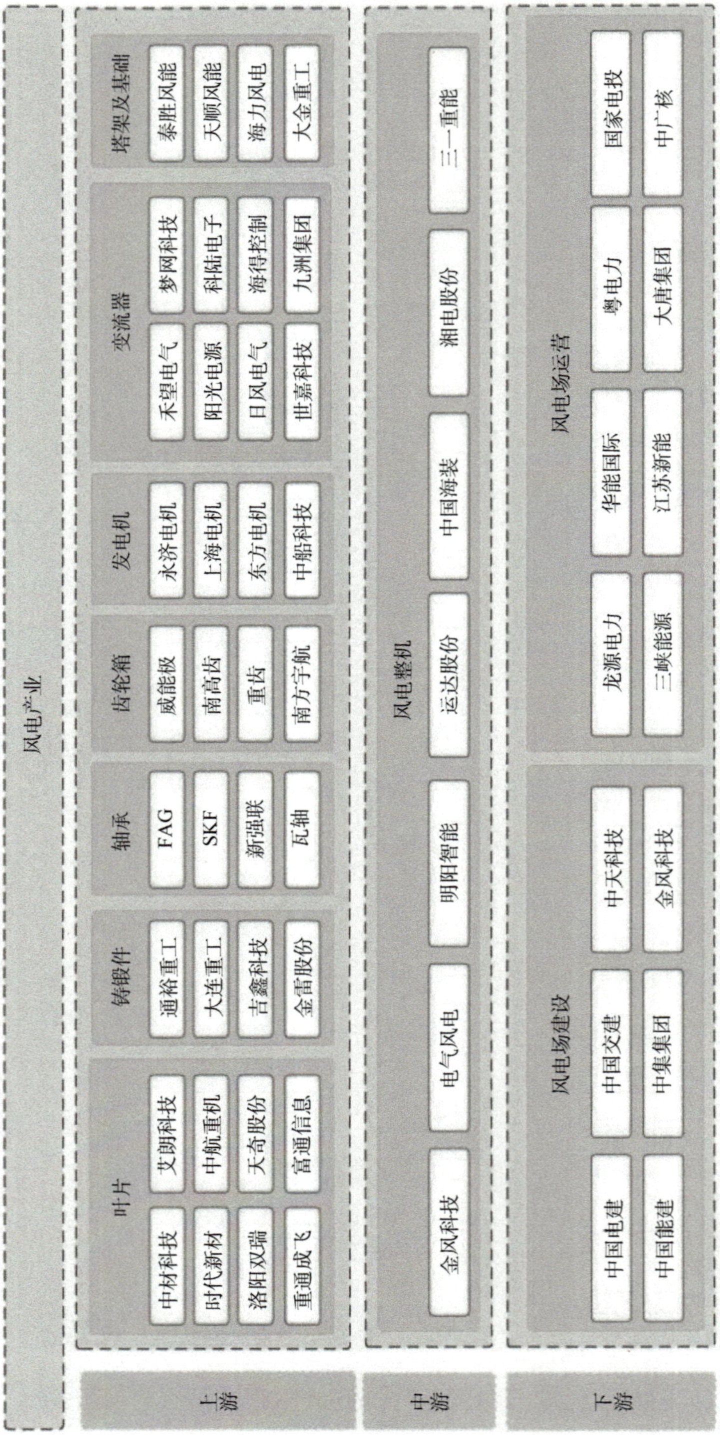

图 4-13　风能产业链图谱

4.3.5 生物质能发电产业链图谱

生物质能发电产业上游包括农林生物质收集、垃圾收集、原料粉碎及沼气工程等；中游包括农林生物质燃烧锅炉、垃圾焚烧锅炉和发电机等；产业链下游包括电厂建设、农林生物质电厂运营、垃圾焚烧电厂运营及沼气电厂运营等，详见图 4-14。

在上游环节中，农林生物质收集环节的代表企业有圣时机械、裕农农机、德沃科技及长睿机械等；垃圾收集环节的代表企业有福龙马、盈峰环境、桑德集团及瀚蓝环境等；原料粉碎环节的代表企业有九龙机械、圣美机械、金鹏机械以及新圣泰机械等；沼气工程环节的代表企业有中天能源、杭能环境、天人环保、图天新能源及众诚英桓等。

在中游环节中，农林生物质燃烧锅炉环节的代表企业有西子洁能、华西能源、华光环能及川润股份等；垃圾焚烧锅炉环节的代表企业有无锡华光锅炉、盛运股份、西子洁能、恒大高新及温州伟明等；发电机环节的代表企业有东方电气、哈尔滨电气、泰豪科技、潍柴动力及石油济柴等。

在下游环节中，电厂建设环节的代表企业有国能电力、华能国际电力、中国电建集团及中国电力等；农林生物质电厂运营环节的代表企业有国能生物发电、凯迪生态、中国光大、山东琦泉、理昂生态及广东长青等；垃圾焚烧电厂运营环节的代表企业有中国光大国际、杭州锦江集团、中国环境保护集团、重庆三峰环境、粤丰环保电力及上海环境等；沼气电厂运营环节的代表企业有民和牧业、德青源、杭州环境及蒙牛等。

4.3.6 氢能与燃料电池产业链图谱

氢能产业是涵盖氢气制备、储存、运输、加注、燃料电池到终端应用的庞大产业链，氢能与燃料电池产业链上游环节包含工业副产氢、化石燃料制氢及电解水制氢等；中游环节包括储存、运输以及加注，储存的形式包含高压气态储氢、低温液态储氢、有机液态储氢、固体材料储氢及储气瓶，运输环节包括长管拖车、管道输运及液氢输送等，加注环节主要包括加氢站和压缩机两大部分；下游环节中，主要包含燃料电池和交通领域两大部分，其中燃料电池环节包括质子交换膜、催化剂原料、气体扩散层、双极板、燃料电池电堆及氢气循环系统等，交通领域的布局主要聚焦于乘用车、重卡及船舶等，详见图 4-15。

在上游环节中，工业副产氢环节的代表企业有宝丰能源、硅烷科技、金宏气体、滨化股份、鸿达兴业和金能科技等；化石燃料制氢环节的代表企业有恒力集团、九丰能源、卫星化学、宝丰能源、美锦能源和中国能建等；电解水制氢环节

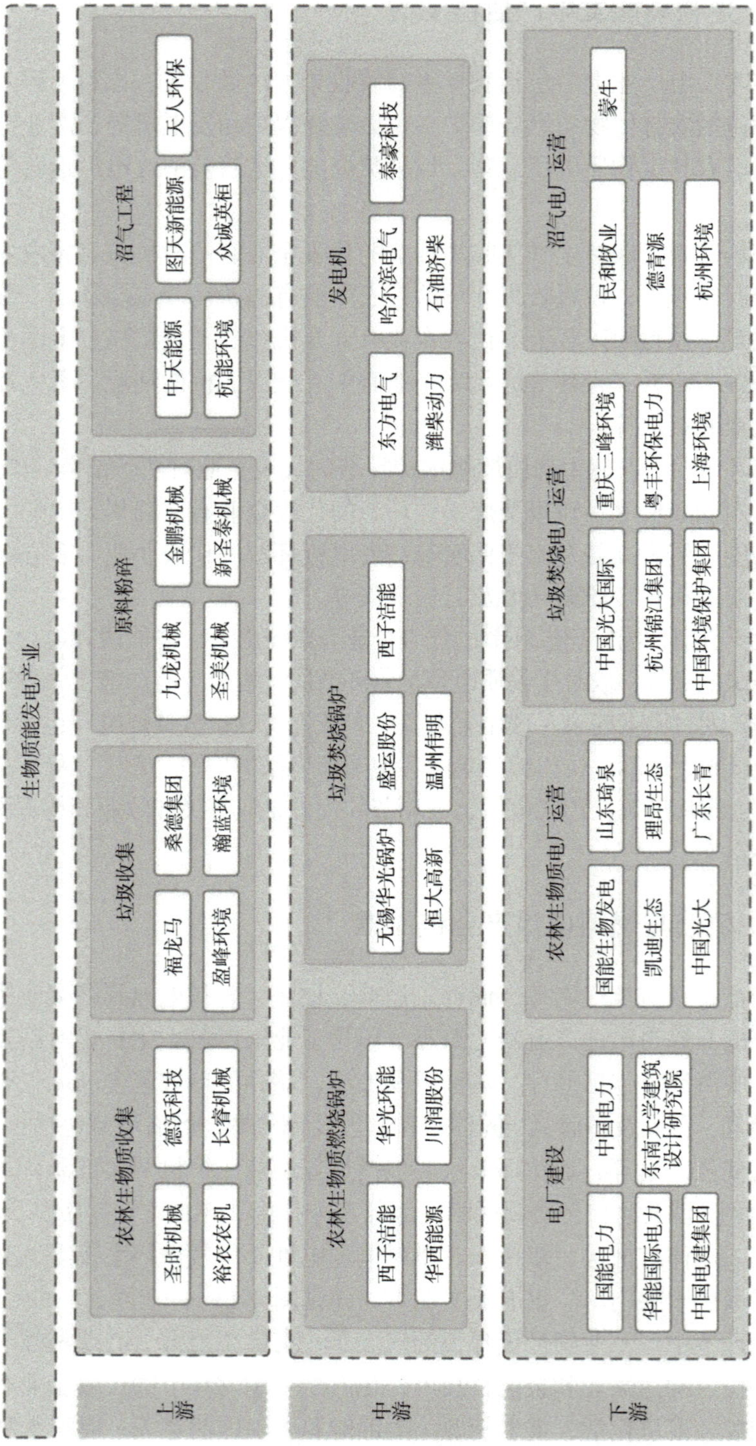

图4-14　生物质能发电产业链图谱

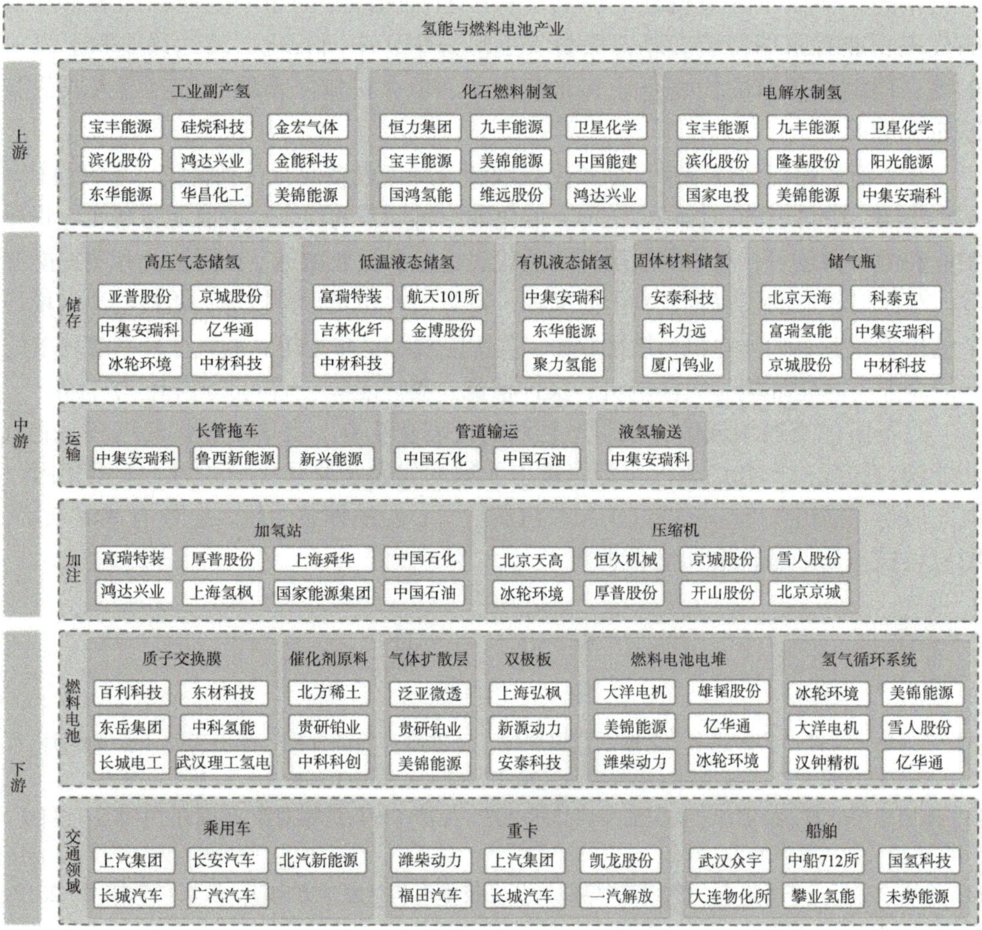

图 4-15　氢能与燃料电池产业链图谱

的代表企业有宝丰能源、九丰能源、卫星化学和滨化股份等。

在中游储存环节中，高压气态储氢环节的代表企业有亚普股份、京城股份、中集安瑞科和亿华通等；低温液态储氢环节的代表企业有富瑞特装、吉林化纤、金博股份、中材科技等；有机液态储氢环节的代表企业有中集安瑞科、东华能源和聚力氢能等；固体材料储氢环节的代表企业有安泰科技、科力远和厦门钨业等；储气瓶环节的代表企业有北京天海、科泰克、富瑞氢能、京城股份和中材科技等。

在中游运输环节中，长管拖车环节的代表企业有中集安瑞科、鲁西新能源和新兴能源；管道输运环节的代表企业有中国石化、中国石油；液氢输送环节的代表企业有中集安瑞科。

在中游加注环节中，主要为加氢站，且压缩机是加氢站的核心设备、成本占据很高，所以本环节梳理了加氢站和压缩机两部分的布局企业，加氢站环节的代表企业有富瑞特装、厚普股份、上海舜华、中国石化、鸿达兴业和上海氢枫等；压缩机环节的代表企业有北京天高、恒久机械、京城股份、雪人股份和冰轮环境等。

在下游燃料电池环节中，质子交换膜环节的代表企业有百利科技、东材科技、东岳集团、中科氢能和长城电工等；催化剂原料环节的代表企业有北方稀土、贵研铂业和中科科创等；气体扩散层环节的代表企业有泛亚微透、贵研铂业和美锦能源等。双极板环节的代表企业有上海弘枫、新源动力和安泰科技等；燃料电池电堆环节的代表企业有大洋电机、雄韬股份、美锦能源和亿华通等；氢气循环系统环节的代表企业有冰轮环境、大洋电机、汉钟精机、美锦能源、雪人股份和亿华通等。

在下游的交通领域中，乘用车领域的代表企业有上汽集团、长安汽车、北汽新能源、长城汽车和广汽汽车等；重卡领域的代表企业有潍柴动力、上汽集团、凯龙股份、福田汽车、长城汽车和一汽解放等；船舶领域的代表企业有武汉众宇、国氢科技、攀业氢能和未势能源等。

参 考 文 献

[1] 张国艳，王佳伟，孙旭东. 全球现代煤炭化工技术研究趋势分析：基于文献计量视角[J]. 辽宁工程技术大学学报（社会科学版），2020，22（6）：403-408.

[2] 孙旭东，张博，彭苏萍. 我国洁净煤技术 2035 发展趋势与战略对策研究[J]. 中国工程科学，2020，22（3）：132-140.

[3] 徐凤银，肖芝华，陈东，等. 我国煤层气开发技术现状与发展方向[J]. 煤炭科学技术，2019，47（10）：205-215.

[4] 张志刚，霍春秀. 煤矿区煤层气利用技术研究进展[J]. 矿业安全与环保，2022，49（4）：59-64.

[5] 谭宾. 四川盆地南部地区深层页岩气工程关键技术与展望[J]. 天然气工业，2022，42（8）：212-219.

[6] 张仁贵，刘迪仁，彭成，等. 中国陆相页岩油勘探开发现状及展望[J]. 现代化工，2022，42（3）：6-10.

[7] 王敏生，光新军，耿黎东. 页岩油高效开发钻井完井关键技术及发展方向[J]. 石油钻探技术，2019，47（5）：1-10.

[8] 蒲秀刚，金凤鸣，韩文中，等. 陆相页岩油甜点地质特征与勘探关键技术：以沧东凹陷孔店组二段为例[J]. 石油学报，2019，40（8）：997-1012.

[9] 丁仲礼，张涛. 碳中和：逻辑体系与技术需求[M]. 北京：科学出版社，2022.

[10] 李铮，郭小江，申旭辉，等. 我国海上风电发展关键技术综述[J]. 发电技术，2022，43（2）：186-197.

[11] 王建录，赵萍，林志民，等. 风能与风力发电技术[M]. 3 版. 北京：化学工业出版社，2015.

[12] 韩小亮. 太阳能光伏发电技术及应用[J]. 山西科技，2020，35（4）：128-130.
[13] 杨贵恒，张海呈，张颖超，等. 太阳能光伏发电系统及其应用[M]. 2 版. 北京：化学工业出版社，2015.
[14] 侯家萍，王闻，张蕾欣，等. 现代生物质能源技术体系及其产业化应用态势[J]. 现代化工，2022，42（5）：7-13.
[15] 王贵玲，陆川. 碳中和目标驱动下地热资源开采利用技术进展[J]. 地质与资源，2022，31（3）：412-425，341.
[16] 黄璜，刘然，李茜，等. 地热能多级利用技术综述[J]. 热力发电，2021，50（9）：1-10.
[17] 赵丰年. 地热能技术标准体系研究与应用[M]. 北京：中国石化出版社，2021.
[18] 程文姬，赵磊，郗航，等. “十四五”规划下氢能政策与电解水制氢研究[J]. 热力发电，2022，51（11）：181-188.
[19] 曾升，李进，王鑫，等. 中国氢能利用技术进展及前景展望[J]. 电源技术，2022，46（7）：716-722.
[20] 熊亚林，许壮，王雪颖，等. 我国加氢基础设施关键技术及发展趋势分析[J]. 储能科学与技术，2022，11（10）：3391-3400.
[21] 吴朝玲，李永涛，李媛，等. 氢气储存和输运[M]. 北京：化学工业出版社，2021.
[22] 童鑫，熊哲，高新宇，等. 质子交换膜燃料电池研究现状及发展[J]. 硅酸盐通报，2022，41（9）：3243-3258.
[23] 贾双珠，李会勇，李长安，等. 质子交换膜燃料电池关键材料的研究现状与进展[J/OL]. 化工新型材料，2019，47（2）：6-10.
[24] 刘建国，李佳. 质子交换膜燃料电池关键材料与技术[M]. 北京：化学工业出版社，2021.
[25] 吴天琼，南博，郭新，等. 中低温固体氧化物燃料电池阴极材料研究进展[J]. 功能材料，2021，52（10）：10048-10060.
[26] 韦守李，李希超，常修亮，等. 固体氧化物燃料电池双极板材料发展综述[J]. 储能科学与技术，2021，10（6）：1943-1951.
[27] 王绍荣，叶晓峰. 固体氧化物燃料电池技术[M]. 武汉：武汉大学出版社，2015.

第 5 章　绿色低碳产业成熟度评价理论方法

5.1　基于技术产品发展的产业成熟度评价方法

5.1.1　方法简介与适应范畴

“成熟”的本义，是指植物果实成长到可以收获的程度。成熟度被引申为事物的完善程度，是对一个事物或人的发展、成长的综合性描述和度量[1]。成熟度评价方法可以看作一种基于系统工程解决实际工程问题的方法，是系统整体实现最优目标的组织管理技术。

产业成熟度（industry maturity levels，IML）评价最早出现在 2015 年我国工程院的战略性新兴产业战略课题研究中，而产业成熟度理论方法在 2016 年由王礼恒院士等明确提出，是对产业诞生开始到发展成熟整个演变形态的识别，描述了核心技术、产品、制造和市场等方面产业发展的成熟程度[2]。基于产业成熟度评价方法，可以实现对新兴产业发展过程的准确评估，对产业发展方向和战略政策决策具有重要的科学支撑作用。孙旭东等在产业成熟度评价方法的基础上，给出了成熟度等级及其评价标准，并基于模糊数学方法和层次分析法（analytic hierarchy process，AHP）建立了能源产业成熟度评价模型[3]。产业成熟度评价方法 1.0 版本首次将成熟度方法扩展到能源产业，通过区分能源利用及转化与传统工业制造的差异性来重新阐述产业产品的定义，并基于多技术和多产品视角建立了能源领域产业成熟度评价指标体系。基于技术产品发展的产业成熟度评价方法（1.0 版本）中产业成熟度分为四个阶段（等级），即萌芽阶段、培育阶段、发展阶段和成熟阶段。萌芽阶段（IML1）：以技术研发为主导，主要活动是开展技术的基础研究和研发。培育阶段（IML2）：以技术应用为主导，标志是产业的产品或服务取得了商业化应用示范的成功，且随着商业化应用的推广，产品或服务在性能、成本等方面的优势得到了确认。发展阶段（IML3）：以市场为主导，大规模市场推广示范取得成功后，吸引了大量竞争者进入市场，产品或服务的销售量在一段时间内可以保持较高增长率。成熟阶段（IML4）：以产业链为主导，标志着产业链条基本形成，行业标准得到应用，产业链向着逐步完善的方向发展。随着产品或服务的供需接近饱和状态，销售量增长率逐步趋缓，企业之间进行大规模兼并重组，产业集中度不断提高，领先企业脱颖而出。

随着能源新技术的迅速发展，能源产业涉及的能源和技术种类繁多。此外，能源领域产业的核心制造可能分布在生产链多个环节。与传统工业相比，能源领域产业的制造、产品和市场的情况将更加复杂，需要针对能源产业特点对产业成熟度评价方法进行推广和改进。因此，提出基于技术产品发展的产业成熟度评价方法 1.0 版。基于技术产品发展的产业成熟度评价方法 1.0 版适用于规模小、产业数据不足、初具发展或新兴的产业。

5.1.2　技术框架与评价方法

1. 技术框架

从产品和市场两个角度构建了产业成熟度评价指标体系（图 5-1），该评价体系具有多技术、多产品和多市场的特点。核心产品的确定是评价体系的基础，关键技术的选择首先需要立足于核心产品，再兼顾产业发展的战略性需求，市场则是基于产品划分得到分类市场。如图 5-1 所示，评估产业确定 s 项关键技术（$s \geqslant 1$），n 种核心产品（$n \geqslant 1$）和 m 类产品市场（$m \leqslant n$），这里 m 类市场由 n 种产品划分，同一个市场的多个产品要求是具有近似功能的竞争性产品。

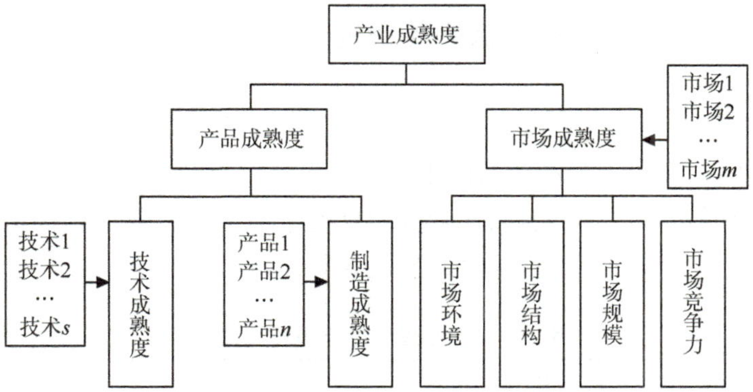

图 5-1　基于技术产品发展的产业成熟度理论框架

根据评价体系的层次结构，成熟度评价是由底层向上逐层集成实现的。多项技术可综合集成得到产业的技术成熟度，产业的制造成熟度则是对全部产品的制造成熟度进行集成加权，而每个市场成熟度评价内容包括市场环境、市场结构、市场规模和市场竞争力四个方面。第二层结构中产品成熟度（production readiness level，PRL）评价是基于第三层中产业的技术成熟度和制造成熟度集成实现的。

最后，处于顶层的产业成熟度可通过产品成熟度和市场成熟度集成得到。

2. 评价方法

产业评估基础与数据采集。确定评估产业的 s 项核心技术和 n 种关键产品，并根据产品间的竞争性关系划分 m 类市场。明确评价对象后，设计产业的技术、制造和市场成熟度评价专家问卷调查表，组织本领域专家填写调查问卷，对产业的技术、制造和市场成熟度给出定性的权威判断。为保证评价数据的有效性，每个产业评估权威专家数量不少于 10 人，并检验专家问卷评估的正确性和完整性。

专家评价统计数据的模糊隶属等级评分。为了保留全部专家的判断信息并处理评价结果的差异性问题，将所有专家的定性等级判断进行数据统计，采用模糊数学的隶属度方法进行等级度量。

指标权重的确定。为实现评价结果的加权集成，需要对多项技术、多种产品、市场成熟度评价指标（三级评价指标体系）等指标赋予权重。采用层次分析法确定权重，如对于 s 项技术，可由上述 k 位专家组成专家组，通过对两两技术间重要程度比较并采用 1～9 标度方法进行综合打分，可得到比较打分矩阵 $A_{s\times s}$，基于矩阵 A 利用最大特征根法或和法等可计算得到技术间指标的权重。

成熟度评价的等级集成。根据隶属度最大原则，采用模糊综合评价法，逐步计算得到产业的成熟度等级。

5.1.3 指标体系构建与指标等级描述

1. 产业成熟度

产业成熟度（IML）是产业从诞生到成熟发展过程的程度（不考虑衰退阶段）。为保证产业评价的易操作性，将产业成熟度设置为四个等级阶段，并且为各阶段设计了语言描述的成熟度定性评级，见表 5-1。

表 5-1 产业成熟度等级及其描述

产业成熟度等级		成熟度评级
IML1	萌芽阶段	不成熟
IML2	培育阶段	较不成熟
IML3	发展阶段	较成熟
IML4	成熟阶段	成熟

2. 产品成熟度

技术成熟度（technology readiness level，TRL）和制造成熟度（manufacturing

readiness level，MRL）等级的设计通常是在美国国防部 9 级技术成熟度和 10 级制造成熟度框架的基础上展开的。为适用于能源领域各产业评价的特点，在通用性和统一性的原则下，对现有研究成果技术成熟度、制造成熟度和产品成熟度的等级划分与含义进行梳理，给出技术、制造和产品的成熟度等级及其一般性描述，见表 5-2。

表 5-2　技术、制造和产品成熟度等级及其一般性描述

技术成熟度等级		制造成熟度等级		产品成熟度等级	
TRL1	观察到支撑该技术研发的基本原理或看到基本原理的报道	MRL1	确定制造的内涵	PRL1	概念产品（不成熟）
TRL2	在发现或明确的基本原理基础上形成了新技术的应用设想	MRL2	确定制造的方案		
TRL3	关键功能和特性初步通过实验室可行性验证	MRL3	验证制造方案可行性		
TRL4	技术开始成熟和验证，攻关工作正式开始。与预想的最终技术状态与验证环境或应用对象相比，技术状态与验证环境或应用对象仍处于较低水平，并形成部件级实验室产品	MRL4	具备在实验室环境下制造技术原理样件的能力	PRL2	实验室产品（不成熟）
TRL5	技术进一步成熟和验证，技术状态与验证环境或应用对象为中等水平，形成单机级初级演示验证产品	MRL5	具备在相关生产环境下制造原型部件的能力		
TRL6	技术得到突破，技术状态趋于成熟。在最终使用环境中对技术进行了验证，扫清了重大障碍和风险，但未达到可直接使用的程度。形成分系统或系统级高级演示验证产品	MRL6	具备在相关生产环境下制造原型系统或分系统的能力		
TRL7	实现了技术的原型或者其应用实体的原型，并在典型应用环境和应用对象中进行了验证，形成系统级工程原型产品	MRL7	具备在典型生产环境下制造系统、分系统或部件的能力	PRL3	小规模示范产品（较不成熟）
TRL8		MRL8	试生产线能力得到验证，准备好开始低速率生产		

续表

技术成熟度等级		制造成熟度等级		产品成熟度等级	
TRL8	进一步完善技术或其应用实体，已做好实现最终应用目的的准备，只等待最后实际应用的验证，形成系统级示范产品	MRL9	低速率生产能力得到验证，全速率生产能力就绪	PRL4	大规模或重大工程示范产品（较成熟）
TRL9	实际使用该技术或其应用实体达到了预定的应用目的，即一次性或多次成功使用，或达到预期的使用规模和范围，形成系统级的成熟产品	MRL10	全速率生产能力得到验证，精益化生产能力就绪	PRL5	市场产品（成熟）

产品成熟度可以描述产品在技术和制造方面的综合完善程度，每种产品成熟度是通过其技术成熟度和制造成熟度集成确定的，其中 9 级技术成熟度和 10 级制造成熟度分属于 5 个产品成熟度等级，而 5 个阶段产品对应 4 个产业阶段（或评价等级），其中 PRL1 概念产品和 PRL2 实验室产品处于产业的萌芽阶段（其评价等级均为不成熟），PRL3 小规模示范产品处于产业的培育阶段（评价等级为较不成熟），PRL4 大规模或重大工程示范产品处于产业的发展阶段（评价等级为较成熟），而 PRL5 是产业成熟阶段的产品，为市场上成熟产品或更新换代产品（评价等级为成熟）。

3. 市场成熟度

市场成熟度（market maturity level，MML）是度量和评测商品或服务市场成熟程度的标准和尺度，量化市场发展过程的方法。为便于专家定性评估打分和评价模型应用，将市场成熟度设置为四个等级阶段，与产业的四个发展阶段相互对应，市场成熟度等级及其描述见表 5-3。

表 5-3　市场成熟度等级及其描述

市场成熟度等级		成熟度评级
MML1	产品开发与商业化设想阶段	不成熟
MML2	新产品市场确立起步阶段	较不成熟
MML3	产品快速发展阶段	较成熟
MML4	市场成熟稳定阶段	成熟

市场成熟度评价指标体系及指标描述见表 5-4。

表 5-4　市场成熟度评价指标体系及指标描述

二级指标	三级指标	指标评价准则
市场环境	市场认可度	公众、社会或需求群体对产品的接受认可程度
	供应链成熟度	供应链上下游市场的完善程度及稳定程度
	市场规范成熟度	核心产品所在地市场环境稳定程度和规范性
市场结构	市场占有率	在同类竞争产品中的市场占有率及其增长情况
	产业链成熟度	产业链结构和集中度的完善情况及稳定程度
	市场规模化程度	核心产品的市场技术壁垒和规模化的发展程度
市场规模	收益规模	核心产品项目投资的发展阶段、收益规模大小及其稳定性
	从业人员规模	核心产品企业人员规模大小及稳定性
市场竞争力	产品竞争优势	核心产品在同类产品竞争中的优势程度
	国际竞争力	国内市场参与全球市场竞争的稳定发展程度

5.1.4　产业成熟度评价集成过程

为了保留全部专家的判断权威信息和处理评价结果的差异性问题，将所有专家的定性等级判断进行数据统计，采用模糊数学的隶属度方法进行等级度量。不妨假设产业共有 s 项待评估的关键技术，共由 k 位权威专家进行成熟度等级评估（$k \geqslant 10$），第 i 项技术 1～9 等级专家评价人数分别为（$\mathrm{TRL}_1^i, \mathrm{TRL}_2^i, \cdots, \mathrm{TRL}_9^i$），这里 $\sum_{j=1}^{9} \mathrm{TRL}_j^i = k$，记第 i 项技术成熟度的 j 个等级隶属程度

$$\mathrm{RTRL}_j^i = \mathrm{TRL}_j^i / k \tag{5-1}$$

记 s 项技术成熟度隶属等级评价矩阵 $\mathrm{RTRL}_{s\times 9}$，这里 $1 \leqslant i \leqslant 9$，$1 \leqslant j \leqslant k$。类似地，假设 n 种产品和 m 类市场，则记第 o 种产品的制造成熟度的第 r 个等级隶属程度为RMRL_r^o（$1 \leqslant o \leqslant n$，$1 \leqslant r \leqslant 10$），第 q 市场的第 e 个二级指标的第 p 等级成熟度隶属程度为 $\mathrm{RMML}_{ep}^{M_2 p}$、第 t 个三级指标的第 p 等级成熟度隶属程度为 $\mathrm{RMML}_{ep}^{M_3 p}$，这里 $1 \leqslant q \leqslant m$，$1 \leqslant t \leqslant 10$，$1 \leqslant e$，$p \leqslant 4$。记上述隶属矩阵分别为 $\mathrm{RMRL}_{n\times 10}$，$(\mathrm{RMML}_q^{M_2})_{4\times 4}$ 和 $(\mathrm{RMML}_q^{M_3})_{10\times 4}$。

为实现评价结果的加权集成，需要对多项技术、多种产品、市场成熟度评价指标（3 级评价指标体系）等赋予权重。本书采用层次分析法（AHP）确定权重，如对于 s 项技术，可由上述 k 位专家组成专家组，通过对两两技术间重要程度比较并采用 1～9 标度方法进行综合打分，可得到比较打分矩阵 $A_{s\times s}$，基于矩阵 A 利用最大特征根法或和法等可计算得到技术间指标的权重。

不妨设基于层次分析法可得到 s 项技术的权重向量为 w^{T}，n 种产品权重向量为 w^{p}，第 q 类市场二级评价指标权重向量为 $w_q^{M_2}$，三级评价指标权重向量为 $w_q^{M_3}$，产品、制造和市场成熟度三个指标的权重赋值分别为 w_1^{I}，w_2^{I} 和 w_3^{I}，其中 $w_1^{\mathrm{I}}+w_2^{\mathrm{I}}+w_3^{\mathrm{I}}=1$。

1. 产业的技术成熟度等级集成

基于多技术集成的产业技术成熟度等级隶属向量

$$\mathrm{RTRL}=w^{\mathrm{T}}\otimes\mathrm{RTRL}_{s\times 9}=\left(w_1^{\mathrm{T}},w_2^{\mathrm{T}},w_3^{\mathrm{T}}\right)\begin{bmatrix}\mathrm{RTRL}_1^1 & \mathrm{RTRL}_2^1 & \cdots & \mathrm{RTRL}_9^1\\ \mathrm{RTRL}_1^2 & \mathrm{RTRL}_2^2 & \cdots & \mathrm{RTRL}_9^2\\ \vdots & \vdots & & \vdots\\ \mathrm{RTRL}_1^s & \mathrm{RTRL}_2^s & \cdots & \mathrm{RTRL}_9^s\end{bmatrix}\tag{5-2}$$

根据隶属度最大原则，产业的技术成熟度等级

$$\mathrm{TRL}=\left\{i\,|\,\max(\mathrm{RTRL})\right\},\quad 1\leqslant i\leqslant 9\tag{5-3}$$

式中，$\otimes$ 为模糊综合评价合成算子，如取最小最大算子（$\wedge$，$\vee$）。

2. 制造成熟度等级集成

类似地，基于多产品的制造成熟度等级

$$\mathrm{MRL}=\left\{r\,|\,\max(w^{p}\otimes\mathrm{RMRL}_{n\times s})\right\},\quad 1\leqslant r\leqslant 10\tag{5-4}$$

市场成熟度等级集成。第 q 类市场成熟度三级评价指标的模糊等级隶属向量

$$\mathrm{RMML}^{q}=w_q^{M_2}\otimes(\mathrm{RMML}_q^{M_2})_{4\times 4}=w_q^{M_3}\otimes(\mathrm{RMML}_q^{M_3})_{10\times 4},\quad 1\leqslant q\leqslant m\tag{5-5}$$

则市场的成熟度评价的综合集成等级

$$\mathrm{MML}=\left\{p\,|\,\max(w^{\mathrm{M}}\otimes\mathrm{RMML})\right\}=\left\{p\,\middle|\,\max\left[(w_1^{\mathrm{M}},w_2^{\mathrm{M}},\cdots,w_m^{\mathrm{M}})\otimes\begin{bmatrix}\mathrm{RMML}^1\\ \mathrm{RMML}^2\\ \vdots\\ \mathrm{RMML}^m\end{bmatrix}\right]\right\}\tag{5-6}$$

式中，$1\leqslant p\leqslant 4$，为 q 类市场下所有待评估产品的权重之和。

产品成熟度等级集成。产品成熟度等级隶属向量：

$$\mathrm{RPRL}=\left(\frac{W_1^{\mathrm{I}}}{W_1^{\mathrm{I}}+W_2^{\mathrm{I}}},\frac{W_2^{\mathrm{I}}}{W_1^{\mathrm{I}}+W_2^{\mathrm{I}}}\right)\otimes\begin{bmatrix}\mathrm{RTRL}^5\\ \mathrm{RMRL}^5\end{bmatrix}\tag{5-7}$$

其中，RTRL^5 和 RMRL^5 是根据表 5-2 分别对技术成熟度 RTRL（9 级）和制造成熟度 RMRL（10 级）进行产品 5 等级的隶属合并，合并原则：根据式（5-2）中

算子的并运算，如最小最大算子（∧，∨）的合并运算为取大运算。根据最大隶属原则，产品成熟度等级

$$\mathrm{PRL} = \{i \mid \max(\mathrm{RPRL})\}，\ 1 \leqslant i \leqslant 5 \tag{5-8}$$

产业成熟度等级隶属向量

$$\mathrm{RIML} = \left(W_1^{\mathrm{I}} + W_2^{\mathrm{I}}, W_3^{\mathrm{I}}\right) \otimes \begin{pmatrix} \mathrm{RPRL}^4 \\ \mathrm{RMML} \end{pmatrix} \tag{5-9}$$

其中，RPRL^4是将 5 级产品成熟度 RPRL 的第 1 级和第 2 级等级合并后得到的，合并原则同上。则根据表 5-1 和表 5-3 的等级分类，待评估能源产业的成熟度等级

$$\mathrm{IML} = \{i \mid \max(\mathrm{RIML})\}，\ 1 \leqslant i \leqslant 4 \tag{5-10}$$

5.2 基于绿色低碳特征的产业成熟度评价方法

5.2.1 方法简介与适应范畴

基于绿色低碳特征的产业成熟度评价方法记为2.0版，是上述1.0版的升级版，是基于产业成熟度评价的基本理论与通用方法，在准确识别绿色低碳产业高质量发展的共性特征的基础上，结合新时期产业发展趋势、发展目标、重点任务和国际新环境，建立绿色低碳产业成熟度评价方法。由于我国绿色低碳新兴产业具有鲜明的行业特色，核心技术水平、制造能力与市场、产业规模等方面的发展成熟程度也存在明显的差异。因此，科学辨识绿色低碳产业成熟度水平有利于有效判断产业共性与差异性特征，进而为指导行业发展提供决策依据。

在整体上，产业成熟度理论研究框架已形成，评价要素涵盖了技术、产品（制造）和市场三个基本方面，适用于各领域新兴产业发展的战略分析与评价研究。然而，由于不同领域或产业间存在差异性，该基础研究框架缺乏关于领域特征和产业属性的分析以及对新时期国家战略需求、国际形势等方面的考虑。因此，建立通用的绿色低碳产业成熟度评价方法已成为亟待解决的问题。

基于绿色低碳特征的产业成熟度评价方法 2.0 版适用于绿色低碳领域具有一定发展基础的各细分产业，需要一定的产业数据支撑。

5.2.2 技术框架与评价方法

1. 技术框架

图 5-2 给出了基于绿色低碳特征的产业成熟度评价指标体系层次结构，分为产品、市场和绿色低碳特征三个评价子系统，由此体现对基于技术产品发展

的产业成熟度评价方法 1.0 版的扩展。其中，产品和市场评价体系采用了多技术、多产品和多市场的划分方法；绿色低碳特征成熟度是根据绿色低碳产业发展特征新增的指标，由产业清洁、产业高效、产业低碳和产业安全的多层评价指标体系构成。本书成熟度等级划分采用了表述成熟程度更为通用的语言描述，设计为成熟、较成熟、较不成熟和不成熟四个等级，更适宜于子层评价指标的等级划分与专家实际打分操作。

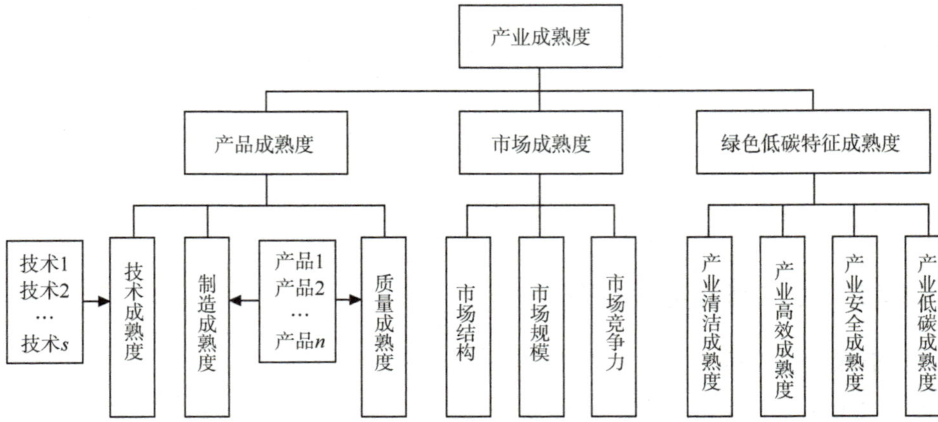

图 5-2 基于绿色低碳特征的产业成熟度评价指标体系

2. 评价方法

构建模型主要使用了综合权重与模糊综合评价方法。权重计算采用了层次分析与主观赋权相结合的综合权重方法。首先，产业内的技术专家和企业专家组成领域专家组对问卷进行打分，同时各位专家从专业角度出发，通过比较两两指标之间的重要程度，利用层次分析法计算出各指标的权重。其次，由产业专家团队从战略、宏观的角度对指标进行主观赋权。最后，基于层次分析权重和主观权重加权计算综合权重。

为了最大限度地利用每位权威专家的指标打分信息，本书引入模糊综合评价方法，即根据专家打分结果统计分布来确定评价指标的分级隶属程度。利用隶属矩阵与权重向量由下至上的多级合成来实现产业成熟度的综合评价。

5.2.3 指标体系构建与指标等级描述

1. 产品成熟度

产品成熟度（PRL）是对技术、制造和质量三方面成熟度评价结果的合成，不仅展现具体产品的成熟表现，还要考虑产业整体的技术和制造情况。

技术成熟度（TRL）是对技术研发程度的度量。根据美国国防部 9 级技术成熟度设定，将绿色低碳产业成熟度评价指标中的技术成熟度划分为 9 个级别。

制造成熟度（MRL）是衡量产业终端或中间环节的产品、设备或装备（含零部件）的制造能力。根据美国国防部 10 级制造成熟度设定，将绿色低碳产业成熟度评价指标中的制造成熟度划分为 10 个级别。

技术和制造成熟度等级与成熟度语言描述等级对应关系见表 5-5。

表 5-5　技术成熟度和制造成熟度等级集成规则

成熟度等级	技术成熟度等级	制造成熟度等级
不成熟	TRL1	MRL1
	TRL2	MRL2
	TRL3	MRL3
	TRL4	MRL4
	TRL5	MRL5
	TRL6	MRL6
较不成熟	TRL7	MRL7
		MRL8
较成熟	TRL8	MRL9
成熟	TRL9	MRL10

质量成熟度（quality maturity level，QML）是从品质功能、使用及售后服务等方面开展产品综合质量的评估。表 5-6 给出了质量成熟度评价指标，主要包括产品品质、产品使用可靠性和售后服务三个维度。

表 5-6　质量成熟度指标体系

指标名称	指标描述
产品品质	评估产品达到功能参数情况和产品合格率
产品使用可靠性	评价产品故障率、使用年限、使用稳定性等产品使用的综合表现
售后服务	维修、技术更新等售后服务质量

2. 市场成熟度

市场成熟度（MML）根据具有竞争关系的产品来划分子市场，以细分市场作为评价对象，综合衡量各个细分市场在规模、结构和竞争力方面的发展水平，具体指标体系见表 5-7。

表 5-7　细分市场成熟度指标体系

指标名称	子层指标	指标描述
市场结构	技术壁垒	产业核心产品市场技术壁垒的发展程度
	市场占有率	在同类竞争产品中的市场占有率及其增长情况
市场规模	收益规模	核心产品项目投资的发展阶段、收益规模及其稳定性
	从业人员规模	核心产品企业人员规模和稳定性
市场竞争力	国内市场竞争力	在国内同类市场上的竞争能力和稳定发展程度
	国际竞争力	国内市场与国外市场竞争能力和稳定发展程度

3. 绿色低碳特征成熟度

绿色低碳特征成熟度评价包括清洁、高效、低碳和安全四个维度。产业清洁成熟度（clean maturity level，CML）是从全产业链角度衡量产业绿色生产的发展情况，包括产业链前端装备清洁制造和后端装备废弃的全产业过程评估，具体评价指标体系见表 5-8。

表 5-8　产业清洁成熟度指标体系

指标名称	指标描述
产业前端资源开采环节的清洁程度	产业前端资源开采过程产生的环境污染物处置问题
核心装备制造环节的清洁程度	产业前端设备（装备）制造过程污染物排放和环境影响情况
产业生产运营环节的清洁程度	产业生产运营过程（含建设期）污染物排放和环境影响情况
设备报废环节的清洁程度	产业相关建筑、设备（装备）在报废环节对环境的影响情况
产业发展绿色贡献	综合衡量产业发展对新能源的使用、生态环境的改善和区域绿色经济的贡献作用

产业高效成熟度（effective maturity level，EML）是对产业生产、资源消耗等资源利用转化效率以及产业要素协同、产业体系效能的评价，具体评价指标体系见表 5-9。

表 5-9　产业高效成熟度指标体系

指标名称	指标描述
要素协同与产业体系效能	评估产业内金融、人才、科技等要素之间的协同机制以及产业体系协同创新的整体效能情况
生产效率	根据产业情况，评估主要产品的生产、利用或转化效率
产业资源消耗	根据产业情况，分析主要资源消耗效率

产业安全成熟度（security maturity level，SML）是对产业核心科技自主可控和产业链安全程度的综合度量，不仅包括了产业生产、供应安全和出口安全，还涵盖了科技创新与产业体系的广义安全概念，具体评价指标体系见表 5-10。

表 5-10　产业安全成熟度指标体系

指标名称	子层指标	指标描述
科技创新安全	核心自主创新能力	综合评价产业中核心技术的自主研发能力、自主可控程度、技术国际先进水平等自主创新能力与受制于人的程度
	自主科技创新生态环境	科技创新体制、人才激励和产权保护等创新生态环境建设情况
	创新成果转化能力	产业内创新性研究成果向现实成果转化的能力
产业链安全	生产运营安全	生产制造过程的安全性
	生产投入安全	生产原材料（基础材料、原料）、技术、专利、软件使用等的安全性和稳定性
	产业链核心控制力与进口依存度	产业链中核心设备（装备、软件等）进口依存度和对产业中制定生产与产品标准等的控制力与话语权
	产业链销售出口依存度	产业核心设备（装备）销售过程中对外依存度的大小

产业低碳成熟度（low carbon maturity level，LML）是基于产业链的全过程视角，对 CO_2 排放增量和减排贡献（减量）的综合评估，具体评价指标体系见表 5-11。

表 5-11　产业低碳成熟度指标体系

指标名称	子层指标	指标描述
碳排放量	生产运营碳排放量	描述能源生产利用或转换过程中的 CO_2 排放量
	产业链非运营碳增量	整个产业前端装备生产或建设过程中的 CO_2 产生量
碳减排贡献	产业碳减排量	研究期内产业对 CO_2 减排效果或替代化石能源的碳减排贡献（测算减排量）

5.2.4　产业成熟度评价集成过程

1. 绿色低碳产业成熟度评价框架与流程

1）评价模型应用设计

权重方面采用了层次分析法（AHP）+主观权重法的综合权重方法。首先，产业内的技术专家、市场专家等组成专家组对问卷进行打分，同时各位专家在微观的角度通过比较问卷中两两指标之间的重要程度，对指标进行打分，并利用层次分析法计算出各指标的权重。其次，由专家团队从宏观角度对问卷中特定的指标进行共同的主观赋权，得到特定指标的主观权重。最后，基于层次分析权重和主观权重计算了综合指标权重。

为了最大限度地利用和综合全部专家的指标打分信息，根据专家打分的结果分布确定了评价指标的分级隶属程度，通过等级隶属矩阵与指标的综合权重向量由下至上的多级集成，计算产业成熟度评价等级结果。

2）确定产业成熟度评价对象

产业成熟度评价确定内容包括定义产业对象、识别核心技术与关键产品、划分市场三方面。首先，根据绿色低碳产业分类，确定待评估细分产业，明确产业的范畴及研究期；其次，根据产业需要和发展现状确定产业的核心技术与产品（设备、装备或终端产品）；最后，根据产品的竞争关系，将具有竞争关系的相关产品划分为同一市场。

3）评价组织流程规范

基于评价具有可比性的原则，评价方法设计了统一规范的评价流程，包括：细分产业构建成熟度评价指标（子层指标）、组织领域专家评价指标与层次分析权重打分、邀请院士及资深专家对一级和二级指标赋主观权重、数据检验与统计分析及合理性论证和成熟度评价结果分析，详见图 5-3。

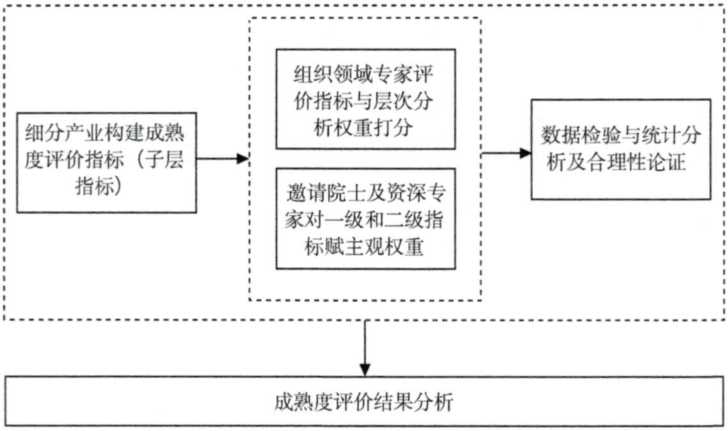

图 5-3　产业成熟度评价流程

2. 产业成熟度评价计算过程

1）层次分析指标权重的确定

专家打分，构造判断矩阵 $A_{n\times n}$。由 k 位产业专家组成的专家组采用 1～9 标度方法，通过对技术之间、产品之间或各层指标之间重要程度的比较打分，可得到判断矩阵 $A_{n\times n}$，这里 n 是判断矩阵中指标数量。

2）层次单排序

对任意判断矩阵 A，计算满足 $AW=\lambda_{\max}W$ 的特征根和特征向量，为简化计算，可利用算术平均法近似计算：

（1）求判断矩阵的列和并归一化：

$$b_{ij}=\frac{a_{ij}}{\sum_{i=1}^{n}a_{ij}},\quad j=1,2,\cdots,n \tag{5-11}$$

（2）对上述归一化的矩阵求行和：

$$H_i=\sum_{j=1}^{n}b_{ij},\quad i=1,2,\cdots,n \tag{5-12}$$

（3）对上述向量进行归一化得到：

$$W_i=\frac{H_i}{\sum_{i=1}^{n}H_i} \tag{5-13}$$

（4）判断矩阵的最大特征值：

$$\lambda_{\max}=\frac{1}{n}\sum_{i=1}^{n}\frac{(AW)_i}{W_i} \tag{5-14}$$

计算得到层次分析权重 $W_i=(w_1,w_2,\cdots,w_n)^{\mathrm{T}}$ 即为特征向量。

3）层次单排序的一致性检验

（1）计算一致性指标：

$$\mathrm{CI}=\frac{\lambda-n}{n-1} \tag{5-15}$$

（2）通过查表得到随机一致性指标 RI。

（3）计算一致性比率：

$$\mathrm{CR}=\frac{\mathrm{CI}}{\mathrm{RI}} \tag{5-16}$$

（4）判断：当 $\mathrm{CR}<0.1$ 时，认为判断矩阵的不一致程度在容许范围内，通过一致性检验。若未通过一致性检验，则需要重新调整判断矩阵。

3. 主观权重打分

由专家组从专业、宏观的角度对产品成熟度、市场成熟度和绿色低碳特征成熟度进行赋权，以及产品成熟度下的技术成熟度、制造成熟度、质量成熟度和绿色低碳特征成熟度下的产业安全成熟度、产业清洁成熟度、产业高效成熟度和产业低碳成熟度进行赋权。记产品成熟度（w_1^{λ}）、市场成熟度（w_2^{λ}）和绿色低碳特征成熟度（w_3^{λ}）的主观权重向量为

$$W^{1^*}=\left(w_1^{\lambda},w_2^{\lambda},w_3^{\lambda}\right) \tag{5-17}$$

技术成熟度（$w_1^{\lambda^{\mathrm{PRL}}}$）、制造成熟度（$w_2^{\lambda^{\mathrm{PRL}}}$）和质量成熟度（$w_3^{\lambda^{\mathrm{PRL}}}$）的主观权重向量为

$$W^{\mathrm{PRL}^*}=\left(w_1^{\lambda^{\mathrm{PRL}}},w_2^{\lambda^{\mathrm{PRL}}},w_3^{\lambda^{\mathrm{PRL}}}\right) \tag{5-18}$$

产业安全成熟度（$w_1^{\lambda^{\mathrm{QDML}}}$）、产业清洁成熟度（$w_2^{\lambda^{\mathrm{QDML}}}$）、产业高效成熟度（$w_3^{\lambda^{\mathrm{QDML}}}$）和产业低碳成熟度（$w_4^{\lambda^{\mathrm{QDML}}}$）的主观权重向量为

$$W^{\mathrm{QDML}^*}=\left(w_1^{\lambda^{\mathrm{QDML}}},w_2^{\lambda^{\mathrm{QDML}}},w_3^{\lambda^{\mathrm{QDML}}},w_4^{\lambda^{\mathrm{QDML}}}\right) \tag{5-19}$$

4. 指标权重综合

在层次分析权重计算和专家主观权重的基础上，根据式（5-13）将各指标的层次分析权重和专家主观权重进行合成，得到某指标的最终权重

$$W_i=\frac{w_i\cdot\lambda_i}{\sum\limits_{i=1}^{n}w_i\cdot\lambda_i},\quad i=1,2,\cdots,n \tag{5-20}$$

假设层次分析法计算出的产品成熟度、市场成熟度和绿色低碳特征成熟度的权重分别为w_1^1、w_2^1、w_3^1；技术成熟度、制造成熟度和质量成熟度的权重分别为w_1^{PRL}、w_2^{PRL}、w_3^{PRL}；产业安全成熟度、产业清洁成熟度、产业高效成熟度和产业低碳成熟度的权重分别为w_1^{QDML}、w_2^{QDML}、w_3^{QDML}、w_4^{QDML}。

根据式（5-20），产品成熟度最终权重（W_1^1）、市场成熟度最终权重（W_2^1）和绿色低碳特征成熟度最终权重（W_3^1）计算为

$$W_i^1=\frac{w_i^{\lambda}\cdot w_i^1}{\sum\limits_{i=1}^{3}\lambda_i^1\cdot w_i^1} \tag{5-21}$$

技术成熟度最终权重（W_1^{PRL}）、制造成熟度最终权重（W_2^{PRL}）和质量成熟度最终权重（W_3^{PRL}）计算为

$$W_i^{\mathrm{PRL}}=\frac{w_i^{\lambda^{\mathrm{PRL}}}\cdot w_i^{\mathrm{PRL}}}{\sum\limits_{i=1}^{3}\lambda_i^{\mathrm{PRL}}\cdot w_i^{\mathrm{PRL}}} \tag{5-22}$$

产业安全成熟度最终权重（W_1^{QDML}）、产业清洁成熟度最终权重（W_2^{QDML}）、产业高效成熟度最终权重（W_3^{QDML}）和产业低碳成熟度最终权重（W_4^{QDML}）的计算为

$$W_i^{\mathrm{QDML}} = \frac{w_i^{\lambda^{\mathrm{QDML}}} \cdot w_i^{\mathrm{QDML}}}{\sum_{i=1}^{4} \lambda_i^{\mathrm{QDML}} \cdot w_i^{\mathrm{QDML}}} \tag{5-23}$$

5. 隶属度矩阵的确定

以一种产品的制造成熟度隶属度矩阵为例。对于一种产品的制造成熟度由 g（$g \geqslant 10$）位产业专家组成的专家组对产品制造成熟度所属的等级（1～10 级）进行判断，根据所有专家的评价结果，利用式（5-2）计算出该产品的某等级的隶属程度

$$\mathrm{RMRL}_j = \mathrm{MRL}_j / g \tag{5-24}$$

其中，RMRL_j 为该产品制造成熟度的等级 j 的隶属程度，MRL_j 为选择该项等级的专家人数。

因此，假设有 N 种产品，则 N 种产品制造成熟度隶属矩阵

$$\mathrm{RMRL}_{N\times 10} = \begin{pmatrix} \mathrm{RMRL}_1^1 & \mathrm{RMRL}_2^1 & \cdots & \mathrm{RMRL}_{10}^1 \\ \mathrm{RMRL}_1^2 & \mathrm{RMRL}_2^2 & \cdots & \mathrm{RMRL}_{10}^2 \\ \vdots & \vdots & & \vdots \\ \mathrm{RMRL}_1^N & \mathrm{RMRL}_2^N & \cdots & \mathrm{RMRL}_{10}^N \end{pmatrix} \tag{5-25}$$

其中，RMRL_j^i 表示第 i 种产品的第 j 级制造成熟度的隶属程度。

类似地，可以得到技术成熟度的隶属矩阵为 $\mathrm{RTRL}_{s\times 9}$，质量成熟度的隶属矩阵为 $\mathrm{RQML}_{N\times r}$，第 n 种产品的市场成熟度的隶属矩阵为 RMML^q。

由于除技术成熟度和制造成熟度外，其余指标均为 4 级，因此，根据表 5-5 中等级合成方法，将技术成熟度和制造成熟度分别由 9 级和 10 级转换为 4 级，分别记为 RTRL^4 和 RMRL^4。

6. 产品成熟度等级集成

技术成熟度、制造成熟度的集成参照文献[3]中的集成方法进行计算。

1）技术成熟度等级

$$\mathrm{TRL} = \left\{ i \,\middle|\, \max_i \left(W^{\mathrm{T}} \otimes \mathrm{RTRL}_{s\times 9} \right) \right\} \tag{5-26}$$

其中，$W^{\mathrm{T}} = \left(w_1^{\mathrm{T}}, w_2^{\mathrm{T}}, \cdots, w_s^{\mathrm{T}} \right)$ 为 s 项技术的权重向量，i 为技术成熟度隶属等级且 $1 \leqslant i \leqslant 9$。

2）制造成熟度等级

$$\mathrm{MRL} = \left\{ r \,\middle|\, \max_r \left(W^{P} \otimes \mathrm{RMRL}_{n\times s} \right) \right\} \tag{5-27}$$

其中，$W^P=\left(w_1^P,w_2^P,\cdots,w_N^P\right)$为 N 种产品的权重向量，r 为产品制造成熟度的隶属度等级且$1\leqslant r\leqslant 10$，$\otimes$为模糊综合评价合成算子，这里取（∧，∨）。

3）多产品的质量成熟度等级

$$\mathrm{QML}=\left\{q\left|\max_q(W^P\otimes \mathrm{RQML}_{N\times r}\right.\right\} \tag{5-28}$$

其中，q 为质量成熟度的隶属等级且$1\leqslant q\leqslant 4$。

产品成熟度等级隶属向量

$$\mathrm{RPRL}=\left(W_1^{\mathrm{PRL}},W_2^{\mathrm{PRL}},W_3^{\mathrm{PRL}}\right)\otimes\begin{pmatrix}\mathrm{RTRL}^4\\ \mathrm{RMRL}^4\\ \mathrm{RQML}\end{pmatrix} \tag{5-29}$$

根据最大隶属度原则，产品成熟度等级

$$\mathrm{PRL}=\left\{f\left|\max_f\left(\mathrm{RPRL}\right)\right.\right\} \tag{5-30}$$

其中，f为产品成熟度隶属等级且$1\leqslant f\leqslant 4$。

7. 市场成熟度等级集成

多产品市场成熟度等级隶属向量

$$\begin{aligned}\mathrm{RMML}^q&=w_q^{M_2}\otimes\left(\mathrm{RMML}_q^{M_2}\right)_{4\times 4}\\&=w_q^{M_3}\otimes\left(\mathrm{RMML}_q^{M_3}\right)_{10\times 4},\quad 1\leqslant q\leqslant m\end{aligned} \tag{5-31}$$

多产品的市场成熟度等级计算参照文献[3]，市场成熟度等级

$$\mathrm{MML}=\left\{p\left|\max_p\left(w^M\otimes\mathrm{RMML}\right)\right.\right\} \tag{5-32}$$

其中，p 为市场成熟度隶属等级且$1\leqslant p\leqslant 4$。

8. 绿色低碳特征成熟度等级集成

1）产业清洁成熟度等级集成

根据产业安全成熟度等级集成计算方法，同理得到产业清洁成熟度等级为

$$\mathrm{CML}=\left\{b\left|\max_b\left(W^{\mathrm{CML}}\otimes\mathrm{RCML}\right)\right.\right\} \tag{5-33}$$

其中，$W^{\mathrm{CML}}=\left(w_1^{\mathrm{CML}},w_2^{\mathrm{CML}},\cdots,w_n^{\mathrm{CML}}\right)$为产业清洁成熟度下各指标的权重向量，RCML 为产业清洁成熟度各指标的隶属矩阵，b 为产业清洁成熟度的隶属等级且$1\leqslant b\leqslant 4$。

2）产业高效成熟度等级集成

同理得到产业高效成熟度等级

$$\mathrm{EML}=\left\{c\left|\max_{c}\left(W^{\mathrm{EML}}\otimes\mathrm{REML}\right)\right.\right\} \tag{5-34}$$

其中，$W^{\mathrm{EML}}=\left(w_1^{\mathrm{EML}},w_2^{\mathrm{EML}},\cdots,w_n^{\mathrm{EML}}\right)$为产业高效成熟度下各指标的权重向量，REML为产业高效成熟度各指标的隶属度矩阵，c 为产业高效成熟度的隶属等级且$1\leqslant c\leqslant 4$。

3）产业安全成熟度等级集成

产业安全成熟度等级隶属向量

$$\mathrm{RSML}=\left(W_1^{\mathrm{SML}},W_2^{\mathrm{SML}}\right)\otimes\begin{pmatrix}\mathrm{RSML}^1\\ \mathrm{RSML}^2\end{pmatrix} \tag{5-35}$$

其中，$W_i^{\mathrm{SML}}=\left(w_1^{\mathrm{SML}},w_2^{\mathrm{SML}},\cdots,w_n^{\mathrm{SML}}\right)$为产业安全成熟度下各指标的权重，$\begin{pmatrix}\mathrm{RSML}^1\\ \mathrm{RSML}^2\end{pmatrix}$为产业安全成熟度下指标的隶属度矩阵。

产业安全成熟度等级

$$\mathrm{SML}=\left\{a\left|\max_{a}(\mathrm{RSML})\right.\right\} \tag{5-36}$$

其中，a 为产业安全成熟度隶属等级且$1\leqslant a\leqslant 4$。

4）产业低碳成熟度等级集成

产业低碳成熟度等级

$$\mathrm{LML}=\left\{d\left|\max_{d}\left(W^{\mathrm{LML}}\otimes\mathrm{RLML}\right)\right.\right\} \tag{5-37}$$

其中，$W^{\mathrm{LML}}=\left(w_1^{\mathrm{LML}},w_2^{\mathrm{LML}},\cdots,w_n^{\mathrm{LML}}\right)$为产业低碳成熟度下各指标的权重向量，RLML 为产业低碳成熟度各指标的隶属度矩阵，d 为产业低碳成熟度的隶属等级且$1\leqslant d\leqslant 4$。

5）绿色低碳特征成熟度等级集成

类似于产品成熟度集成，绿色低碳特征成熟度等级隶属向量

$$\mathrm{RQDML}=\left(W_1^{\mathrm{QDML}},W_2^{\mathrm{QDML}},W_3^{\mathrm{QDML}},W_4^{\mathrm{QDML}}\right)\otimes\begin{pmatrix}\mathrm{RSML}\\ \mathrm{RCML}\\ \mathrm{REML}\\ \mathrm{RLML}\end{pmatrix} \tag{5-38}$$

绿色低碳特征成熟度等级

$$\mathrm{QDML}=\left\{e\left|\max_{e}\left(\mathrm{RQDML}\right)\right.\right\} \tag{5-39}$$

其中，e 为绿色低碳特征成熟度等级且$1\leqslant e\leqslant 4$。

9. 产业成熟度等级集成

产业成熟度隶属等级

$$\mathrm{RIML}=\left(W_1^1,W_2^1,W_3^3\right)\otimes\begin{pmatrix}\mathrm{RPRL}\\ \mathrm{RMML}\\ \mathrm{RQDML}\end{pmatrix} \tag{5-40}$$

待评估产业成熟度等级

$$\mathrm{IML}=\left\{h\middle|\max_h\left(\mathrm{RIML}\right)\right\} \tag{5-41}$$

其中，h 为产业成熟度隶属等级且$1\leqslant h\leqslant 4$。

5.3 基于数据驱动的产业成熟度评价方法

5.3.1 方法简介与适应范畴

成熟度评价方法 1.0 版首次将产业成熟度方法拓展应用到能源产业，基于多技术和多产品视角建立能源领域的产业成熟度评价指标体系。成熟度评价方法 2.0 版将成熟度方法应用于绿色低碳新兴产业，归纳了产业评价的基本理论和通用方法，运用层次分析法和模糊综合评价方法，建立了绿色低碳产业成熟度评价模型与指标体系。现提出产业成熟度评价方法 3.0 版，是在基于绿色低碳产业成熟度评价模型与指标体系的基础上，从可量化评价角度，对相关产业成熟度指标体系进一步完善，运用隶属函数对相关产业从产品、市场、高质量发展三个角度进行成熟度评价。

由于 3.0 版本的产业成熟度评价采用完全定量化的分析方法，需要较高维度的指标数据信息以及完整的产业链数据作为评价条件，所以基于数据驱动的产业成熟度评价方法 3.0 版适用于已经具备一定规模且数字化建设较成熟的产业，最好是全产业链环节都具有一定数量的上市公司。

5.3.2 技术框架与评价方法

1. 技术框架

在高质量发展的背景下，结合产业发展安全性、自主可控、军民融合等发展需求，以构建清洁高效、安全低碳、高质量发展的能源体系为目标，通过多轮专家讨论最终构建了基于数据驱动的产业成熟度评价方法 3.0 版，评价指标体系框架如图 5-4 所示。图中只给出了各产业通用的指标，可根据产业特点修订子层指标及评价标准（案例应用详见 6.3 节）。

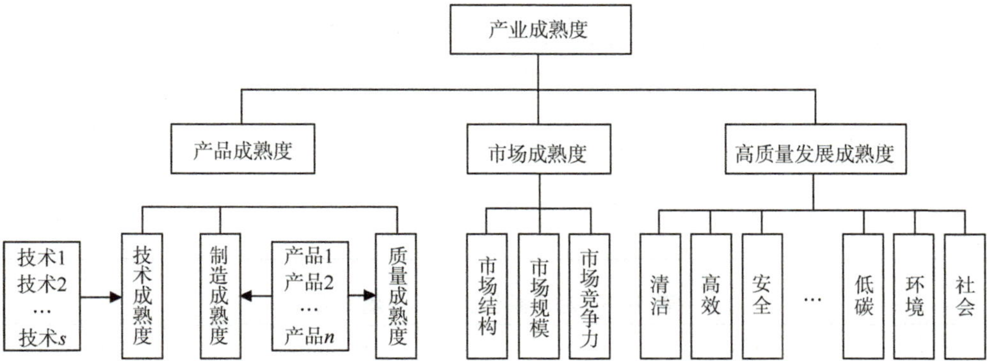

图 5-4　基于数据驱动的产业成熟度评价体系框架

2. 评价方法

产业成熟度评价是针对一个特定的产业，从多个维度和角度对其发展水平进行全面、科学、客观的评估。随着时间的推移和产业的发展，产业成熟度评价也在不断演变和完善。在产业初期，由于缺乏数据、经验和标准，评价方法多为主观性的述评、专家评判等方式，难以全面客观地评价产业的发展水平。这就是产业成熟度评价 1.0 版本的特点，虽然主观，但也为产业后续的发展打下了基础，形成了一定的经验和理论体系。产业成熟度评价 2.0 版本，随着产业数据的积累和评价方法的完善，更趋向于客观和科学。特别是在一些高科技和知识密集型产业中，数据的获取和分析变得更加方便，评价指标的选取和设计也更加精准与细致。产业成熟度评价 2.0 版本，除了综合考虑产品和市场等因素外，还加入了清洁、高效、安全、低碳等绿色低碳评价指标。产业成熟度评价 3.0 版本，随着数据采集、技术创新和评价方法的不断改进，产业成熟度评价更加科学和客观。产业成熟度评价 3.0 版本，在 2.0 版本绿色低碳特征指标的基础上增加了环境、社会等指标，形成了高质量发展成熟度评价指标，除了评价重点和评价指标的选择更加全面与精准，采用数据分析等科学手段对产业发展水平进行定量评估，提高了评价的可信度和准确性。

指标体系权重同 2.0 版本使用层次分析法进行赋权，同时成熟度综合评价方法也继续使用模糊综合评价法，这里不再展开论述。其中，可量化的指标采用模糊分布确定隶属函数，根据评价指标的特性以及搜集到的产业数据，选择符合客观实际的隶属函数，公式如表 5-12、表 5-13 所示，其中 a、b、c、d 分别为指标所对应的成熟、较成熟、较不成熟和不成熟标准值，确定方法可根据历史发展变化或专家经验评定，例如，令 m 为 2018 年、2019 年平均值，n 为 2017～2019 年年均增长率。

表 5-12　越大越优型指标隶属函数

标准值	成熟 a	较成熟 b	较不成熟 c	不成熟 d
隶属函数	$\begin{cases}0, & x\leqslant b\\ \dfrac{x-b}{a-b}, & b<x\leqslant a\\ 1, & x>a\end{cases}$	$\begin{cases}\dfrac{x-c}{b-c}, & c<x\leqslant b\\ \dfrac{a-x}{a-b}, & b<x\leqslant a\\ 0, & x\leqslant c 或 x>a\end{cases}$	$\begin{cases}\dfrac{b-x}{b-c}, & c<x\leqslant b\\ \dfrac{x-d}{c-d}, & d<x\leqslant c\\ 0, & x\leqslant d 或 x>b\end{cases}$	$\begin{cases}0, & x>c\\ \dfrac{c-x}{c-d}, & d<x\leqslant c\\ 1, & x\leqslant d\end{cases}$

表 5-13　越小越优型指标隶属函数

标准值	成熟 a	较成熟 b	较不成熟 c	不成熟 d
隶属函数	$\begin{cases}0, & x>b\\ \dfrac{b-x}{b-a}, & a<x\leqslant b\\ 1, & x\leqslant a\end{cases}$	$\begin{cases}\dfrac{c-x}{c-b}, & b<x\leqslant c\\ \dfrac{x-a}{b-a}, & a<x\leqslant b\\ 0, & x\leqslant a 或 x>c\end{cases}$	$\begin{cases}\dfrac{d-x}{d-c}, & c<x\leqslant d\\ \dfrac{x-b}{c-b}, & b<x\leqslant c\\ 0, & x\leqslant b 或 x>d\end{cases}$	$\begin{cases}0, & x\leqslant c\\ \dfrac{x-c}{d-c}, & c<x\leqslant d\\ 1, & x>d\end{cases}$

（1）越大越优型指标。令 a 为 $m-2n$、$m-n$、$m+n$、$m+2n$ 中的最大值，b 为 $m-2n$、$m-n$、$m+n$、$m+2n$ 中的第二大值，c 为 $m-2n$、$m-n$、$m+n$、$m+2n$ 中的第三大值，d 为 $m-2n$、$m-n$、$m+n$、$m+2n$ 中的最小值。

（2）越小越优型指标。令 d 为 $m-2n$、$m-n$、$m+n$、$m+2n$ 中的最大值，c 为 $m-2n$、$m-n$、$m+n$、$m+2n$ 中的第二大值，b 为 $m-2n$、$m-n$、$m+n$、$m+2n$ 中的第三大值，a 为 $m-2n$、$m-n$、$m+n$、$m+2n$ 中的最小值。

成熟度评价方法的使用需要注意时效性，一般针对年度对象开展绿色低碳产业成熟度的年度评价。基于数据驱动的产业成熟度评价方法 3.0 版是通过数量化方式识别我国绿色低碳产业年度发展的成熟度特征，是采用数据驱动建立的决策方法，其评价指标体系要有较好的可量化基础与可度量条件。而提升指标数据质量，重点是加强我国新兴产业数据库建设，需要国家和行业进行顶层设计。此外，由于当下绿色低碳产业发展需求和外部环境受能源政策与国际局势等影响较大，需要对产业成熟度评价指标与产业数据库采集标准等进行动态和差异性管理。针对上市公司数据易获取的特点，应建立自动化、流程化的数据采集机制，可以降低数据采集成本和提升数据采集效率。为保证产业评价的整体性和全面性，同时需要将我国绿色低碳领域相关非上市的核心企业也全部纳入到产业评价范畴，可通过大数据信息化技术来实现企业信息的自动采集、录入和统计，未来利用大数据、人工智能等技术，推进绿色低碳产业成熟度评价工作的客观化、自动追踪与智慧化发展，构建我国绿色低碳产业成熟度发展数据化平台。

5.3.3　指标体系构建与指标等级描述

随着经济的快速发展和产业的不断升级，推动产业向高质量发展已经成为经济和社会发展的必然趋势。产业成熟度评价方法 3.0，将环境、社会等方面的指标加入绿色低碳特征的指标评价基础之上，形成了更加全面和精准的高质量发展成熟度评价指标。基于数据驱动的产业成熟度评价体系，包括产品成熟度、市场成熟度和高质量发展成熟度三个方面，其中，产品成熟度评价标准包括技术成熟度、制造成熟度和质量成熟度三个维度。质量成熟度指标体系主要包括产品品质、产品使用可靠性和售后服务三个维度指标。具体见图 5-4 和表 5-6。市场成熟度评价标准则包括市场结构、市场规模和市场竞争力三个方面，其具体评价指标也已被规范化，并体现在表 5-7 中。高质量发展成熟度评价标准通过清洁、高效、安全、低碳、环境和社会等多个方面来综合评价产业的成熟度水平，旨在提升产业发展水平和未来可持续发展能力。

中国风电产业在过去十几年内发展迅速，并且成长过程中不断创新，积极拓展产业链，大力推进技术应用。据相关数据统计，截至 2022 年年底，中国并网风电总量已达到 3.65 亿 kW，同比增长 11.2%，连续 13 年居世界首位。鉴于风电产业的发展现状，符合 3.0 版产业成熟度评价方法的要求，下面以风电产业为研究对象来构建成熟度评价指标体系。

1. *产品成熟度*

1）技术成熟度

技术成熟度是风力发电设备成熟度的重要指标，由风轮与发电机组成的风机是风电发电设备的核心。计算过程如下所示，设总风能

$$E=\frac{1}{2}mV^2=\frac{1}{2}\rho V_{\mathrm{AT}}\times V^2=\frac{1}{2}\rho V^3 A\times T \tag{5-42}$$

其中，ρ 为空气密度，kg/m^3；V 为距离风机一定高度的上游风速，m/s；A 为风轮的扫风面积，m^2；T 为单位时间，s；V_{AT} 为单位时间内风流经的体积，与密度 ρ 相乘得到质量 m。利用动能公式可求解出总风能。

设风能功率

$$P=E/T=\frac{1}{2}\rho V^3 A \tag{5-43}$$

设实际风能功率

$$P_m=\frac{1}{2}C_p P=\frac{1}{4}C_p\rho V^3 A \tag{5-44}$$

式中，用总风能除以单位时间 T 求解得到风能功率。式（5-44）中引入风能利用

系数 C_p 得到实际风能功率。而其中 C_p=1–弃风率。伴随着风电上网而带来的消纳问题，弃风率成了制约风电产业发展的重要因素，弃风率的大小反映了风电上网技术的好坏，也影响到风能利用系数的高低。

综合上述公式可知，风机的塔架高度、叶片长度和转子直径等设备参数以及弃风率将对空气密度、上游风速、扫风面积和风能利用系数等指标产生影响，从而影响风机的实际风能功率。因此，以上指标可以用来反映风机发电的技术成熟程度。此外，容量系数也是用来评价风机可靠性的一项重要指标，利用公式 P/P_m 即实际发电量与理论最大发电量之间的比值可以得出容量系数。

2）产品参数

额定功率和额定风速是风力发电设备在最佳运行状态时的功率以及风速。额定功率与额定风速越大意味着理论发电量越大，其产品性能越好、技术越成熟，以此可以评价产品成熟度。

3）质量成熟度

时间可利用率、年度利用小时和设计使用寿命是用来反映风电机组质量成熟度的指标。这些指标的高低与风电机组本身质量成熟度密切相关。如果一台风电机组的时间可利用率高、年度利用小时长，且设计使用寿命能达到或超过预期，则说明该机组的生产和安装质量较高，稳定性能好，对应的质量成熟度较高；反之，如果上述指标较低，说明该机组可能存在生产和安装质量问题，其整体性能较差，对应的质量成熟度较低。风电产业产品成熟度评价体系如图 5-5 所示。

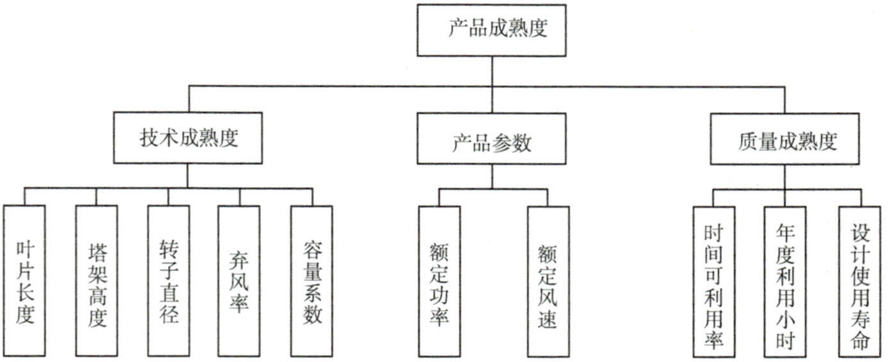

图 5-5　风电产业产品成熟度评价体系

2. 市场成熟度

1）市场结构

市场结构由年投资额、投资额增长率、营业收入增长率、总安装成本、平准化度电成本五个指标构成。年投资额反映了整个产业的资本投入情况和市场发展态势；投资额增长率反映了市场发展的速度和活力；营业收入增长率是指企业本年营业收入增加额对上年营业收入总额的比率，是评价企业成长状况和发展能力的重要指标；总安装成本由风力涡轮机价格和工厂间成本平衡的降低所推动；平准化度电成本（levelized cost of electricity，LCOE）即一个风电机组从建设到拆除的总花费平摊到整个生命周期的发电量上的过程。计算公式如下：

$$\text{LCOE}=\frac{\text{建设成本}-\text{折旧现值}\times\text{税率}+\text{运维成本现值}\times(1-\text{税率})-\text{残值现值}}{\text{发电量现值}}$$

由公式可知，平准化度电成本受总安装成本、寿命容量系数、项目的经济寿命周期和资本成本等因素影响，其中总安装成本下降和容量系数上升将带来平准化度电成本的下降。

2）市场规模

市场规模由年度新增装机容量、年度累计装机容量、年度发电量、总资产增长率和净资产增长率组成，其中风电产业的市场规模可以反映产业的发展状态。装机量和发电量是电力产业的重要评价指标，新增装机容量和累计装机容量分别表示装机量的总体变化和变化幅度，发电量则从发电口径角度展现了风电产业的规模。总资产增长率和净资产增长率反映了其生产规模和市场份额的增长情况。

3）市场竞争力

市场竞争力是评价一个行业或企业发展情况的重要因素，同样适用于风电产业。风电新增装机规模占全球新增装机容量比、进口国家集中度、出口国家数量比例、研发投入总额占营业收入比例、研发人员数量占公司总人数的比例、专利增长率、风电发电量占全部发电量比例、风电装机占全部发电装机比例和进口占比等因素都会影响风电产业的市场竞争力。风电新增装机规模占比越高，表示风电产业在全球范围内的增长速度越快，竞争力越强；进口国家集中度、出口国家数量比例和专利增长率都可以反映产业在国际市场上的地位和竞争力；研发投入总额和人员占比则反映产业在技术研发方面的成果与投入，能够影响产业在市场上的发展；风电发电量占全部发电量比例越高，意味着风电产业在新能源领域的发展优势越大，“风电大国”的地位就越巩固，也就越有利于增强竞争力；进口占比体现了产业在供应链上的竞争力，能反映采购策略和供应链战略是否有效，提高产业竞争力。风电产业市场成熟度评价体系如图 5-6 所示。

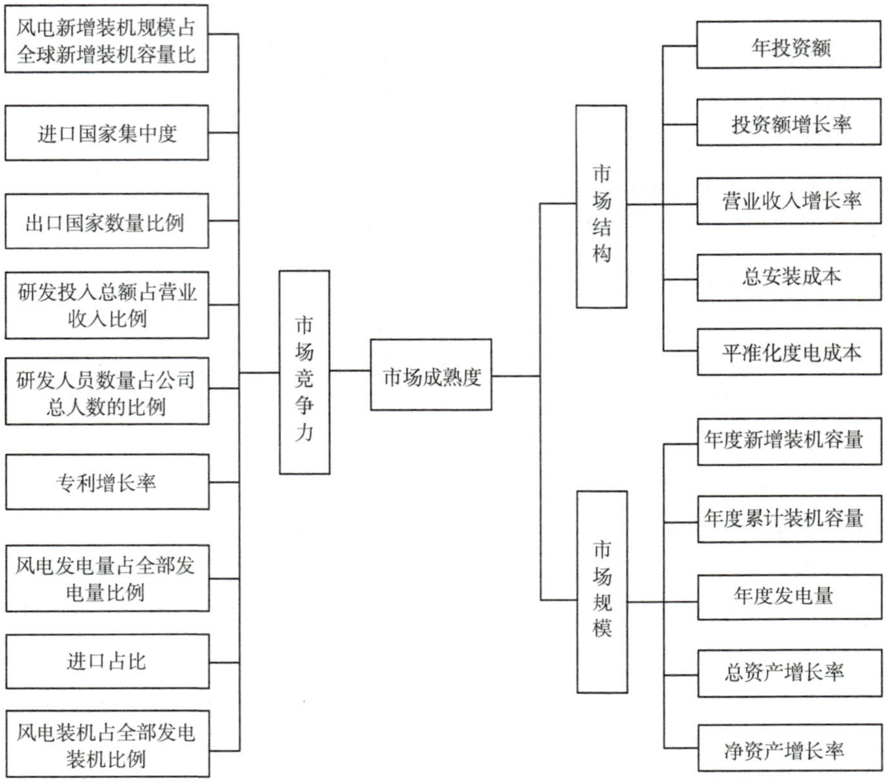

图 5-6　风电产业市场成熟度评价体系

3. 高质量发展成熟度

1）环境高质量发展维度

环境治理直接关系到人民群众的民生福祉和健康，保障环境质量对于推动高质量发展有着基础性的作用。在环境维度方面选择土地占用、空间利用、CO_2 减排量、煤耗替代和电磁辐射这五个指标来衡量。土地占用选取风力发电设备的占地面积作为评价指标，以单位风机占地面积为衡量标准。其次，CO_2 减排量和煤耗替代反映了风电产业对环境的贡献度，CO_2 减排量广义上是指将风力发电量等量置换成煤炭发电时，向外界排放的所有污染物和温室气体的质量；煤耗替代是指替代一次能源等值发电量所消耗的化石资源总量统一折合成的标准煤消耗量。风电产业的辐射主要是电磁辐射，电磁辐射是在风电产生过程中不可避免泄漏到空气中的电磁能量流，其辐射量的高低能反映对环境的影响。

2）社会高质量发展维度

高质量发展即经济快速增长的同时，质量和效益也同步提升，而这些都需要建立在社会稳定的基础之上。社会对于高质量发展的推动、监督和评估都具有不可忽视的重要作用。在社会维度方面，选择就业率、利税额增长率、风电事故率这三个指标来加以衡量。其中就业率反映了风电产业为社会输出就业岗位的能力，也反映了产业对于社会的贡献程度；利税额增长率不仅反映了利税额的变化，还反映了国家风电政策的效度以及企业的管理和创新能力，有利于制定和优化风电产业发展政策，促进风电产业的更进一步发展；风电事故率则是通过查找国家能源局每月公布的事故通报，并在通报中找出风电相关的事故，累计每年的事故数量，将其与设备年使用时长相除，从而得到风电事故率，进而反映风电产业的风险。风电产业高质量发展成熟度评价体系如图 5-7 所示。

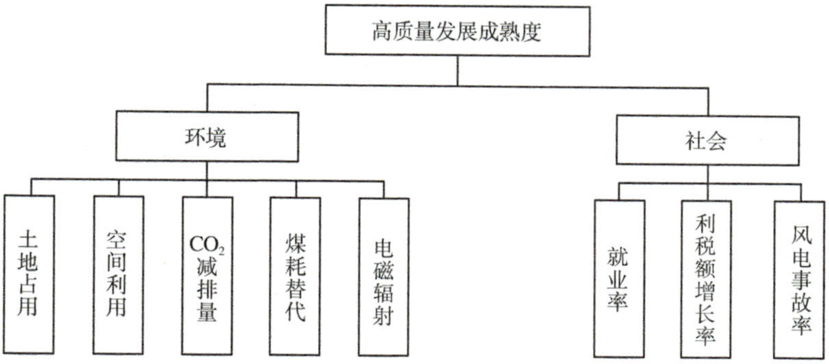

图 5-7　风电产业高质量发展成熟度评价体系

5.3.4　产业成熟度评价集成过程

基于数据驱动的产业成熟度评价方法 3.0 版延续采用了层次分析法和模糊综合评价法相结合的方法，具体流程如图 5-8 所示。

1. 专家打分，构造判断矩阵

采用 1～9 标度法，由 k 位（$k\geqslant10$）领域专家组成的专家组根据自身经验，对指标之间的重要程度进行比较打分，可得到判断矩阵 $A_{n\times n}$。

2. 层次单排序和权重计算

对任意判断矩阵 A，计算满足 $AW=\lambda_{\max}W$ 的特征根和特征向量，则最大特征值对应的特征向量 $W_i=(w_1, w_2, \cdots, w_n)^{\mathrm{T}}$，即为层次分析权重。为避免矩阵逻辑性错误，需进行一致性检验，当 CR＜0.1 时，可以认为矩阵结构有相对满意的一致性，否则就需要调整判断矩阵的指标取值。随机一致性 RI 表如表 5-14 所示。

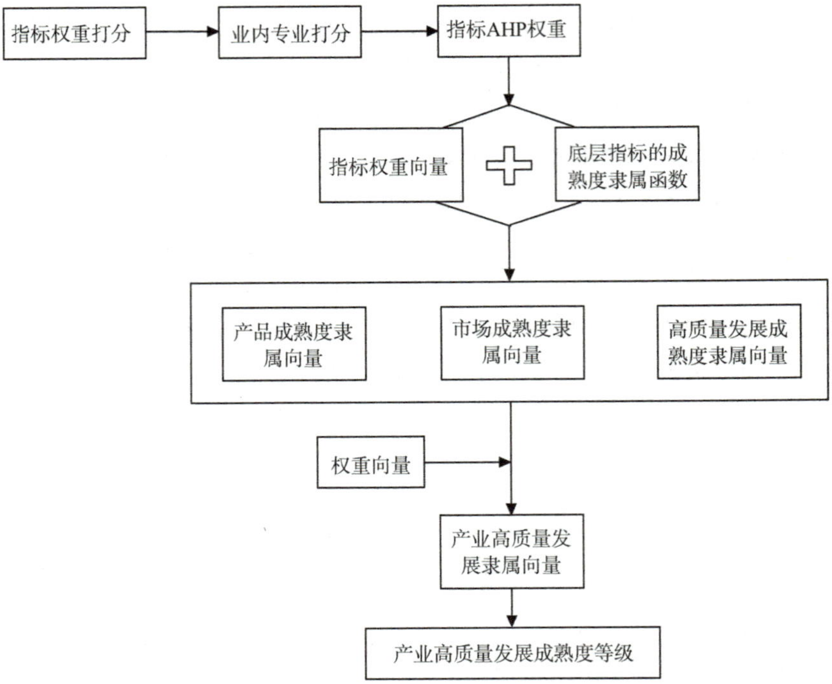

图 5-8　高质量发展成熟度评价合成流程

表 5-14　随机一致性 RI 表

n 阶	RI 值	n 阶	RI 值
1	0.00	5	1.12
2	0.00	6	1.26
3	0.52	7	1.36
4	0.89	8	1.41

3. 模糊评价指标集和评语集

将模糊评价指标集合 U 分为 N 类，即 $U=\{U_1, U_2, \cdots, U_N\}$。设 $U_t=(u_1, u_2,\cdots, u_n)$ 表示第 t 类且包含 n 个子指标，每个子指标取值于一个成熟度评语集 $V=(v_1, v_2, \cdots, v_m)$。本书设定 $m=4$，成熟度分级评语依次为成熟、较成熟、较不成熟、不成熟。

4. 评估因素隶属函数

采用模糊分布确定隶属函数，根据评价指标的特性以及搜集到的产业数据，选择符合客观实际的隶属函数，计算得出隶属度矩阵表。隶属函数分级标准如表 5-15 所示。

表 5-15　隶属函数分级标准

标准值	成熟	较成熟	较不成熟	不成熟
越大越优型指标隶属函数	$\begin{cases}0, & x\leqslant b\\ \dfrac{x-b}{a-b}, & b<x\leqslant a\\ 1, & x>a\end{cases}$	$\begin{cases}\dfrac{x-c}{b-c}, & c<x\leqslant b\\ \dfrac{a-x}{a-b}, & b<x\leqslant a\\ 0, & x\leqslant c或x>a\end{cases}$	$\begin{cases}\dfrac{b-x}{b-c}, & c<x\leqslant b\\ \dfrac{x-d}{c-d}, & d<x\leqslant c\\ 1, & x\leqslant d或x>b\end{cases}$	$\begin{cases}0, & x>c\\ \dfrac{c-x}{c-d}, & d<x\leqslant c\\ 1, & x\leqslant d\end{cases}$
越小越优型指标隶属函数	$\begin{cases}0, & x>b\\ \dfrac{b-x}{b-a}, & a<x\leqslant b\\ 1, & x\leqslant a\end{cases}$	$\begin{cases}\dfrac{c-x}{c-b}, & b<x\leqslant c\\ \dfrac{x-a}{b-a}, & a<x\leqslant b\\ 0, & x\leqslant a或x>c\end{cases}$	$\begin{cases}\dfrac{d-x}{d-c}, & c<x\leqslant d\\ \dfrac{x-b}{c-b}, & b<x\leqslant c\\ 0, & x\leqslant b或x>d\end{cases}$	$\begin{cases}0, & x\leqslant c\\ \dfrac{x-c}{d-c}, & c<x\leqslant d\\ 1, & x>d\end{cases}$

通过隶属函数生成模糊评估矩阵，基于指标类别 U_t 建立评估矩阵

$$R_t=\begin{bmatrix} r_{11} & \cdots & r_{1m} \\ \vdots & & \vdots \\ r_{n1} & \cdots & r_{nm} \end{bmatrix}$$

5. 成熟度综合评价分析

通过评价因子隶属矩阵 R_t 与各因子所对应的权重 W_i 进行模糊合成运算，得出模糊综合评判矩阵

$$B=W_i^{\mathrm{T}}\times R_t$$

根据最大隶属度原则，选择模糊评判矩阵中最大值作为模糊评价等级。高质量发展成熟度评价合成流程如图 5-8 所示。

参 考 文 献

[1] 彭苏萍，等. 能源新技术战略性新兴产业发展重大行动计划研究[M]. 北京：科学出版社，2019.

[2] 王礼恒，屠海令，王崑声，等. 产业成熟度评价方法研究与实践[J]. 中国工程科学，2016，18（4）：9-17.

[3] 孙旭东，张博，葛宏志. 能源产业成熟度评价方法理论研究[J]. 中国矿业，2017，26（10）：65-69.

第 6 章　我国典型绿色低碳产业成熟度评价应用

6.1　我国页岩气产业成熟度评价——方法 1.0 版应用

1. 页岩气产业简介与评价设计

以美国为代表的页岩气革命，已经形成了以水平井分段压裂技术为核心的技术体系，实现了美国天然气产量自给，并正在深刻地改变着世界能源格局。目前，我国已经成为世界第三个实现页岩气商业开发的国家，页岩气产量快速增长。截至 2021 年底，我国页岩气累计探明地质储量超过 2 万亿 m^3，页岩气产量为 230 亿 m^3。已经初步形成海相页岩气“甜点”预测技术、3500m 以浅水平井分段压裂技术、山地井工厂开发技术。基于该领域专家对页岩气产业的分析，确定了产业的主要产品和关键技术[1]。

2. 页岩气产业的产品成熟度评价

页岩气产业的技术成熟度评价综合结果为 TRL9，其中水平井分段压裂技术和页岩气井工厂开发技术已经成熟并达到最高级，具体情况见表 6-1。

表 6-1　页岩气产业技术成熟度评价结果

分类	权重	TRL 等级
页岩气“甜点”预测技术	0.26	TRL8
水平井分段压裂技术	0.41	TRL9
页岩气井工厂开发技术	0.33	TRL9
技术成熟度		TRL9

页岩气产业的制造成熟度评价结果为 MRL7，得到产品成熟度的综合评价为 PRL4，产品进入大规模示范产品阶段，具体情况见表 6-2。

表 6-2　页岩气产业产品成熟度评价集成结果

分类	权重	成熟度等级
技术成熟度	0.33	TRL9
制造成熟度	0.67	MRL7
产品成熟度		PRL4

3. 页岩气产业的市场成熟度评价

根据页岩气产业的市场成熟度评价指标权重可知，产业中商品竞争力的商业化能力是影响市场成熟的最重要指标。根据专家评估，市场接受度和进入壁垒是产业成熟度等级最高的指标（表 6-3）。从等级分布上看，市场成熟度在 MML2 产品导入与市场形成阶段隶属度最大，而 MML3 市场确立与发展阶段的隶属程度也较大，说明新产品已被市场接受并逐步进入发展阶段。

表 6-3　页岩气产业市场成熟度指标权重与评价结果

评价指标	二级指标权重	三级指标权重	MML 等级
市场环境：	0.33		MML4
市场接受度		0.25	MML4
工业供应链		0.25	MML2
环境规范度		0.5	MML3
市场结构：	0.17		MML3
市场占有率		0.25	MML3
产业集中度		0.25	MML2
进入壁垒		0.5	MML4
市场规模：	0.17		MML2
市场收益		0.5	MML3
从业人数		0.5	MML2
商品竞争力：	0.33		MML2
竞争优势		0.33	MML3
商业化能力		0.67	MML2

4. 页岩气产业成熟度评价与分析

页岩气产业成熟度综合评价结果为培育阶段，其中市场为产品导入与市场形成阶段，传统的天然气市场成熟，为页岩气产业发展奠定了基础。此外，其关键技术基本达到了最高成熟度等级 9 级，制造成熟度达到了 7 级，具备了产业培养发展的条件。

5. 基于技术产品发展的产业成熟度评价方法发展建议

基于技术产品发展的产业成熟度评价方法，具有多技术和多产品视角的特点，不仅考虑了技术因素，更重视了产品的差异性和产业的商业化转型，在产业战略研究中的应用具有重要意义，为了推进基于技术产品发展的产业成熟度评价方法在战略研究中的应用，建议如下。

（1）加强专家判断和建立专业机构。专家的判别力和经验是评价产业成熟度的关键因素之一。因此，在评价工作中应该加强专家的参与和指导，建立专业机构和专业队伍，形成完善的评价体系。同时，应根据产业的不同发展阶段，制定评价标准和流程，形成具有较高公信力的评价结果。这样可以提高评价的权威性和可操作性，更好地指导产业的高质量发展。

（2）强化区域差异化的评价指标和方法研究。能源产业的发展受到区域和市场的影响较大，能源类型和能源利用方式也存在差异。因此，在进行评价时需要考虑不同区域和市场的特点，建立区域差异化的评价指标和方法体系，更加精准地评估产业成熟度和发展潜力。

（3）探索多元化的评价视角和方法。传统的产业成熟度评价主要基于单一的技术视角或产品视角，未来的发展应该加强对多元化视角的探索和研究。可以考虑基于产业链角度的评价方法、基于市场竞争力角度的评价方法等，从多个角度全面评估产业成熟度。

6.2　我国生物质热电联产产业成熟度评价——方法 2.0 版应用

6.2.1　生物质热电联产产业简介与评价设计

生物质热电联产是以生物质为燃料，通过直接燃烧、与煤混合燃烧和气化燃烧的方式同时产生电力和有用热量的过程。热电联产通常是将发电过程中产生的余热用于供热。单纯的生物质发电技术已形成产业化规模，但是发电过程中产生的余热无法被有效利用。在我国，单纯的生物质发电项目已不被支持，生物质热电联产成为重点支持的发展方向，主要是在原来的生物质纯发电系统上增加余热回收系统，提高生物质能利用效率。

生物质热电联产涉及的主要技术依然是生物质直接燃烧、与煤混合燃烧和气化燃烧。生物质直接燃烧发电技术已实现市场化运行，成熟度较高，在此不做评估。生物质与煤混合燃烧发电技术包括直接混合燃烧、生物质气化后与煤的间接混合燃烧、生物质与煤的并联混合燃烧，其中直接混合燃烧成熟度较高，在此不作评估，并联混合燃烧推广程度不高，生物质气化后与煤的间接混合燃烧作为一种较为先进的技术，可作为评估对象。生物质气化燃烧发电技术作为生物质清洁利用最为有效的一种方式，具有较好的产业化发展前景，值得评估。

通过向专家咨询，确定生物质热电联产产业中的四项关键技术（生物质气化技术、生物质燃气净化技术、生物质气化气与煤混燃技术、热电联产技术）和三种核心产品（生物质气化集成设备、生物质气化气与煤混燃集成设备、低热值生物质燃气发电机组）[2]。建立了适用于生物质热电联产产业的绿色低碳特征成熟度评价指标体系，见表 6-4。

表 6-4　生物质热电联产产业绿色低碳特征成熟度评价指标体系

二级指标	子层指标	指标描述
产业清洁成熟度	产业前端清洁程度	生物质收集对空气质量的影响
	核心装备制造环节清洁程度	废水排放量
		废气排放量
		固体废弃物排放量
	产业生产运营环节清洁程度	生物质热电联产运营对空气质量的影响
	设备报废环节清洁程度	报废回收利用率
	产业发展绿色贡献	新能源发展贡献
		生态环境改善
		区域绿色经济
产业高效成熟度	要素协同与产业体系效能	产业体系效能
		产业要素协同性
	生产效率	发电率
		余热利用率
	产业资源消耗	综合能源消耗量
		水资源消耗量
		土地资源占用
产业安全成熟度	科技创新安全	核心自主创新能力
		自主科技创新生态环境
		创新成果转化能力
	产业链安全	生产运营安全
		生产投入安全

续表

二级指标	子层指标	指标描述
产业安全成熟度	产业链安全	产业链核心控制力与进口依存度
		产业链销售出口依存度
产业低碳成熟度	碳排放量	生产运营碳排放量
		产业链非运营碳增量
	碳减排贡献	产业链碳减排量

6.2.2 生物质热电联产产业的产品成熟度评价

表 6-5 给出四项技术的成熟度等级，其中，生物质气化技术和热电联产技术为 TRL9，生物质燃气净化技术和生物质气化气与煤混燃技术为 TRL7。

表 6-5　生物质热电联产产业主要产品的技术成熟度评价结果

名称	TRL 等级
生物质气化技术	TRL9
生物质燃气净化技术	TRL7
生物质气化气与煤混燃技术	TRL7
热电联产技术	TRL9

制造方面，主要产品的制造成熟度评价结果如表 6-6 所示，其中生物质气化气与煤混燃集成设备和低热值生物质燃气发电机组的制造成熟度达到了 MRL9，而生物质气化集成设备制造成熟度相对滞后，等级为 MRL7。

表 6-6　生物质热电联产产业主要产品的制造成熟度评价结果

名称	MRL 等级
生物质气化集成设备	MRL7
生物质气化气与煤混燃集成设备	MRL9
低热值生物质燃气发电机组	MRL9

产品质量方面，主要产品的质量成熟度评价结果见表 6-7，评价发现三类产品质量成熟度的评价等级均为 QML2。

表 6-7　生物质热电联产产业主要产品的质量成熟度评价结果

名称	QML 等级
生物质气化集成设备	QML2

续表

名称	QML 等级
生物质气化气与煤混燃集成设备	QML2
低热值生物质燃气发电机组	QML2

综合技术成熟度、制造成熟度和质量成熟度的评价结果，对产品成熟度进行加权集成，具体情况如表 6-8 所示。其中，技术成熟度为 TRL9，制造成熟度为 MRL9，质量成熟度为 QML2。

表 6-8　生物质热电联产产业产品成熟度集成结果

分类	对应的 PRL 等级
技术成熟度	TRL9
制造成熟度	MRL9
质量成熟度	QML2

根据图 6-1，得到产业的产品成熟度综合评价等级为 PRL3。说明产业中产品已经处于较成熟的阶段。

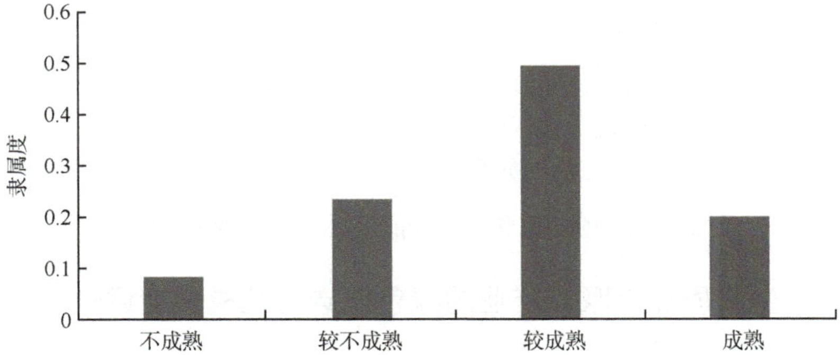

图 6-1　生物质热电联产产业产品成熟度等级评价隶属结果

6.2.3　生物质热电联产产业的市场成熟度评价

根据表 6-9，各产品市场成熟度的指标隶属度等级集中在 MML2，没有指标隶属度等级达到 MML4 的产品。从整体来看，市场成熟度的最大隶属等级为 MML2（图 6-2），结合各产品综合市场，目前生物质热电联产相关的产品市场处于市场确立的初期，竞争力和市场规模均有较大的提升和发展空间。

表 6-9　生物质热电联产产业市场成熟度评价结果

评价指标	生物质气化集成设备	生物质气化气与煤混燃集成设备	低热值生物质燃气发电机组
市场结构	MML2	MML2	MML2
技术壁垒	MML2	MML1/MML2	MML3
市场占有率	MML2	MML2	MML2
市场规模	MML2	MML2	MML2
收益规模	MML2	MML2	MML2
从业人员规模	MML2	MML1	MML2
市场竞争力	MML2	MML2	MML2
国内市场竞争力	MML2	MML2	MML2
国际竞争力	MML2	MML1	MML2

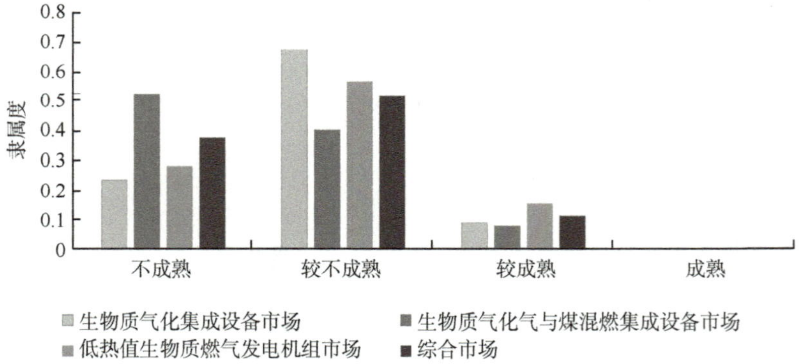

图 6-2　生物质热电联产产业市场成熟度评价的隶属程度

6.2.4　生物质热电联产产业的绿色低碳特征成熟度评价

生物质热电联产产业绿色低碳特征成熟度具体评价结果见图 6-3。

生物质热电联产产业的安全成熟度整体处于较成熟阶段，说明我国热电联产产业自主创新能力提升迅速，产业链趋于成熟，产业的核心控制力增加明显。

生物质热电联产产业的清洁成熟度处于产业发展较成熟阶段，除了排放环节外生物质热电联产产业各环节技术的清洁程度都较高。

生物质热电联产产业的高效成熟度隶属等级为较成熟，生物质热电联产产业体系规范程度和生产效率还需进一步提升。

生物质热电联产产业的低碳成熟度隶属等级为较成熟，生物质能源作为可再生能源，从生命周期来看是零碳排放能源，但由于规模体量的问题，生物质热电

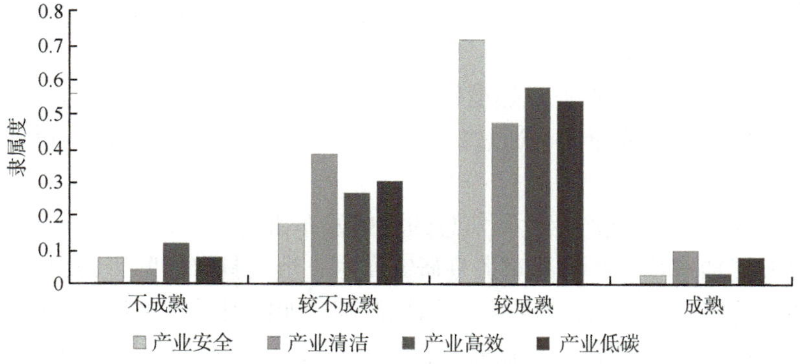

图 6-3　生物质热电联产产业绿色低碳特征成熟度评价的隶属程度

联产产业对能源产业低碳发展的促进作用尚不显著。

6.2.5　生物质热电联产产业成熟度评价与分析

从综合结果来看，生物质热电联产产业成熟度隶属等级为较成熟，其中技术、制造和绿色低碳特征均处于产业发展的较成熟阶段，但市场发展还处于较不成熟阶段，生物质热电联产市场发展滞后于工程科技发展（图 6-4）。

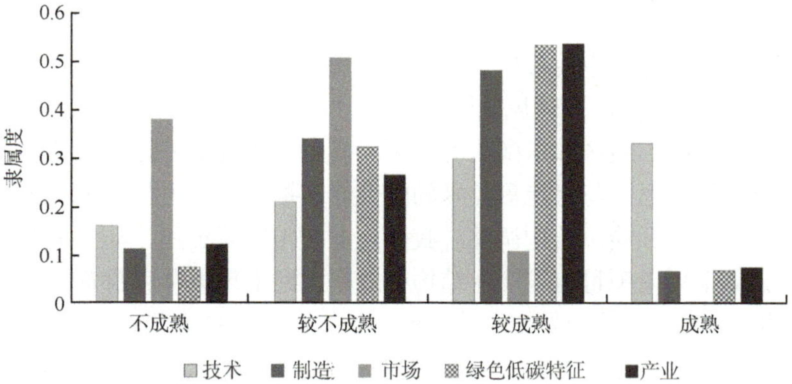

图 6-4　生物质热电联产产业成熟度评价结果

6.2.6　基于绿色低碳特征的产业成熟度评价方法发展建议

本节所阐述的绿色低碳产业成熟度评估方法，是在识别绿色低碳产业发展特征的基础上，对高质量发展成熟度指标体系进行了扩展，其评估基本上包括了 1.0 版本的评估内容，同时提出了更高的定量化评估要求。该研究模型适用于绿色低碳领域的各个细分产业，以及其他领域的新兴行业。为了促进绿色低碳产业成熟度评估方法在战略研究中的应用，有必要进一步完善评估体系，并开展评价机构与产业数据库的建设工作。

（1）建立绿色低碳产业成熟度年度评价机制。推动产业成熟度方法在咨询项目和产业报告中的实践应用，通过成熟度方法识别我国绿色低碳产业年度发展的数据化特征。

（2）组建绿色低碳产业发展信息的权威发布机构。在能源、节能环保和新能源汽车等领域加速培育一批战略咨询研究专家，形成具有国际影响力和产业评估权威性的研究团队或机构，实现我国绿色低碳产业的科学自主评价。

（3）加强我国新兴产业数据库建设和产业客观评价。根据产业发展需求和外部环境的变化，对我国新兴产业成熟度评价指标体系与产业数据库进行动态管理。应建立智能化的数据采集机制，将我国绿色低碳领域相关企业全部纳入到产业范畴，通过大数据信息化技术来实现企业信息的自动采集和统计，减少产业主观评价信息，推进以企业实际数据为基础的客观评价体系建设。

6.3　我国风力发电产业成熟度评价——方法 3.0 版应用

6.3.1　风力发电产业简介与评价设计

风电作为现今全球应用最广泛和发展最快的新能源发电技术，已在全球范围内实现大规模开发应用。我国风能资源丰富，可开发利用的风能储量约 10 亿 kW，主要分布于“三北”地区和东南沿海地区。其中，东南沿海地区近几年在大力发展海上风电，海上风电与氢能等技术的配合使用推动了风电技术进一步发展，进而促进了产业升级和能源结构调整。我国风电技术发展迅速，陆上风电与海上风电相结合，陆上风电项目追求产业结构和效率，海上风电项目投资不断加大，对于大气污染治理、地方能源发展结构调整和地方经济发展方式转变具有指导意义。

依据产业成熟度评价方法 3.0 版，对我国 2019 年的风电产业成熟度进行了评估。通过征询专家意见，选取了风电产业成熟度的评估指标，并构建了相应的风电产业成熟度评价指标体系，详细情况见表 6-10。

表 6-10　风电产业成熟度评价指标体系

一级指标	二级指标	三级指标
产品成熟度	技术成熟度	叶片长度
		塔架高度
		转子直径

续表

一级指标	二级指标	三级指标
产品成熟度	技术成熟度	弃风率
		容量系数
	产品参数	额定功率
		额定风速
	质量成熟度	时间可利用率
		年度利用小时
		设计使用寿命
市场成熟度	市场结构	年投资额
		投资额增长率
		营业收入增长率
		总安装成本
		平准化度电成本
	市场规模	年度新增装机容量
		年度累计装机容量
		年度发电量
		总资产增长率
		净资产增长率
	市场竞争力	风电新增装机规模占全球新增装机容量比
		进口国家集中度
		出口国家数量比例
		研发投入总额占营业收入比例
		研发人员数量占公司总人数的比例
		专利增长率
		风电发电量占全部发电量比例
		风电装机占全部发电装机比例
		进口占比
高质量发展成熟度	环境	土地占用
		空间利用
		CO_2减排量
		煤耗替代
		电磁辐射

续表

一级指标	二级指标	三级指标
高质量发展成熟度	社会	就业率
		利税额增长率
		风电事故率

6.3.2　风力发电产业发展现状与数据来源

本书所依据的数据主要源自国际可再生能源署（IRENA）和国际能源署（IEA）发布的可再生能源相关报告，以及国家能源局、中国电力企业联合会（中电联）、中国海关等官方机构的网站，还包括上市公司的年度报告。经过对搜集到的数据进行细致的整理和分析，获得了初步的指标数据，并通过综合计算处理，形成了本书的基础数据集。关于我国风力发电产业在2017～2019年的各项指标情况，详见图6-5。

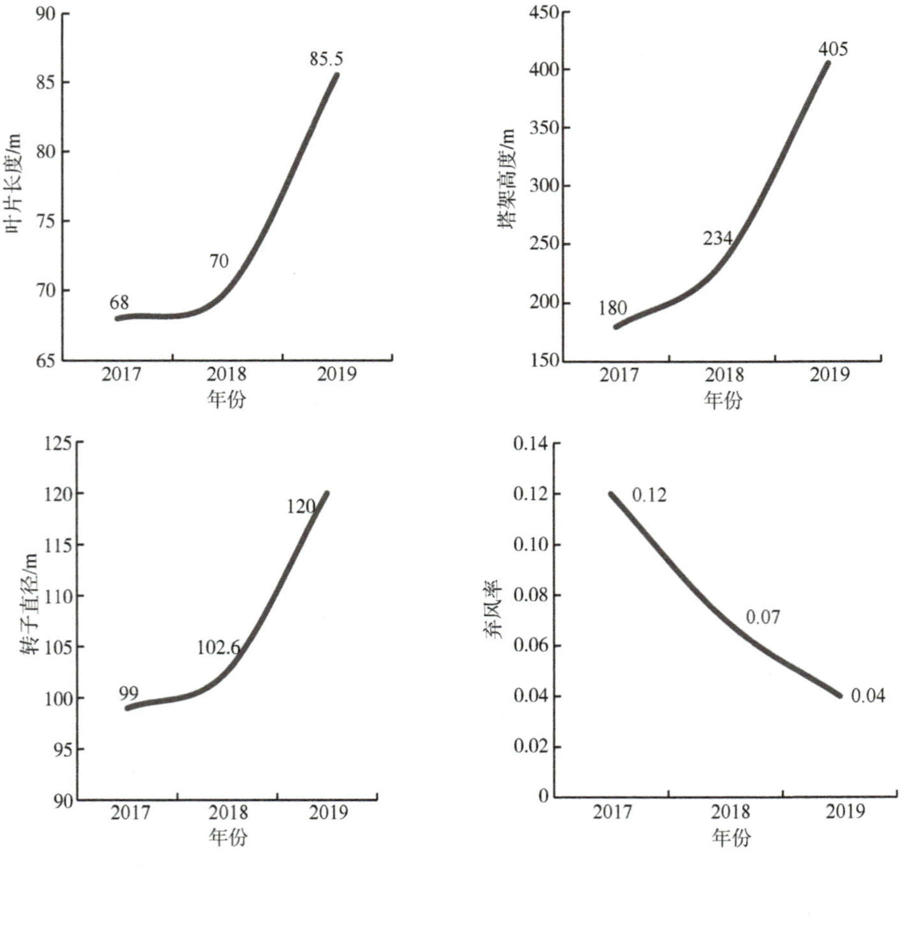

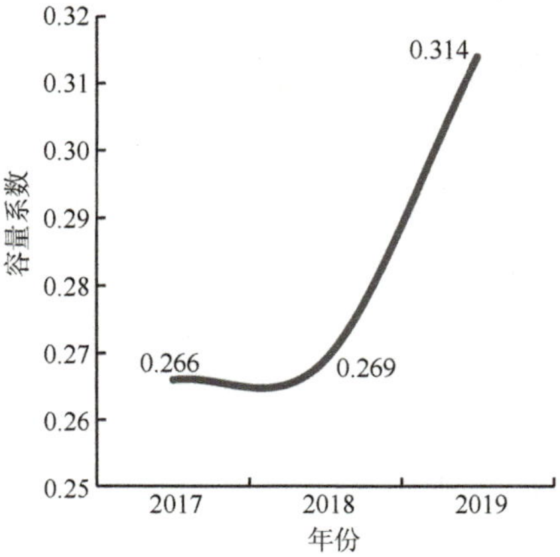

图 6-5　技术成熟度指标数据情况

1. 技术成熟度指标数据

风力发电技术的成熟度涵盖了多个关键参数，包括叶片长度、塔架高度、转子直径、容量系数以及弃风率。据分析数据所示（参见图 6-5），2017～2019 年，叶片长度与转子直径均呈现逐年增长趋势，分别增长了 17.5m 和 21m。容量系数从 0.266 提升至 0.314，塔架高度则从 180m 增至 405m。这些数据揭示了风力发电技术在叶片、转子及塔架的设计与制造领域取得了显著进步，有效提升了风能转换效率及发电能力。此外，弃风率在三年内显著下降，从 0.12 降至 0.04，这反映了能源利用率的提升。

2. 产品参数指标数据

产品参数包含两个指标，分别是额定功率和额定风速。如图 6-6 所示，2017～2019 年，产业产品通过技术升级和改进，得到了更高的额定功率，适用于特定的风速范围，具有一定的市场竞争力。其中额定功率呈逐年上升趋势，由 1.82MW 增长至 2.1MW，表明产品在这段时间内得到了技术上的改进和升级，能够提供更高的发电能力。而额定风速保持不变，为 12m/s，这意味着产品的设计和适用范围相对固定，适用于该风速范围内的风力资源利用。

3. 质量成熟度指标数据

质量成熟度包括时间可利用率、年度利用小时、设计使用寿命三个指标，数据显示（图 6-7），2017～2019 年，这三个指标整体上呈现出不同程度的提高。时间可利用率由 0.9868 提高到 0.9950，表明产品的生产工艺和质量管理得到了改进与优化。年度利用小时也呈现出上升趋势，2017 年为 1948 小时，2019 年为 2082

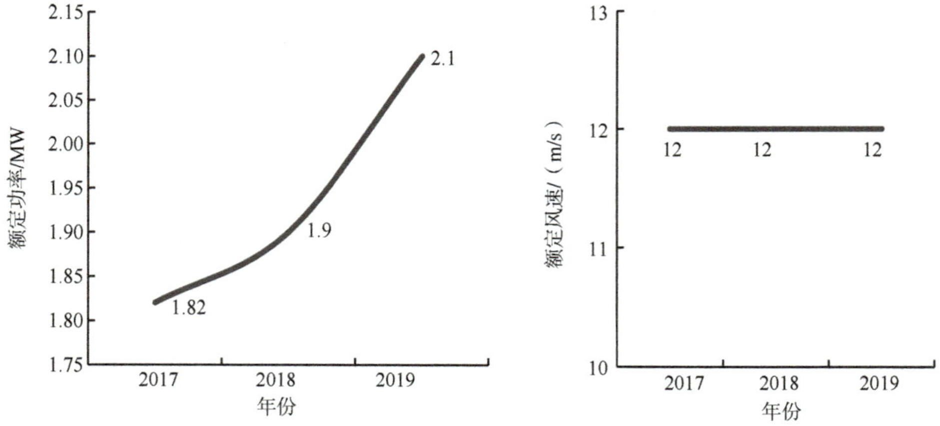

图 6-6　产品参数指标数据情况

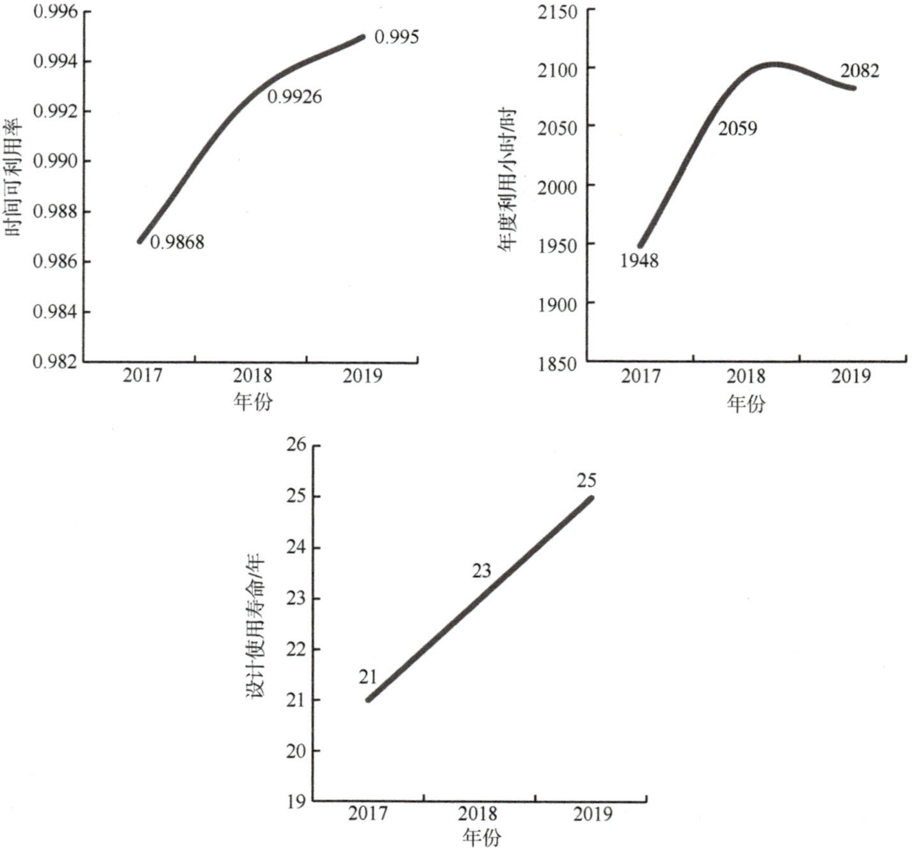

图 6-7　质量成熟度指标数据情况

小时，说明该产品受到了越来越多客户的认可和青睐。设计使用寿命也逐年增加，从 21 年到 25 年，可能是由于产品的设计和结构不断得到改进和升级。基于以上数据，可以得出初步结论：该产品的质量成熟度有所提高，并有望在未来继续改进和发展，以满足市场的需求和客户的要求。

4. 市场结构指标数据

市场结构包括年投资额、投资额增长率、营业收入增长率、总安装成本、平准化度电成本五个指标。从数据分析来看（图 6-8），2017～2019 年，年投资额在 2017～2018 年呈下降趋势，但在 2019 年回升至 1171 亿元，这表明行业投资在 2019 年取得了较大的成效。投资额增长率在三年内表现不稳定，在 2019 年获得了较好的增长；营业收入增长率整体上也呈上升趋势，显示出该行业的市场表现还是较为可观的。总安装成本从 1315 元/kW 降至 1222 元/kW，呈下降趋势，这可能与行业的技术进步和竞争状况有关系。度电成本则整体保持稳定，没有发生较大变化。总的来说，风力发电行业在这几年取得了技术进步和市场发展。虽然在投资

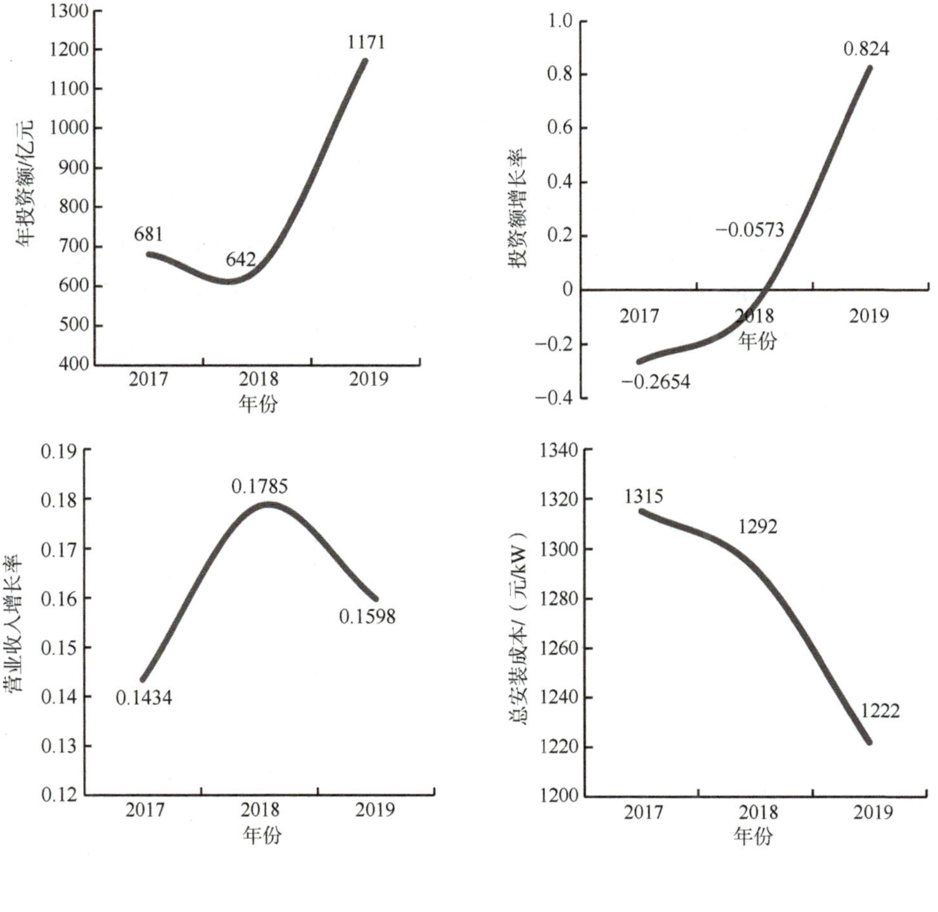

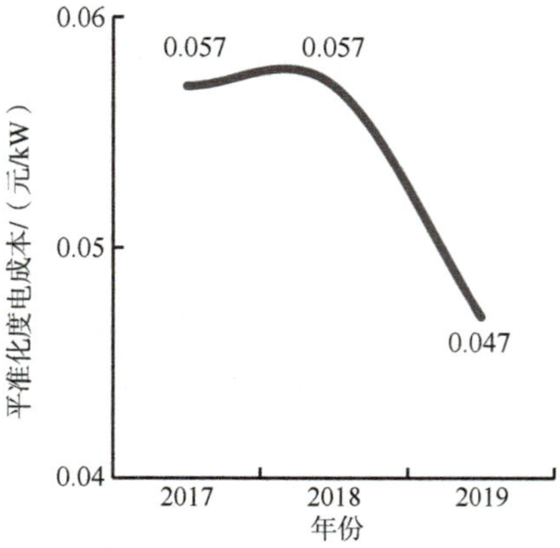

图 6-8　市场结构指标数据情况

和收益方面仍然存在一些波动与挑战，但行业将继续投入研发和管理力量，以不断提高技术水平和市场竞争力，推动行业的健康、可持续发展。

5. 市场规模指标数据

市场规模包括年度新增装机容量、年度累计装机容量、年度发电量、总资产增长率、净资产增长率五个指标。如图 6-9 所示，由于该行业加强了投资力度，不断开展新项目建设，年度新增装机容量逐年增加，从 1503 万 kW 增长至 2574 万 kW。同时，行业整体装机容量在不断扩大，年度累计装机容量也在不断提升，从 16 367 万 kW 增长至 21 005 万 kW。行业发电能力得到了提升，年度发电量也持续增加，从 3057 亿 kW·h 增长至 4057 亿 kW·h。然而，该行业的财务状况表现出一定的波动趋势。总资产增长率在三年间有所波动，整体上呈现增长的态势，

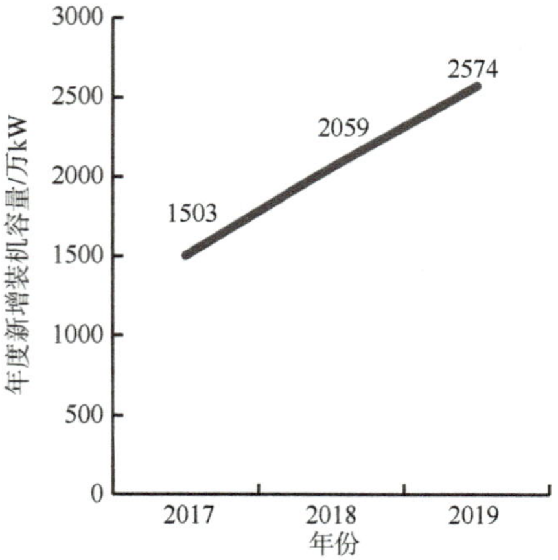

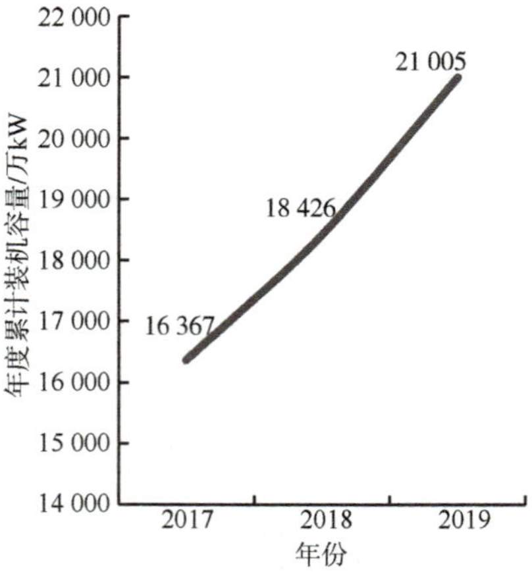

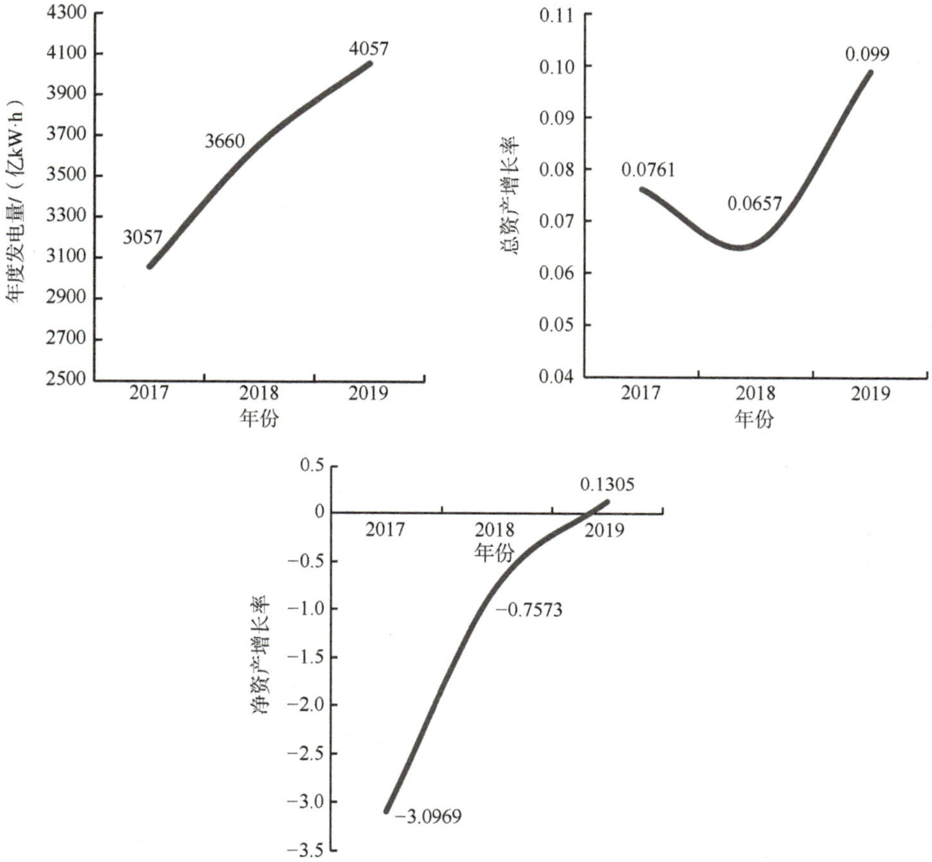

图 6-9　市场规模指标数据情况

而增长速度变缓，表明该行业需要进一步加强财务管理和风险防范，以确保健康发展和可持续性。

6. 市场竞争力指标数据

市场竞争力包括风电新增装机规模占全球新增装机容量比、进口国家集中度、出口国家数量比例、研发投入总额占营业收入比例、研发人员数量占公司总人数的比例、专利增长率、风电发电量占全部发电量比例、风电装机占全部发电装机比例、进口占比九个指标。风电新增装机规模占全球新增装机容量比逐年上升，研发投入总额占营业收入比例也在增加，表明该行业越来越关注并重视技术创新。同时，进口占比较高，仍需要加强市场拓展与自主创新。但是，在专利增长率上表现不错，可能说明该行业在关键技术研发和设备制造方面有较高自主创新能力。此外，风电在全部发电量和发电装机中的占比逐年上升，显示风电在能源领域中具有广阔的发展前景，具体数据表现见图 6-10。

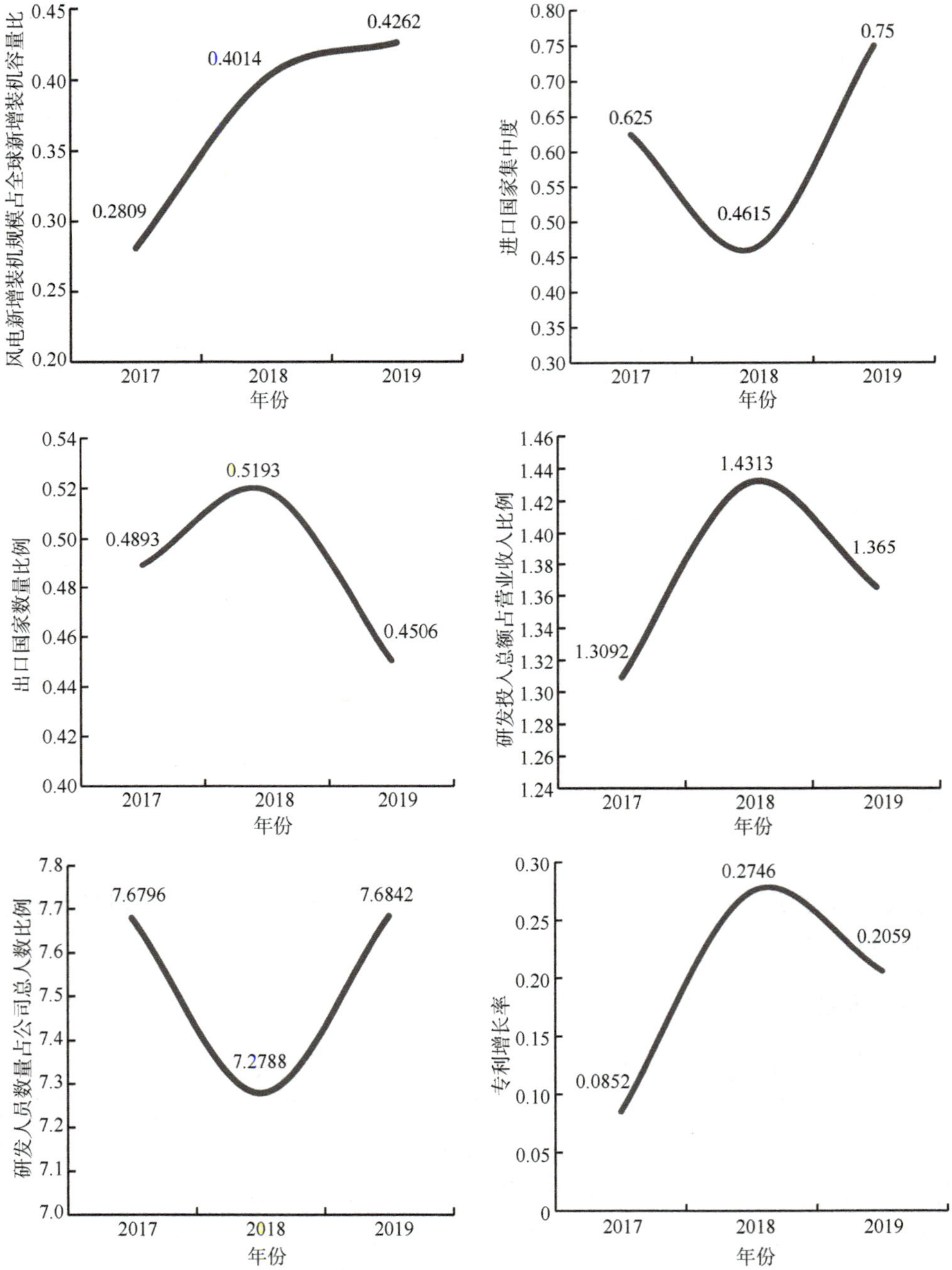

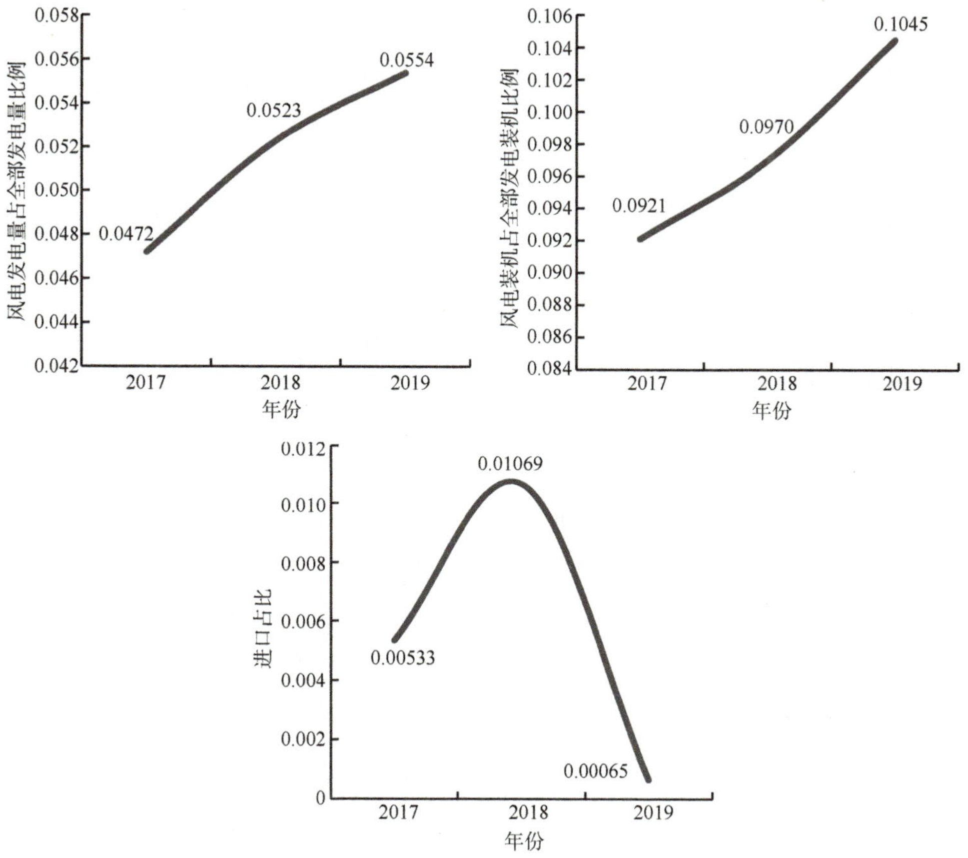

图 6-10　市场竞争力指标数据情况

7. 环境指标数据

环境包含土地占用、空间利用、CO_2减排量、煤耗替代、电磁辐射五个指标。该行业的土地占用逐年下降,但需要高效规划和管理土地资源以提高资源利用率。空间利用数值变化较大，可能由于该行业的生产模式和技术手段不断进行调整与更新。CO_2 减排量和煤耗替代数值逐年上升，表明该行业在节能减排和保障环境方面起到积极作用。另外，电磁辐射数值较小，有利于维护环境健康和人类健康。因此，该行业需要继续推进清洁能源的应用，重视环保标准和控制环境污染，以实现可持续发展和人类健康的保障。同时，需要注重土地资源开发和规划管理，以提高资源利用效率，促进区域经济发展，相关指标表现详见图 6-11。

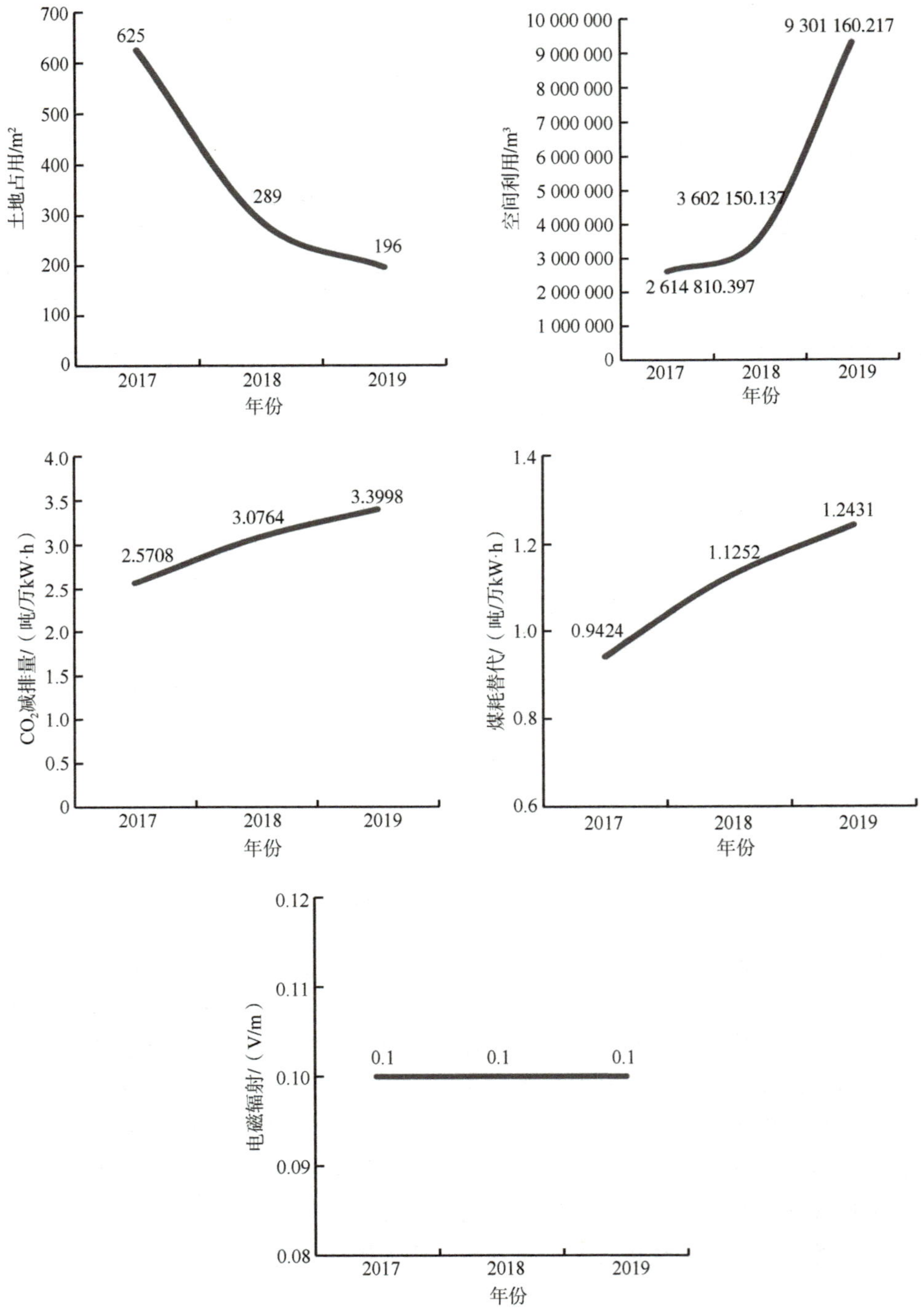

图 6-11　环境指标数据情况

8. 社会指标数据

社会包括就业率、利税额增长率和风电事故率三个指标。如图 6-12 所示，提供的数据显示该行业的就业率在 3 年内从 0.1217 波动至 0.1188，相对较低。利税额增长率在 3 年内从 0.001 波动至 0.0033 再到 0.0019，总体呈上升趋势，但波动较大。风电事故率在 3 年内呈下降趋势，从–0.3553 降至 0.1846。就业率和利税额增长率整体趋于稳定，风电事故率波动较大。

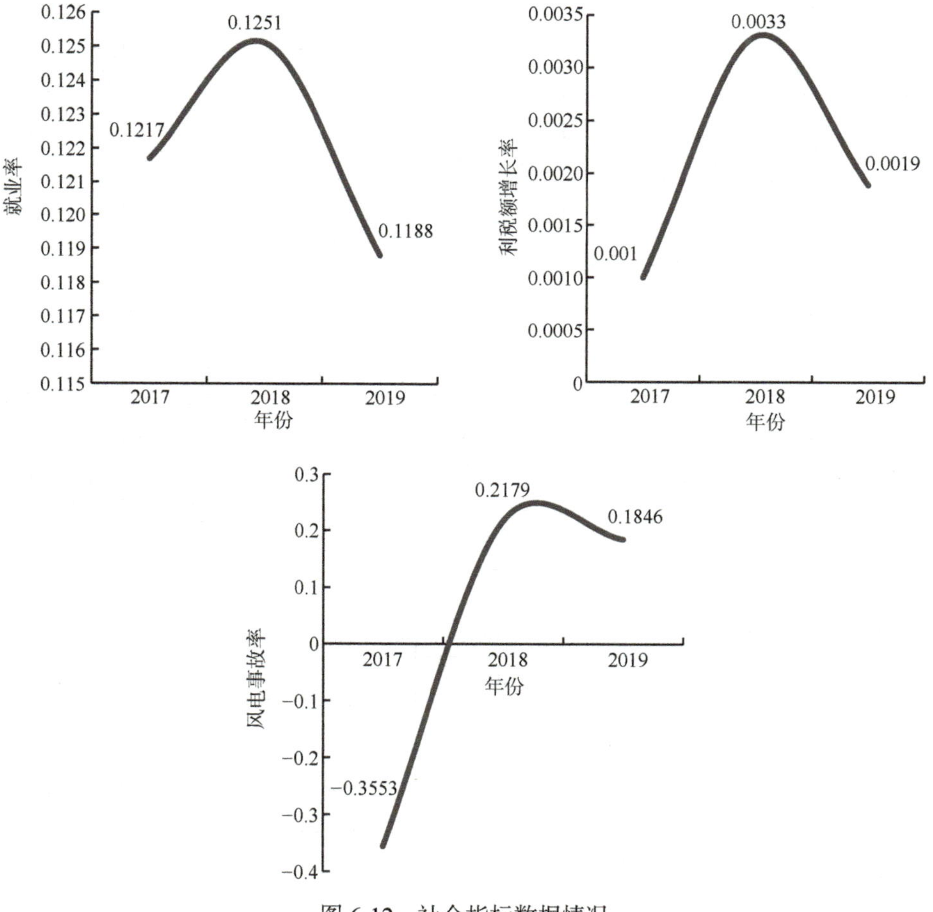

图 6-12　社会指标数据情况

采用模糊分布确定隶属函数，根据评价指标的特性以及搜集到的产业数据，选择符合客观实际的隶属函数，基于表 5-12 和表 5-13，计算可得 2019 年我国风电产业成熟度评价三级指标各成熟等级的隶属程度。各指标成熟、较成熟、较不成熟、不成熟取值见表 6-11。

表 6-11　我国风力发电产业成熟度评价隶属函数取值情况

三级指标	成熟	较成熟	较不成熟	不成熟
叶片长度	96.61	87.18	68.32	58.89
塔架高度	639.00	479.25	159.75	0
转子直径	133.77	122.54	100.06	88.83
弃风率	0.01	0.03	0.08	0.1
容量系数	0.34	0.32	0.27	0.24
额定功率	2.3	2.15	1.85	1.70
额定风速	12	12	12	12
时间可利用率	1	1	0.99	0.99
年度利用小时	2 229.78	2 159.14	2 017.86	1 947.22
设计使用寿命	28.37	26.19	21.81	19.63
年投资额	1 470.9	1 188.7	624.30	342.1
投资额增长率	0.51	0.45	0.32	0.26
营业收入增长率	0.19	0.18	0.16	0.15
总安装成本	1 166.47	1 211.74	1 302.26	1 347.53
度电成本	0.04	0.05	0.06	0.06
年度新增装机容量	3 746.49	3 031.5	1 601.5	886.51
年度累计装机容量	24 954.36	22 334.93	17 096.07	14 476.64
年度发电量	5 031.53	4 445.02	3 271.98	2 685.47
总资产增长率	0.11	0.09	0.07	0.06
净资产增长率	0.46	0.08	–0.7	–1.09
风电新增装机规模占全球新增装机容量比	0.61	0.51	0.32	0.22
进口国家集中度	0.72	0.66	0.55	0.49
出口国家数量比例	0.52	0.50	0.47	0.45
研发投入总额占营业收入比例	1.46	1.43	1.37	1.34
研发人员数量占公司总人数比例	7.49	7.48	7.48	7.48
专利增长率	0.51	0.37	0.11	0.03
风电发电量占全部发电量比例	0.06	0.06	0.05	0.04
风电装机占全部发电装机比例	0.11	0.11	0.09	0.09
进口占比	0.01	0.01	0	0
土地占用	29.1	135.8	349.2	455.9
空间利用	17 884 367.66	12 168 011.42	735 298.93	–4 981 057.31

续表

三级指标	成熟	较成熟	较不成熟	不成熟
CO_2减排量	4.21	3.72	2.75	2.27
煤耗替代	1.54	1.36	1.01	0.83
电辐射	0.1	0.1	0.1	0.1
就业率	0.12	0.12	0.12	0.12
利税额增长率	0	0	0	0
风电事故率	0.19	0.20	0.20	0.21

6.3.3 风力发电产业指标权重计算

根据层次分析法，专家打分得到了风电产业成熟度指标权重，如表 6-12 所示。

表 6-12　风电产业成熟度指标权重

一级指标	指标权重	二级指标	指标权重	三级指标	指标权重
产品成熟度	0.0385	技术成熟度	0.5	叶片长度	0.3279
				塔架高度	0.3279
				转子直径	0.1865
				弃风率	0.0375
				容量系数	0.1202
		产品参数	0.25	额定功率	0.4635
				额定风速	0.5365
		质量成熟度	0.25	时间可利用率	0.3256
				年度利用小时	0.2756
				设计使用寿命	0.3988
市场成熟度	0.7511	市场结构	0.3637	年投资额	0.3750
				投资额增长率	0.1250
				营业收入增长率	0.1250
				总安装成本	0.3274
				度电成本	0.0477
		市场规模	0.3706	年度新增装机容量	0.2639
				年度累计装机容量	0.1663
				年度发电量	0.0698
				总资产增长率	0.3750
				净资产增长率	0.1250

续表

一级指标	指标权重	二级指标	指标权重	三级指标	指标权重
市场成熟度	0.7511	市场竞争力	0.2657	风电新增装机规模占全球新增装机容量比	0.2123
				进口国家集中度	0.0349
				出口国家数量比例	0.0861
				研发投入总额占营业收入比例	0.2100
				研发人员数量占公司总人数比例	0.0505
				专利增长率	0.0728
				风电发电量占全部发电量比例	0.2246
				风电装机占全部发电装机比例	0.0752
				进口占比	0.0336
高质量发展成熟度	0.2104	环境	0.5	土地占用	0.1875
				空间利用	0.0625
				CO_2减排量	0.2500
				煤耗替代	0.2500
				电辐射	0.2500
		社会	0.5	就业率	0.3300
				利税额增长率	0.3400
				风电事故率	0.3300

6.3.4 风力发电产业成熟度评价与分析

以 2019 年风力发电产业为研究对象，通过应用模糊分布理论来确定隶属函数。依据评价指标的特性及所搜集的产业数据，选取与客观实际相符的隶属函数，进而计算出隶属度矩阵。在此基础上，结合各指标的权重，最终得出该产业成熟度的综合等级。

1. 技术成熟度隶属等级计算

1）叶片长度指标的隶属矩阵计算

叶片长度是指风力发电机组风轮叶片的尺寸，通常用于标识风机的规格与尺寸。叶片长度对风机的发电效率和运行性能具有显著影响，其设计需综合考量多种因素，包括风机所在地区的气候条件、风能资源的丰富程度、机组的转速与功率输出，以及机组整体结构设计等。一般而言，叶片长度较长的风机能够提升发电效率，原因在于较大的叶片面积能更有效地捕捉自然风能。此外，在特定的转速范围内，叶片长度的增加往往能够提升风机的功率系数，进而增强发电能力。叶片长度隶属函数汇总如表 6-13 所示。

表 6-13　叶片长度隶属函数汇总

等级	叶片长度	等级	叶片长度
成熟	$r=\begin{cases}0, & x\leqslant 87.18\\ \dfrac{x-87.18}{9.43}, & 87.18<x\leqslant 96.61\\ 1, & x>96.61\end{cases}$	较不成熟	$r=\begin{cases}\dfrac{87.18-x}{18.86}, & 68.32<x\leqslant 87.18\\ \dfrac{x-58.89}{9.43}, & 58.89<x\leqslant 68.32\\ 0, & x\leqslant 58.89或x>87.18\end{cases}$
较成熟	$r=\begin{cases}\dfrac{x-68.32}{18.86}, & 68.32<x\leqslant 87.18\\ \dfrac{96.61-x}{9.43}, & 87.18<x\leqslant 96.61\\ 0, & x\leqslant 68.32或x>96.61\end{cases}$	不成熟	$r=\begin{cases}0, & x>68.32\\ \dfrac{68.32-x}{9.43}, & 58.89<x\leqslant 68.32\\ 1, & x\leqslant 58.89\end{cases}$

结合表 6-13 的数据，根据越大越优型隶属函数，得出叶片长度的隶属函数图像如图 6-13 所示。

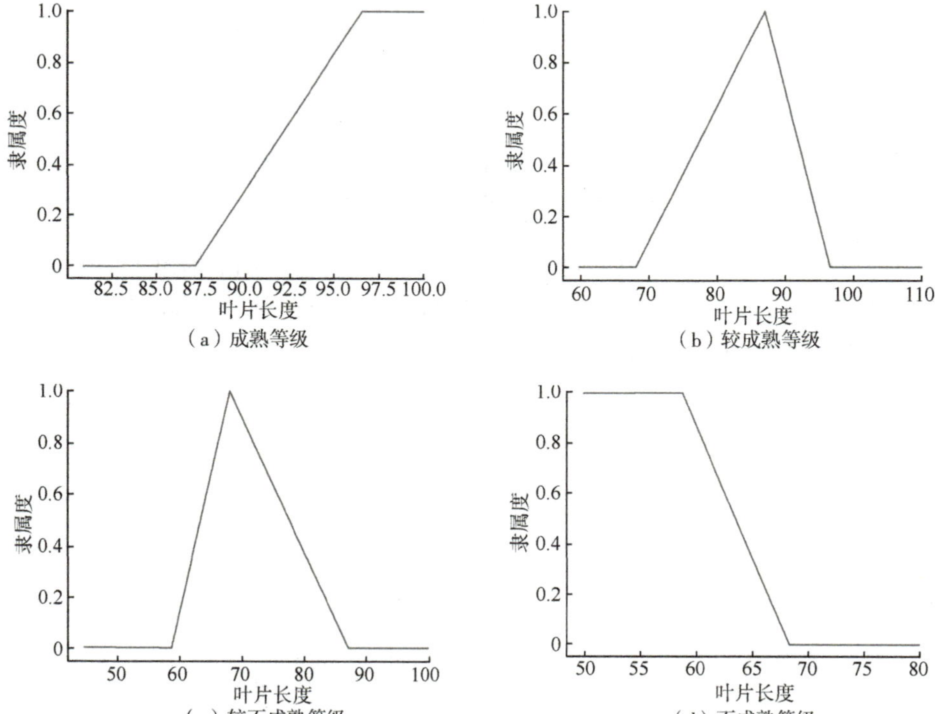

（a）成熟等级
（b）较成熟等级
（c）较不成熟等级
（d）不成熟等级

图 6-13　叶片长度隶属函数图像

根据产业 2019 年叶片长度数据，可得叶片长度的隶属矩阵为

$$R=(0, 0.9109, 0.0891, 0)$$

2）塔架高度长度指标的隶属矩阵计算

风力发电机组的塔架高度指的是从风机所在位置的地面至风轮中心的垂直距离。该高度的确定通常基于当地的风能资源和气象条件，旨在最大化风能的利用并提升发电效率。塔架高度的选择亦受风机机组结构、叶片长度、转速范围等技术参数的制约。通常而言，塔架的高度增加能够使风机接触到更高的风速和更丰富的风能资源，因为地面附近的摩擦会降低风速和能量。因此，较高的塔架有助于捕获更多、更强劲的风力，进而有利于提升发电效率。塔架高度隶属函数汇总如表 6-14 所示。

表 6-14　塔架高度隶属函数汇总

等级	塔架高度	等级	塔架高度
成熟	$r=\begin{cases}0, & x\leqslant 479.25\\ \dfrac{x-479.25}{159.75}, & 479.25<x\leqslant 639\\ 1, & x>639\end{cases}$	较不成熟	$r=\begin{cases}\dfrac{479.25-x}{319.5}, & 159.75<x\leqslant 479.25\\ \dfrac{x}{159.75}, & 0<x\leqslant 159.75\\ 0, & x\leqslant 0或x>479.25\end{cases}$
较成熟	$r=\begin{cases}\dfrac{x-159.75}{319.5}, & 159.75<x\leqslant 479.25\\ \dfrac{639-x}{159.75}, & 479.25<x\leqslant 639\\ 0, & x\leqslant 159.75或x>639\end{cases}$	不成熟	$r=\begin{cases}0, & x>159.75\\ \dfrac{159.75-x}{159.75}, & 0<x\leqslant 159.75\\ 1, & x\leqslant 0\end{cases}$

结合表 6-14 的数据，根据越大越优型隶属函数，图 6-14 给出了塔架高度的隶属函数图像。以成熟等级为例，若塔架高度高于 639m 则隶属程度都达到 1，而小于 479.25m 时，隶属于成熟等级的程度为 0。

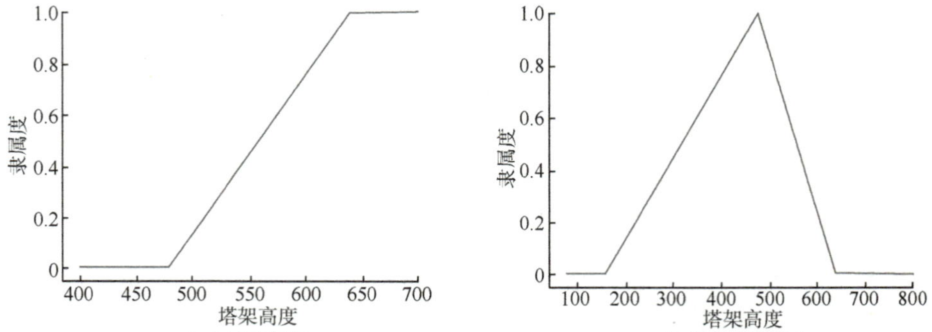

（a）成熟等级　　（b）较成熟等级

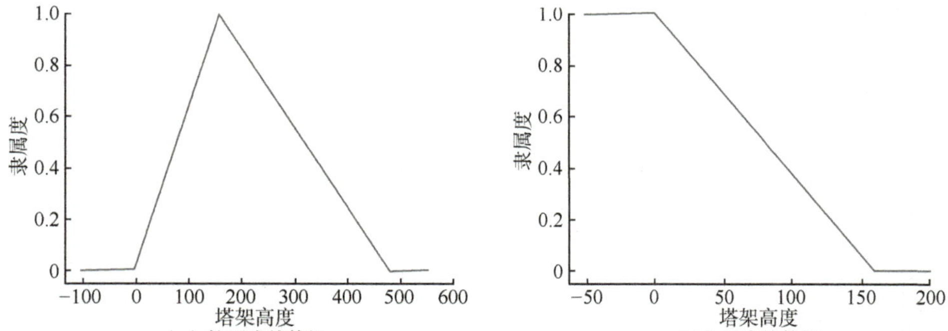

（c）较不成熟等级　（d）不成熟等级

图 6-14　塔架高度的隶属函数图像

根据产业 2019 年塔架高度数据，可得塔架高度的隶属矩阵为

$$R=(0, 0.7676, 0.2324, 0)$$

3）转子直径指标的隶属矩阵计算

转子直径，即风力发电机组旋转叶轮所描述的圆周直径，是衡量风机规格与尺寸的关键参数。该参数对风机的风能捕获效率及发电效能具有显著影响。通常情况下，较大的转子直径有助于风机更高效地利用风能资源，进而提升其发电效能。当风机的旋转叶轮覆盖更广阔的旋转轨迹时，其对风能的捕获能力相应增强，从而提高风能的利用率。此外，较大的转子直径还使得风机在较低风速条件下即可实现较高的发电量，对于提升风机的经济效益至关重要。转子直径隶属函数汇总见表 6-15。

表 6-15　转子直径隶属函数汇总

等级	转子直径	等级	转子直径
成熟	$r=\begin{cases}0, & x\leqslant 122.54\\ \dfrac{x-122.54}{11.23}, & 122.54<x\leqslant 133.77\\ 1, & x>133.77\end{cases}$	较不成熟	$r=\begin{cases}\dfrac{122.54-x}{2\ 248}, & 100.06<x\leqslant 122.54\\ \dfrac{x-88.83}{11.23}, & 88.83<x\leqslant 100.06\\ 0, & x\leqslant 88.83或x>122.54\end{cases}$
较成熟	$r=\begin{cases}\dfrac{x-100.06}{2\ 248}, & 100.06<x\leqslant 122.54\\ \dfrac{133.77-x}{11.23}, & 122.54<x\leqslant 133.77\\ 0, & x\leqslant 100.06或x>133.77\end{cases}$	不成熟	$r=\begin{cases}0, & x>100.06\\ \dfrac{100.06-x}{11.23}, & 88.83<x\leqslant 100.06\\ 1, & x\leqslant 88.83\end{cases}$

结合表 6-15 的数据，根据越大越优型隶属函数，得出转子直径的隶属函数图

像如图 6-15 所示。

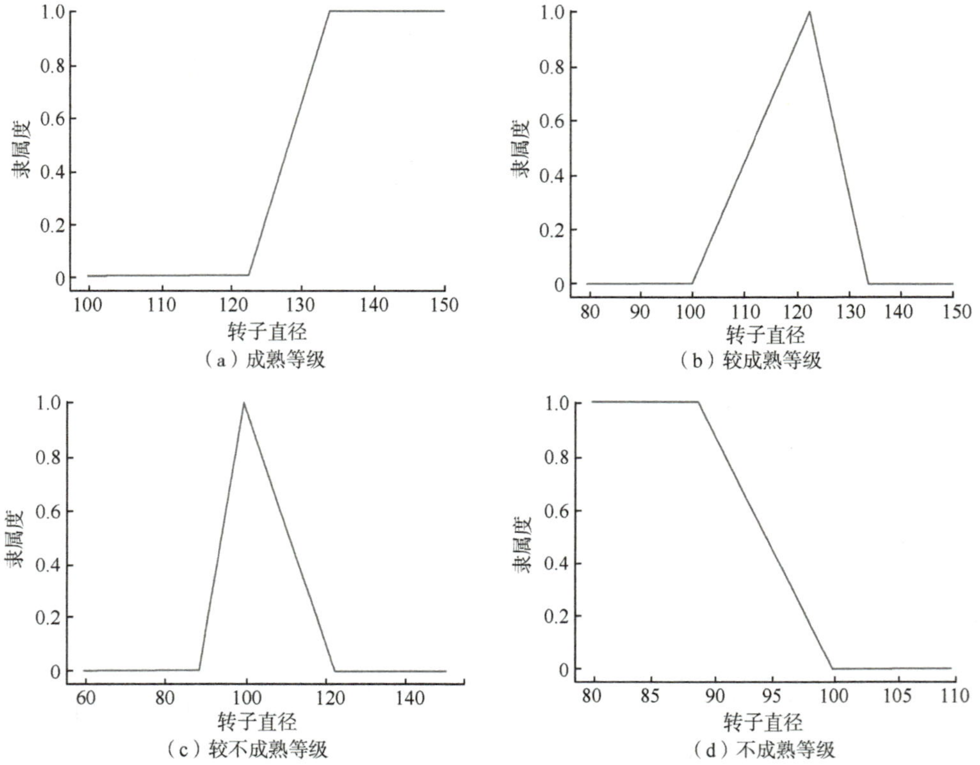

图 6-15　转子直径的隶属函数图像

代入产业 2019 年转子直径数据可得，转子直径的隶属矩阵为

$$R=(0, 0.8870, 0.1130, 0)$$

4）弃风率指标的隶属矩阵计算

弃风率指的是在风力发电系统中，因特定因素未能被风力发电机有效转化的风能所占的比例。风能作为一种不稳定的能源，其风速与风向在不同时间段内均可能发生改变。若风速过低或过高，风力发电机将无法正常运作，导致部分风能无法被有效吸收和利用。同时，风力发电系统自身亦存在一定的负载限制，当多种因素导致负载超出其承受范围时，发电机亦可能产生一定程度的弃风现象。弃风率的高低能够体现风电场的经济效能和系统的运行效率。若弃风率过高，则表明风力发电系统未能充分利用风能，导致资源浪费，进而影响系统的经济收益。弃风率隶属函数汇总如表 6-16 所示。

表 6-16　弃风率隶属函数汇总

等级	弃风率	等级	弃风率
成熟	$r=\begin{cases}0, & x>0.03\\ \dfrac{0.03-x}{0.02}, & 0.01<x\leqslant 0.03\\ 1, & x\leqslant 0.01\end{cases}$	较不成熟	$r=\begin{cases}\dfrac{0.1-x}{0.02}, & 0.08<x\leqslant 0.1\\ \dfrac{x-0.03}{0.05}, & 0.03<x\leqslant 0.08\\ 0, & x\leqslant 0.03或x>0.1\end{cases}$
较成熟	$r=\begin{cases}\dfrac{0.08-x}{0.05}, & 0.03<x\leqslant 0.08\\ \dfrac{x-0.01}{0.02}, & 0.01<x\leqslant 0.03\\ 0, & x\leqslant 0.01或x>0.08\end{cases}$	不成熟	$r=\begin{cases}0, & x\leqslant 0.08\\ \dfrac{x-0.08}{0.02}, & 0.08<x\leqslant 0.1\\ 1, & x>0.1\end{cases}$

结合表 6-16 的数据，根据越小越优型隶属函数，得出弃风率的隶属函数图像如图 6-16 所示。

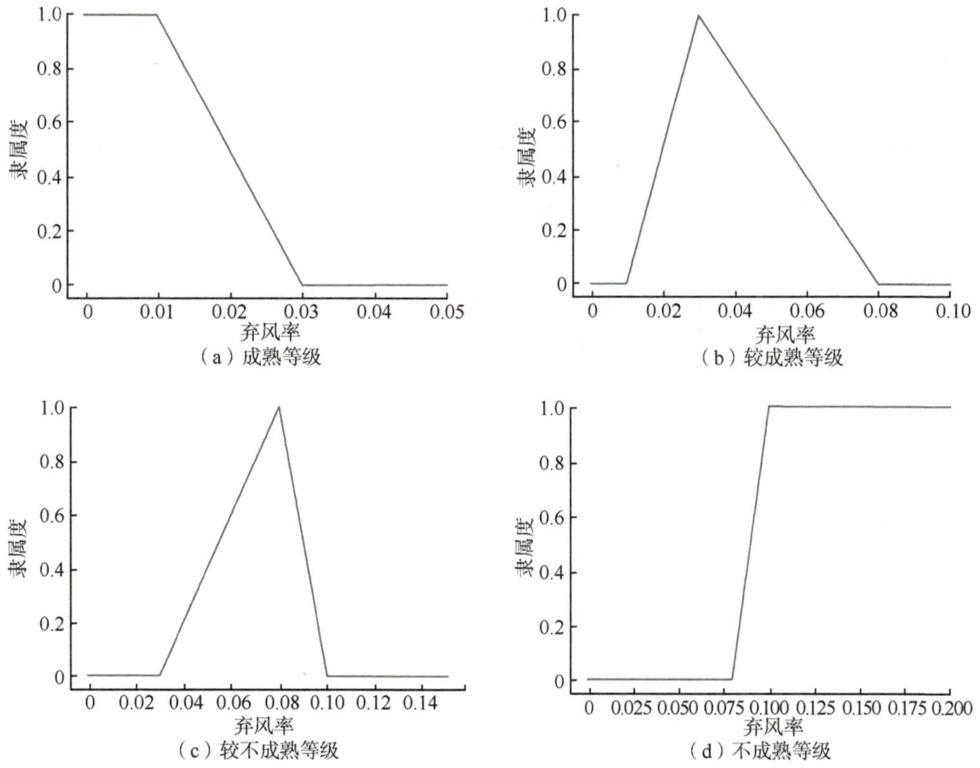

图 6-16　弃风率的隶属函数图像

根据产业 2019 年弃风率数据，可得弃风率的隶属矩阵为

$$R=(0, 0.8, 0.2, 0)$$

5）容量系数指标的隶属矩阵计算

容量系数定义为在特定风速区间内，风力发电机的实际发电量与其额定容量的比率，该指标常用于评估风能发电系统的性能与效率。容量系数的数值越高，意味着风力发电机在既定风速条件下能够产生更多的电量，进而表明其风能利用效率和发电效率亦更为优越。容量系数隶属函数汇总如表 6-17 所示。

表 6-17　容量系数隶属函数汇总

等级	容量系数	等级	容量系数
成熟	$r=\begin{cases}0, & x\leqslant 0.32\\ \dfrac{x-0.32}{0.02}, & 0.32<x\leqslant 0.34\\ 1, & x>0.34\end{cases}$	较不成熟	$r=\begin{cases}\dfrac{0.32-x}{0.05}, & 0.27<x\leqslant 0.32\\ \dfrac{x-0.24}{0.03}, & 0.24<x\leqslant 0.27\\ 0, & x\leqslant 0.24\text{或}x>0.32\end{cases}$
较成熟	$r=\begin{cases}\dfrac{x-0.27}{0.05}, & 0.27<x\leqslant 0.32\\ \dfrac{0.34-x}{0.02}, & 0.32<x\leqslant 0.34\\ 0, & x\leqslant 0.27\text{或}x>0.34\end{cases}$	不成熟	$r=\begin{cases}0, & x>0.27\\ \dfrac{0.27-x}{0.03}, & 0.24<x\leqslant 0.27\\ 1, & x\leqslant 0.24\end{cases}$

结合表 6-17 的数据，根据越大越优型隶属函数，得出容量系数的隶属函数图像如图 6-17 所示。

根据产业 2019 年容量系数数据，可得容量系数的隶属矩阵为

$$R=(0, 0.88, 0.12, 0)$$

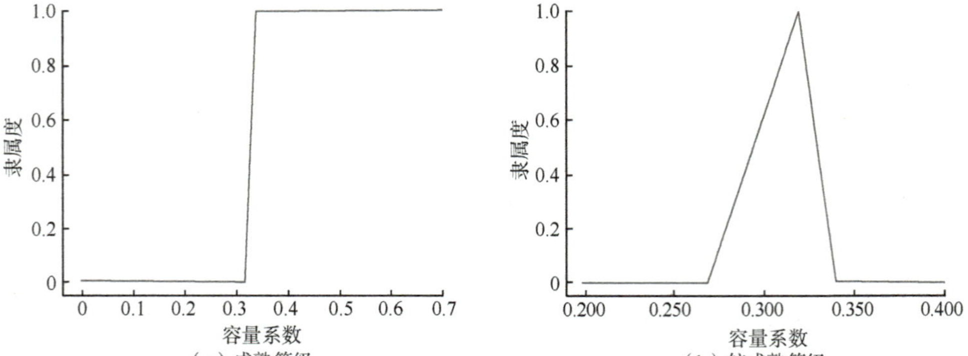

（a）成熟等级　　（b）较成熟等级

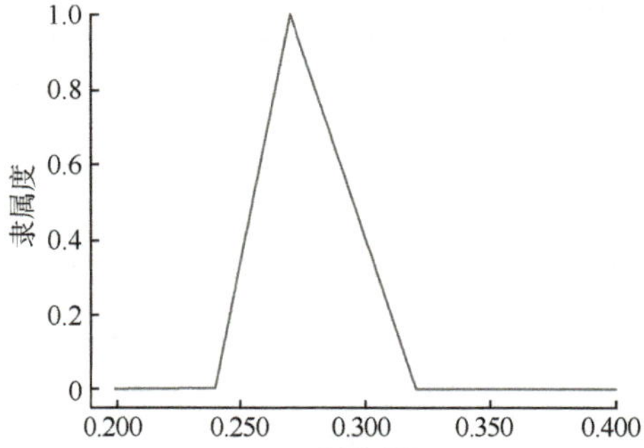

（c）较不成熟等级

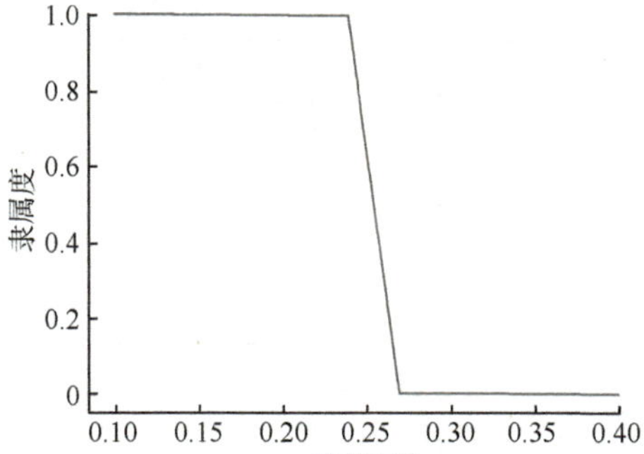

（d）不成熟等级

图 6-17　容量系数的隶属函数图像

综上，通过评价因子隶属矩阵 R 与各因子所对应的权重 W 进行模糊合成运算，得出技术成熟度的模糊综合评判矩阵

$$B = W^{\mathrm{T}} \times R$$

$$= \begin{bmatrix} 0.3279 & 0.3279 & 0.1865 & 0.0375 & 0.1202 \end{bmatrix} \times \begin{bmatrix} 0 & 0.9109 & 0.0891 & 0 \\ 0 & 0.7676 & 0.2324 & 0 \\ 0 & 0.8870 & 0.1130 & 0 \\ 0 & 0.8000 & 0.2000 & 0 \\ 0 & 0.8800 & 0.1200 & 0 \end{bmatrix}$$

$$= \begin{bmatrix} 0 & 0.8516 & 0.1484 & 0 \end{bmatrix}$$

根据最大隶属度原则，选择模糊评判矩阵中最大值作为模糊评价等级。技术成熟度等级为较成熟。

2. 产品参数隶属等级计算

1）额定功率指标的隶属矩阵计算

额定功率指的是在特定的额定风速条件下，风力发电机能够产生的最大功率输出。该指标通常以单位时间内消耗的能量来表示。风力发电机组的额定功率是依据其设计与制造标准而定的，能够体现风力发电机组的整体性能及其能量产出能力。在实际运用中，额定功率是风力发电机组一个至关重要的参数，用于评估电力产出能力，并指导风力发电机组的选择、使用和维护。风力发电机组的额定功率一般会在其机体铭牌或技术规格说明书中予以明确标注。额定功率隶属函数汇总如表 6-18 所示。

表 6-18　额定功率隶属函数汇总

等级	额定功率	等级	额定功率
成熟	$r=\begin{cases}0, & x\leqslant 2.15\\ \dfrac{x-2.15}{0.15}, & 2.15<x\leqslant 2.3\\ 1, & x>2.3\end{cases}$	较不成熟	$r=\begin{cases}\dfrac{2.15-x}{0.3}, & 1.85<x\leqslant 2.15\\ \dfrac{x-1.70}{0.15}, & 1.70<x\leqslant 1.85\\ 0, & x\leqslant 1.70或x>2.15\end{cases}$
较成熟	$r=\begin{cases}\dfrac{x-1.85}{0.3}, & 1.85<x\leqslant 2.15\\ \dfrac{2.3-x}{0.15}, & 2.15<x\leqslant 2.3\\ 0, & x\leqslant 1.85或x>2.3\end{cases}$	不成熟	$r=\begin{cases}0, & x>1.85\\ \dfrac{1.85-x}{0.15}, & 1.70<x\leqslant 1.85\\ 1, & x\leqslant 1.70\end{cases}$

结合表 6-18 的数据，根据越大越优型隶属函数，得出额定功率的隶属函数图像如图 6-18 所示。

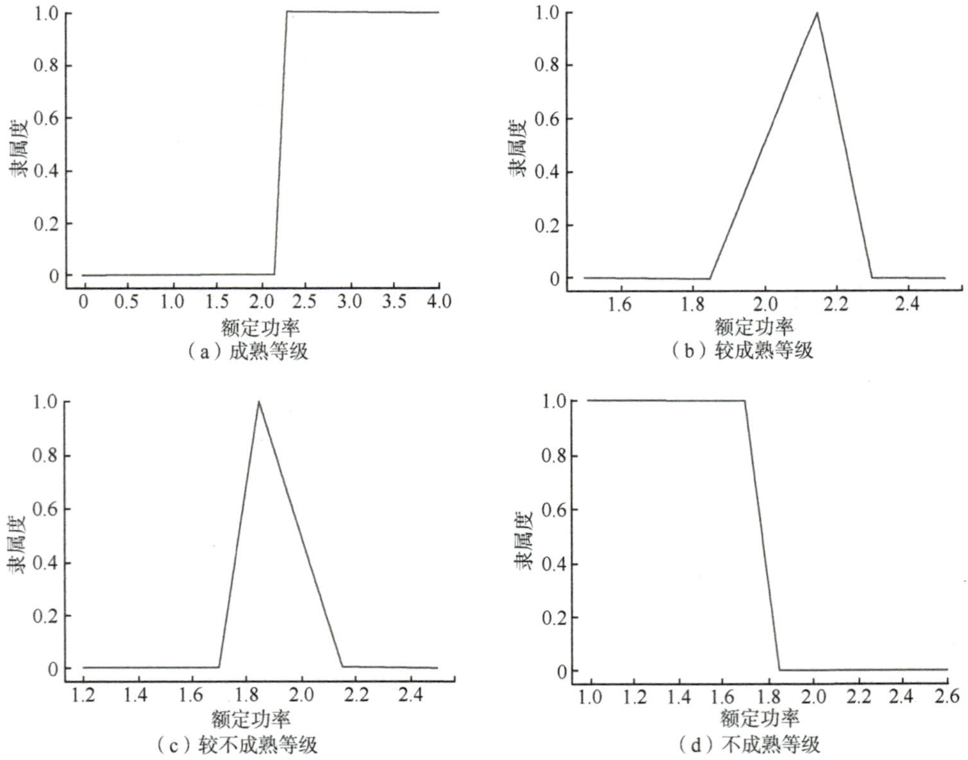

图 6-18　额定功率隶属函数图像

根据产业 2019 年额定功率数据，可得额定功率的隶属矩阵为

$$R=(0, 0.8333, 0.1667, 0)$$

2）额定风速指标的隶属矩阵计算

额定风速是指风力发电机组开始产生规定功率输出所需的风速。风力发电机组在额定风速的上下区间内，能够达到其最大功率输出。在风力发电机组的设计与制造阶段，必须明确其能够实现规定功率输出的最低及最高风速界限，以确保风能的有效利用和发电效率的提升，并在实际运行中确保风电系统的稳定运行。额定风速隶属函数汇总如表 6-19 所示。

表 6-19　额定风速隶属函数汇总

等级	额定风速	等级	额定风速
成熟	$r=\begin{cases}0, & x\leqslant 12\\ 1, & x>12\end{cases}$	较不成熟	$r=\begin{cases}0, & x\leqslant 12\\ 0, & x>12\end{cases}$
较成熟	$r=\begin{cases}0, & x\leqslant 12\\ 0, & x>12\end{cases}$	不成熟	$r=\begin{cases}0, & x>12\\ 1, & x\leqslant 12\end{cases}$

结合表 6-19 的数据，根据越大越优型隶属函数，得出额定风速的隶属函数图像如图 6-19 所示。

根据产业 2019 年额定风速数据，可得额定风速的隶属矩阵为

$$R=(0, 0, 0, 1)$$

综上，通过评价因子隶属矩阵 R 与各因子所对应的权重 W 进行模糊合成运算，得出产品参数成熟度的模糊综合评判矩阵

$$\begin{aligned}B&=W^{\mathrm{T}}\times R\\&=\begin{bmatrix}0.4635 & 0.5365\end{bmatrix}\times\begin{bmatrix}0 & 0.8333 & 0.1667 & 0\\ 0 & 0 & 0 & 1\end{bmatrix}\\&=\begin{bmatrix}0 & 0.3862 & 0.0773 & 0.5365\end{bmatrix}\end{aligned}$$

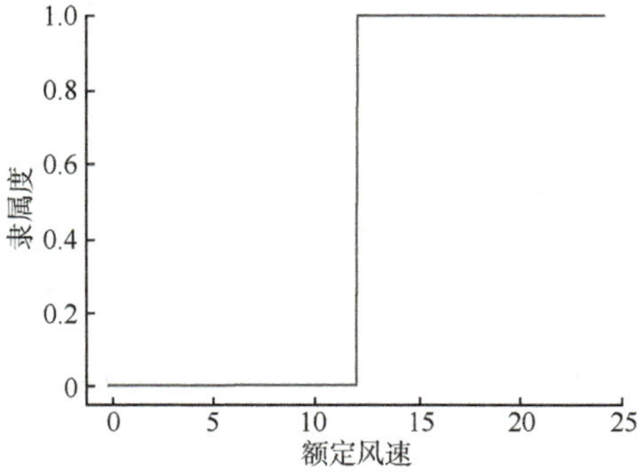

（a）成熟等级

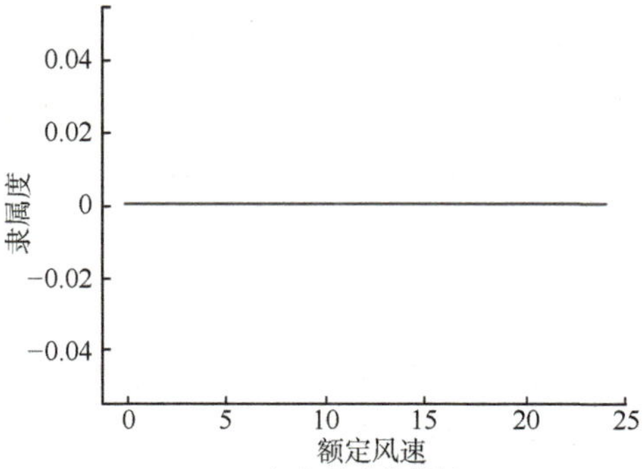

（b）较成熟等级

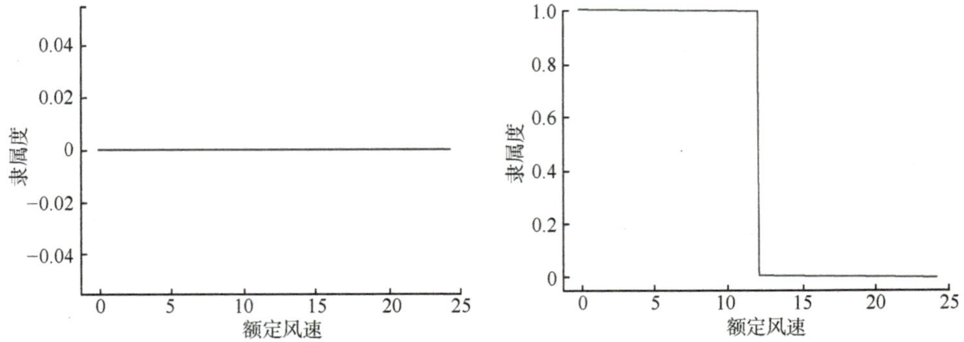

（c）较不成熟等级　（d）不成熟等级

图 6-19　额定风速隶属函数图像

根据最大隶属度原则，选择模糊评判矩阵中最大值作为模糊评价等级。产品参数隶属等级为不成熟。

3. 质量成熟度隶属等级计算

1）时间可利用率指标的隶属矩阵计算

时间可利用率是指在特定时间段内，某一设备、系统或工业生产设施实际运行时间与总可用时间的比例。该指标通常以百分比形式展现，用以衡量设备在既定时间周期内的使用效率。在能源产业中，特别是在风力发电领域，时间可利用率是衡量风力发电系统效能的关键参数之一。具体而言，风力发电机组的时间可利用率是指其实际发电时长与理论可发电时长的比率。时间可利用率隶属函数汇总如表 6-20 所示。

表 6-20　时间可利用率隶属函数汇总

等级	时间可利用率	等级	时间可利用率
成熟	$r=\begin{cases}0, & x\leqslant 1\\ 1, & x>1\end{cases}$	较不成熟	$r=\begin{cases}\dfrac{1-x}{0.01}, & 0.99<x\leqslant 1\\ 0, & x\leqslant 0.99 或 x>1\end{cases}$
较成熟	$r=\begin{cases}\dfrac{x-0.99}{0.01}, & 0.99<x\leqslant 1\\ 0, & x\leqslant 0.99 或 x>1\end{cases}$	不成熟	$r=\begin{cases}0, & x>0.99\\ 1, & x\leqslant 0.99\end{cases}$

结合表 6-20 的数据，根据越大越优型隶属函数，得出时间可利用率的隶属函数图像如图 6-20 所示。

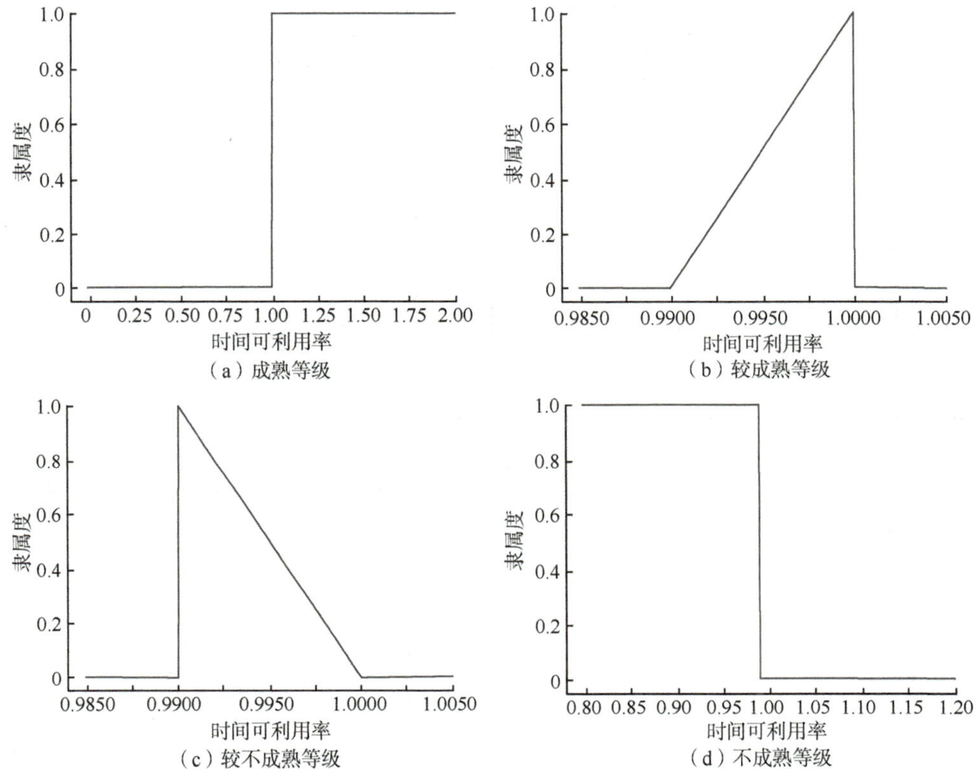

图 6-20　时间可利用率隶属函数图像

根据产业 2019 年时间可利用率数据，可得时间可利用率的隶属矩阵为

$$R=(0, 0.5, 0.5, 0)$$

2）年度利用小时指标的隶属矩阵计算

年度利用小时数是指特定设备或系统在一年期间的累计运行时间。在风力发电领域，该术语特指风力发电机组在一年内所产生的实际发电小时总数。它是衡量风力发电系统发电效能及运行稳定性的一个关键指标。通过对风力发电机组一年内的实际运行时间进行统计分析，可以得出其年度运行小时数。在风力发电的运营与管理过程中，年度运行小时数是一个极具价值的衡量标准，它不仅能够评估风电系统的发电效能和稳定性，还是评价风力发电站运营效益的关键参数之一。年度利用小时隶属函数汇总如表 6-21 所示。

表 6-21　年度利用小时隶属函数汇总

等级	年度利用小时	等级	年度利用小时
成熟	$r=\begin{cases}0, & x\leqslant 2159.14\\ \dfrac{x-2159.14}{70.64}, & 2159.14<x\leqslant 2229.78\\ 1, & x>2229.78\end{cases}$	较不成熟	$r=\begin{cases}\dfrac{2159.14-x}{141.28}, & 2017.86<x\leqslant 2159.14\\ \dfrac{x-1947.22}{70.64}, & 1947.22<x\leqslant 2017.86\\ 0, & x\leqslant 1947.22或x>2159.14\end{cases}$
较成熟	$r=\begin{cases}\dfrac{x-2017.86}{141.28}, & 2017.86<x\leqslant 2159.14\\ \dfrac{2229.78-x}{70.64}, & 2159.14<x\leqslant 2229.78\\ 0, & x\leqslant 2017.86或x>2229.78\end{cases}$	不成熟	$r=\begin{cases}0, & x>2017.86\\ \dfrac{2017.86-x}{70.64}, & 1947.22<x\leqslant 2017.86\\ 1, & x\leqslant 1947.22\end{cases}$

结合表 6-21 的数据，根据越大越优型隶属函数，得出年度利用小时的隶属函数图像如图 6-21 所示。

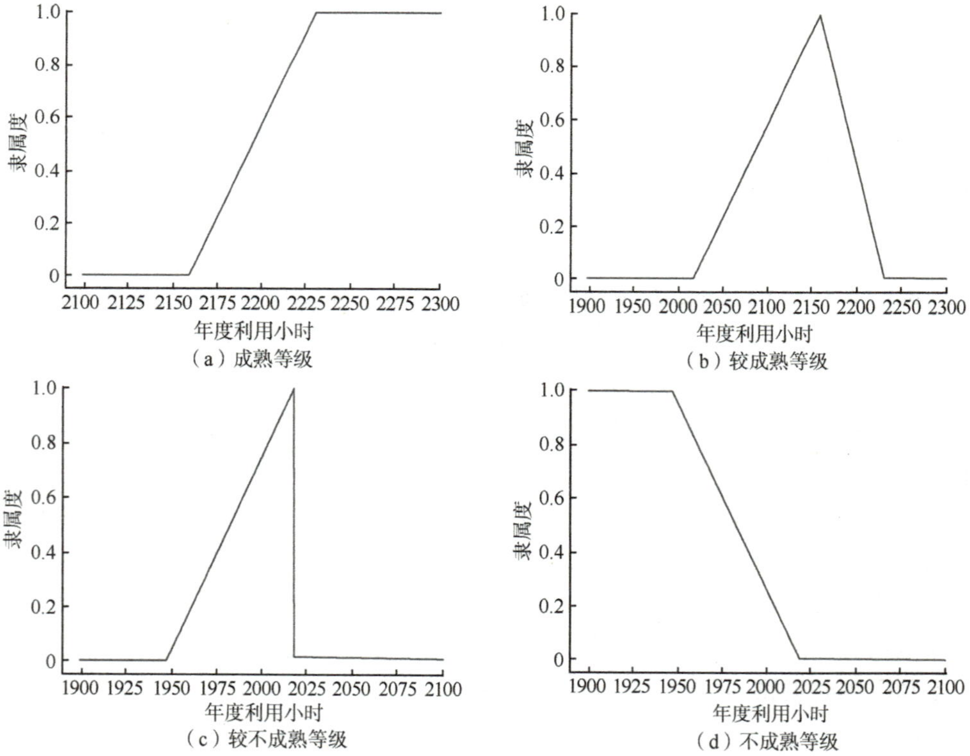

图 6-21　年度利用小时隶属函数图像

根据产业 2019 年年度利用小时数据，可得年度利用小时的隶属矩阵为

$$R=(0, 0.4540, 0.5460, 0)$$

3）设计使用寿命指标的隶属矩阵计算

设计使用寿命指的是在标准工作条件下，特定设备或系统能够安全、稳定运行的时间跨度。在风力发电行业中，设计使用寿命是一个关键指标，它有助于评估风力发电机组的持久性和预期使用年限，同时为风电项目的财务投资和管理决策提供重要参考。通常情况下，风力发电机组的设计使用寿命是依据其内部机械与电气组件的耐久度、整体结构的坚固性以及气候环境等多重因素综合考量后确定的。设计使用寿命隶属函数汇总如表 6-22 所示。

表 6-22　设计使用寿命隶属函数汇总

等级	设计使用寿命	等级	设计使用寿命
成熟	$r=\begin{cases}0, & x\leqslant 26.19\\ \dfrac{x-26.19}{2.18}, & 26.19<x\leqslant 28.37\\ 1, & x>28.37\end{cases}$	较不成熟	$r=\begin{cases}\dfrac{26.19-x}{4.38}, & 21.81<x\leqslant 26.19\\ \dfrac{x-19.63}{2.18}, & 19.63<x\leqslant 21.81\\ 0, & x\leqslant 19.63或x>26.19\end{cases}$
较成熟	$r=\begin{cases}\dfrac{x-21.81}{4.38}, & 21.81<x\leqslant 26.19\\ \dfrac{28.37-x}{2.18}, & 26.19<x\leqslant 28.37\\ 0, & x\leqslant 21.81或x>28.37\end{cases}$	不成熟	$r=\begin{cases}0, & x>21.81\\ \dfrac{21.81-x}{2.18}, & 19.63<x\leqslant 21.81\\ 1, & x\leqslant 19.63\end{cases}$

结合表 6-22 的数据，根据越大越优型隶属函数，得出设计使用寿命的隶属函数图像如图 6-22 所示。

根据产业 2019 年设计使用寿命数据，可得设计使用寿命的隶属矩阵为

$$R=(0,\ 0.7283,\ 0.2717,\ 0)$$

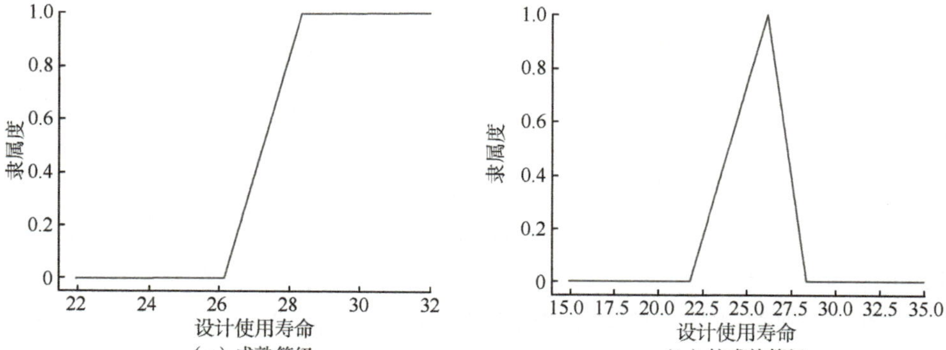

（a）成熟等级　（b）较成熟等级

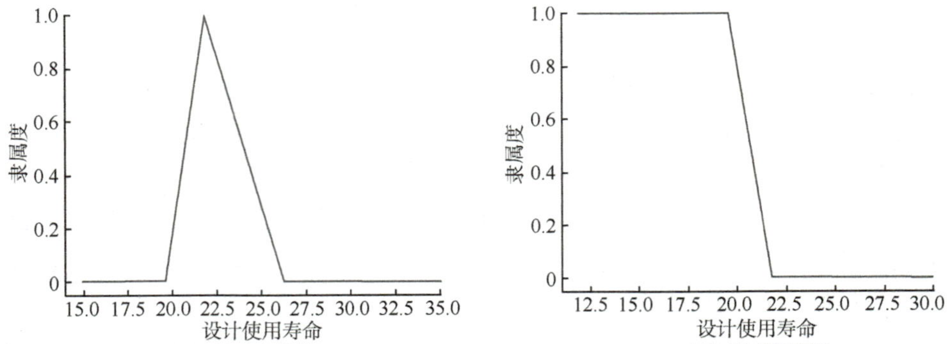

（c）较不成熟等级　　（d）不成熟等级

图 6-22　设计使用寿命隶属函数图像

综上，通过评价因子隶属矩阵 R 与各因子所对应的权重 W 进行模糊合成运算，得出质量成熟度的模糊综合评判矩阵

$$
\begin{aligned}
B &= W^{\mathrm{T}} \times R \\
&= \begin{bmatrix} 0.3256 & 0.2756 & 0.3988 \end{bmatrix} \times \begin{bmatrix} 0 & 0.5000 & 0.5000 & 0 \\ 0 & 0.4540 & 0.5460 & 0 \\ 0 & 0.7283 & 0.2717 & 0 \end{bmatrix} \\
&= \begin{bmatrix} 0 & 0.5784 & 0.4216 & 0 \end{bmatrix}
\end{aligned}
$$

根据最大隶属度原则，选择模糊评判矩阵中最大值作为模糊评价等级。质量成熟度隶属等级为较成熟。

4. 产品成熟度隶属等级计算

经过对技术、产品参数、质量三个维度的评价因子隶属矩阵以及各因子对应的权重进行重新的模糊合成运算，可以得到产品成熟度的模糊综合评判矩阵

$$
\begin{aligned}
B &= W^{\mathrm{T}} \times R \\
&= \begin{bmatrix} 0.5 & 0.25 & 0.25 \end{bmatrix} \times \begin{bmatrix} 0 & 0.8516 & 0.1484 & 0 \\ 0 & 0.3862 & 0.0773 & 0.5365 \\ 0 & 0.5784 & 0.4216 & 0 \end{bmatrix} \\
&= \begin{bmatrix} 0 & 0.6670 & 0.1989 & 0.1341 \end{bmatrix}
\end{aligned}
$$

根据最大隶属度原则，选择模糊评判矩阵中最大值作为模糊评价等级。产品成熟度隶属等级为较成熟。

运用前面所述方法，依次计算风电产业各二级指标下三级指标的隶属矩阵，并将三级指标的隶属矩阵与相应的权重进行模糊合成运算，从而获得产品参数、质量成熟度、市场结构、市场规模、市场竞争力、环境和社会二级指标的模糊综

合评判矩阵。依据最大隶属度原则，可得出 2019 年中国风电产业各二级指标的成熟度水平。同理，将各二级指标的权重与其模糊综合评判矩阵进行合成运算，进而得到产品成熟度、市场成熟度和高质量发展成熟度这三个一级指标的成熟度水平，详细情况请参见表 6-23。

表 6-23　2019 年我国风电产业各级指标成熟度情况

一级指标	最大隶属度	等级	二级指标	最大隶属度	等级
产品成熟度	0.6670	较成熟	技术成熟度	0.8516	较成熟
			产品参数	0.5365	不成熟
			质量成熟度	0.5784	较成熟
市场成熟度	0.5822	较成熟	市场结构	0.6869	较成熟
			市场规模	0.6649	较成熟
			市场竞争力	0.4726	较不成熟
高质量发展成熟度	0.46	成熟	环境	0.5154	较成熟
			社会	0.67	成熟

对 2019 年我国风电产业进行整体评价分析计算可知，

$$
\begin{aligned}
B &= W^{\mathrm{T}} \times R \\
&= \begin{bmatrix} 0.0385 & 0.7511 & 0.2104 \end{bmatrix} \times \begin{bmatrix} 0.0000 & 0.6670 & 0.1989 & 0.1341 \\ 0.1421 & 0.5822 & 0.2434 & 0.0323 \\ 0.4600 & 0.2577 & 0.1173 & 0.1650 \end{bmatrix} \\
&= \begin{bmatrix} 0.2035 & 0.5172 & 0.2152 & 0.0641 \end{bmatrix}
\end{aligned}
$$

2019 年我国风电产业成熟度最大隶属度为 0.5172，隶属等级为较成熟，其中产品成熟度处于产业发展较成熟阶段，其下属二级指标技术成熟度和质量成熟度处于风电产业发展较成熟阶段，产品参数成熟度处于不成熟阶段；依托于我国风电产业市场结构和市场规模的成熟发展，市场成熟度处于产业发展较成熟阶段，但我国风电产业的市场竞争力需要进一步提升，向更高成熟度发展；高质量发展成熟度处于产业发展的成熟阶段，其中环境发展较成熟，社会发展处于成熟阶段。综上，2019 年我国风电产业还有着一定的发展空间，在产品和市场方面距离成熟水平还有一定的差距。风力发电产业成熟度综合评价结果如图 6-23 所示。风力发电产业一级指标成熟度评价结果如图 6-24 所示。风力发电产业二级指标成熟度评价结果如图 6-25 所示。

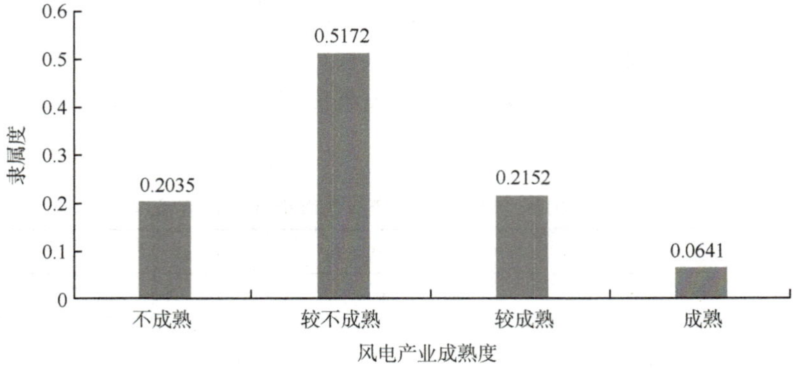

图 6-23　风力发电产业成熟度综合评价结果

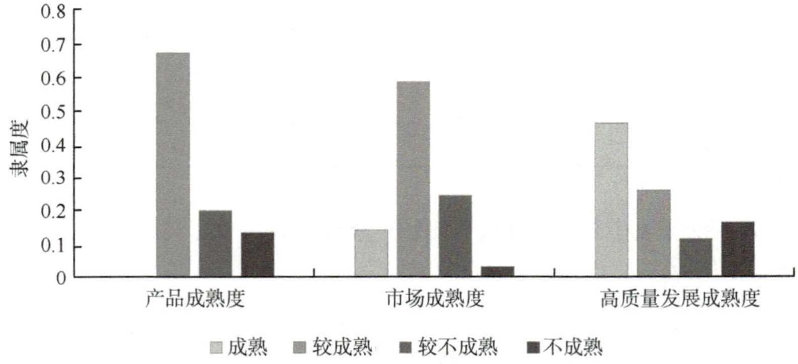

图 6-24　风力发电产业一级指标成熟度评价结果

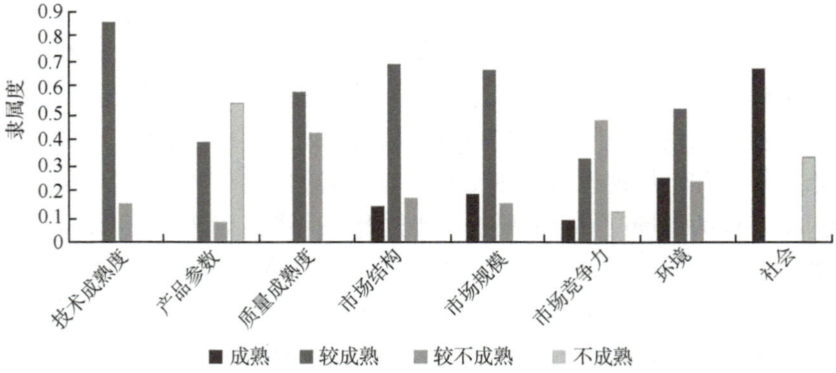

图 6-25　风力发电产业二级指标成熟度评价结果

6.3.5　基于数据驱动的产业成熟度评价方法发展建议

随着技术持续创新和数字化进程的加速，产业发展的模式亦在持续演变与深化。基于数据驱动的产业成熟度评估方法，通过定量分析手段对产业发展进行全方位的评价，与数据经济和产业数字化的发展趋势相契合。为了进一步促进基于数据驱动的产业成熟度评估方法的发展，不仅需要对模型方法进行深入完善，还要加强数据共享共建和场景化应用。

（1）延伸 3.0 版本评价方法的研究。进一步深入探究不同类型产业成熟度评价的机理与路径优化问题，在此基础上，结合实际情况，进一步优化完善评价指标体系和分析方法，加强预测、仿真和优化的算法、算例与大模型构建。

（2）加强各个维度数据支撑和信息共享。借助现代信息技术手段，通过建立统一的数据库、案例库和信息数字化平台，采集和整合可靠的数据与信息资源，为评价和分析不同类型产业，提供精准的数据支撑，提高评价结果的可信度和数值化管理水平。

（3）加强具体产业案例的评估应用，提供定制化的解决方案，挖掘产业量化评价的价值。在应用融合评价方法时，应根据不同的产业类型、各类链所处发展阶段等特点，分析出不同产业特征与差异性，并针对其特点和差异性提出相应的量化评价指标，辨识推动产业发展的关键路径，制定符合产业实际的评估方案与发展规划，为产业高质量发展提供更有效的研究支持和决策依据。

参 考 文 献

[1] 彭苏萍，等. 能源新技术战略性新兴产业发展重大行动计划研究[M]. 北京：科学出版社，2019.

[2] 孙旭东，李雪松，张博，等. 绿色低碳新兴产业成熟度评价方法研究[J]. 中国工程科学，2020，22（2）：98-107.

[3] 孙旭东，张博，葛宏志. 能源产业成熟度评价方法理论研究[J]. 中国矿业，2017，26（10）：65-69.

附件 1　绿色产业指导目录（2019 年版）

为进一步厘清产业边界，将有限的政策和资金引导到对推动绿色发展最重要、最关键、最紧迫的产业上，有效服务于重大战略、重大工程、重大政策，为打赢污染防治攻坚战、建设美丽中国奠定坚实的产业基础，国家发展改革委会同有关部门研究制定了《绿色产业指导目录（2019 年版）》。2019 年 2 月，国家发展改革委等印发《绿色产业指导目录（2019 年版）》，要求出台投资、价格、金融、税收等方面政策措施，着力壮大节能环保、清洁生产、清洁能源等绿色产业。绿色低碳产业包括节能环保产业、清洁生产产业、清洁能源产业、生态环境产业、基础设施绿色升级和绿色服务六大类，附表 1-1 为绿色产业指导目录。

附表 1-1　绿色产业指导目录（2019 年版）

一级目录	二级目录	三级目录
节能环保产业	高效节能装备制造	节能锅炉制造
		节能窑炉制造
		节能型泵及真空设备制造
		节能型气体压缩设备制造
		节能型液压气压元件制造
		节能风机风扇制造
		高效发电机及发电机组制造
		节能电机制造
		节能型变压器、整流器、电感器和电焊机制造
		余热余压余气利用设备制造
		高效节能家用电器制造
		高效节能商用设备制造
		高效照明产品及系统制造
		绿色建筑材料制造
		能源计量、监测、控制设备制造

续表

一级目录	二级目录	三级目录
节能环保产业	先进环保装备制造	水污染防治装备制造
		大气污染防治装备制造
		土壤污染治理与修复装备制造
		固体废物处理处置装备制造
		减振降噪设备制造
		放射性污染防治和处理设备制造
		环境污染处理药剂、材料制造
		环境监测仪器与应急处理设备制造
	资源循环利用装备制造	矿产资源综合利用装备制造
		工业固体废物综合利用装备制造
		建筑废弃物、道路废弃物资源化无害化利用装备制造
		餐厨废弃物资源化无害化利用装备制造
		汽车零部件及机电产品再制造装备制造
		资源再生利用装备制造
		非常规水源利用装备制造
		农林废物资源化无害化利用装备制造
		城镇污水处理厂污泥处置综合利用装备制造
	新能源汽车和绿色船舶制造	新能源汽车关键零部件制造和产业化
		充电、换电及加氢设施制造
		绿色船舶制造
	节能改造	锅炉（窑炉）节能改造和能效提升
		电机系统能效提升
		余热余压利用
		能量系统优化
		绿色照明改造
		汽轮发电机组系统能效提升
	污染治理	良好水体保护及地下水环境防治
		重点流域海域水环境治理
		城市黑臭水体整治
		船舶港口污染防治
		交通车辆污染治理
		城市扬尘综合整治

续表

一级目录	二级目录	三级目录
节能环保产业	污染治理	餐饮油烟污染治理
		建设用地污染治理
		农林草业面源污染防治
		沙漠污染治理
		农用地污染治理
		噪声污染治理
		恶臭污染治理
		农村人居环境整治
	资源循环利用	矿产资源综合利用
		废旧资源再生利用
		城乡生活垃圾综合利用
		汽车零部件及机电产品再制造
		海水、苦咸水淡化处理
		雨水的收集、处理、利用
		农业废弃物资源化利用
		城镇污水处理厂污泥综合利用
清洁生产产业	产业园区绿色升级	园区产业链接循环化改造
		园区资源利用高效化改造
		园区污染治理集中化改造
		园区重点行业清洁生产改造
	无毒无害原料替代使用与危险废物治理	无毒无害原料生产与替代使用
		危险废物处理处置
		危险废物运输
		高效低毒低残留农药生产与替代
	生产过程废气处理处置及资源化综合利用	工业脱硫脱硝除尘改造
		燃煤电厂超低排放改造
		挥发性有机物综合整治
		钢铁企业超低排放改造
	生产过程节水和废水处理处置及资源化综合利用	生产过程节水和水资源高效利用
		重点行业水污染治理
		工业集聚区水污染集中治理
		畜禽养殖废弃物污染治理

续表

一级目录	二级目录	三级目录
	生产过程废渣处理处置及资源化综合利用	工业固体废弃物无害化处理处置及综合利用
		历史遗留尾矿库整治
		包装废弃物回收处理
		废弃农膜回收利用
清洁能源产业	新能源与清洁能源装备制造	风力发电装备制造
		太阳能发电装备制造
		生物质能利用装备制造
		水力发电和抽水蓄能装备制造
		核电装备制造
		非常规油气勘查开采装备制造
		海洋油气开采装备制造
		智能电网产品和装备制造
		燃气轮机装备制造
		燃料电池装备制造
		地热能开发利用装备制造
		海洋能开发利用装备制造
	清洁能源设施建设和运营	风力发电设施建设和运营
		太阳能利用设施建设和运营
		生物质能源利用设施建设和运营
		大型水力发电设施建设和运营
		核电站建设和运营
		煤层气（煤矿瓦斯）抽采利用设施建设和运营
		地热能利用设施建设和运营
		海洋能利用设施建设和运营
		氢能利用设施建设和运营
		热泵设施建设和运营
	传统能源清洁高效利用	清洁燃油生产
		煤炭清洁利用
		煤炭清洁生产
	能源系统高效运行	多能互补工程建设和运营
		高效储能设施建设和运营
		智能电网建设和运营

续表

一级目录	二级目录	三级目录
清洁能源产业	能源系统高效运行	燃煤发电机组调峰灵活性改造工程和运营
		天然气输送储运调峰设施建设和运营
		分布式能源工程建设和运营
		抽水蓄能电站建设和运营
生态环境产业	生态农业	现代农业种业及动植物种质资源保护
		绿色有机农业
		农作物种植保护地、保护区建设和运营
		森林资源培育产业
		林下种植和林下养殖产业
		碳汇林、植树种草及林木种苗花卉
		林业基因资源保护
		绿色畜牧业
		绿色渔业
		森林游憩和康养产业
		农作物病虫害绿色防控
	生态保护	天然林资源保护
		动植物资源保护
		自然保护区建设和运营
		生态功能区建设维护和运营
		国家公园、世界遗产、国家级风景名胜区、国家森林公园、国家地质公园、国家湿地公园等保护性运营
	生态修复	退耕还林还草和退牧还草工程建设
		河湖与湿地保护恢复
		增殖放流与海洋牧场建设和运营
		国家生态安全屏障保护修复
		重点生态区域综合治理
		矿山生态环境恢复
		荒漠化、石漠化和水土流失综合治理
		有害生物灾害防治
		水生态系统旱涝灾害防控及应对
		地下水超采区治理与修复
		采煤沉陷区综合治理

续表

一级目录	二级目录	三级目录
生态环境产业	生态修复	农村土地综合整治
		海域、海岸带和海岛综合整治
基础设施绿色升级	建筑节能与绿色建筑	超低能耗建筑建设
		绿色建筑
		建筑可再生能源应用
		装配式建筑
		既有建筑节能及绿色化改造
		物流绿色仓储
	绿色交通	不停车收费系统建设和运营
		港口、码头岸电设施及机场廊桥供电设施建设
		集装箱多式联运系统建设和运营
		智能交通体系建设和运营
		充电、换电、加氢和加气设施建设和运营
		城市慢行系统建设和运营
		城乡公共交通系统建设和运营
		共享交通设施建设和运营
		公路甩挂运输系统建设和运营
		货物运输铁路建设运营和铁路节能环保改造
	环境基础设施	污水处理、再生利用及污泥处理处置设施建设运营
		生活垃圾处理设施建设和运营
		环境监测系统建设和运营
		城镇污水收集系统排查改造建设修复
		城镇供水管网分区计量漏损控制建设和运营
		入河排污口排查整治及规范化建设和运营
	城镇能源基础设施	城镇集中供热系统清洁化建设运营和改造
		城镇电力设施智能化建设运营和改造
		城镇一体化集成供能设施建设和运营
	海绵城市	海绵型建筑与小区建设和运营
		海绵型道路与广场建设和运营
		海绵型公园和绿地建设和运营
		城市排水设施达标建设运营和改造
		城市水体自然生态修复

续表

一级目录	二级目录	三级目录
基础设施绿色升级	园林绿化	公园绿地建设、养护和运营
		绿道系统建设、养护管理和运营
		附属绿地建设、养护管理和运营
		道路绿化建设、养护管理
		区域绿地建设、养护管理和运营
		立体绿化建设、养护管理
绿色服务	咨询服务	绿色产业项目勘察服务
		绿色产业项目方案设计服务
		绿色产业项目技术咨询服务
		清洁生产审核服务
	项目运营管理	能源管理体系建设
		合同能源管理服务
		用能权交易服务
		水权交易服务
		排污许可及交易服务
		碳排放权交易服务
		电力需求侧管理服务
		可再生能源绿证交易服务
	项目评估审计核查	节能评估和能源审计
		环境影响评价
		碳排放核查
		地质灾害危险性评估
		水土保持评估
	监测检测	能源在线监测系统建设
		污染源监测
		环境损害评估监测
		环境影响评价监测
		企业环境监测
		生态环境监测
	技术产品认证和推广	节能产品认证推广
		低碳产品认证推广
		节水产品认证推广

续表

一级目录	二级目录	三级目录
绿色服务	技术产品认证和推广	环境标志产品认证推广
		有机食品认证推广
		绿色食品认证推广
		资源综合利用产品认定推广
		绿色建材认证推广

附件 2　国家重点推广的低碳技术目录（第四批）

为加快绿色低碳技术推广应用，促进 2030 年我国控制温室气体行动目标的实现，2022 年 12 月，《生态环境部办公厅关于印发〈国家重点推广的低碳技术目录（第四批）〉的通知》发布，该目录将为有关企业和机构开展绿色低碳技术推广和产业化发展提供方向，并为下一步制定财政、税收等优惠政策提供依据。附表 2-1 为部分节选。

附表 2-1　国家重点推广的低碳技术目录（部分节选）

一、节能及提高能效类技术（21 项）			
序号	技术名称	适用范围	主要技术内容
1	干式抽真空系统节能改造技术	电力行业 凝汽器抽真空系统	在电厂凝汽器原水环抽真空设备基础上并联一套干式抽真空系统，具有运行功耗低、极限真空度高、抽气速率不受密封水温影响等特点。提高了机组冬季真空度，凝结水溶氧显著降低，经济性和安全效益显著。采用“切除低压缸进气灵活性改造”的机组，改造后可以减少低压缸冷却蒸汽流量，增加供热抽气流量，进一步提升机组供热和调峰能力
2	多孔表面高通量管高效换热技术	石油化工行业 石油、化工行业的低品位热利用	在普通换热管表面制造一层具有特定孔径、孔隙率和厚度的金属多孔层，该多孔层能够提高沸腾传热效率、降低达到泡核沸腾所需温差，在小温差下维持高效沸腾换热，实现热源的梯级利用以及低品位余热的高效利用。从而节约蒸汽、减少换热器数量，提高压缩机效率，达到节能减碳目的
3	多能互补型直流微电网及抽油机节能群控系统技术	石油化工行业 各类型微电网工程及分布式风、光利用和储能工程	通过新能源多能互补控制构成直流微电网，为多个抽油机电控终端供电，充分发挥直流供电的优点和多抽油机的群体优势。各抽油机冲次可根据采油工况优化调节，通过物联网无线通信技术实现集群井间协调和监控管理。通过协调控制井群各抽油机上、下冲程状态，使下冲程向直流母线的馈能功率在处于上冲程耗能状态的抽油机上得以共享利用，从根本上解决油田抽油机电控长期存在的采油工艺和能效问题，大幅度降低供电变压器容量和台数，显著降低抽油机的耗电量，实现减碳节能增效

续表

一、节能及提高能效类技术（21 项）			
序号	技术名称	适用范围	主要技术内容
4	旋浮铜冶炼节能减碳技术	有色金属行业 铜冶炼	通过在闪速炉上加装产生旋流的喷嘴，强化冶炼过程中的气粒混合；通过中央脉动气体强化物料颗粒脉动碰撞；利用“风内料外”的环状布料强化传质传热。最终提高整个冶炼过程的能效
5	全氧燃烧玻璃窑炉工艺及产业化技术	建材行业 玻璃制造	利用高纯度氧气代替空气与燃料进行燃烧，将混合均匀的粉料加热至高温熔解，再通过玻璃液的均化、澄清、冷却及温度调节等过程，形成成分均匀、缺陷较少、符合成形温度要求的玻璃液。该技术大幅降低烟气和粉尘排放量及排烟热损失。同时，使燃料燃烧更完全，火焰辐射玻璃液温度提高 100℃左右，熔化率提高 20%，从而实现节能减碳
6	陶瓷原料干法制粉技术	建材行业 陶瓷原料制备	干法制粉技术采用“预破碎机、立磨机”的“干→干”操作工艺，减少了造粒喷雾塔环节，直接节约用水 70%以上，减少了蒸发这些水所用电及燃料产生的二氧化碳和污染物的排放。同时，采用高效节能的干法制粉成套装备，如陶瓷原料干燥装备、原料精准配比装备、立磨破碎装备、增湿造粒设备与流化干燥设备，可实现陶瓷生产的高效节能。对主要设备采用集中式工业控制器，精确控制陶瓷原料的加工参数，提高原料供给质量，实现节能增效
7	多腔孔陶瓷复合保温绝热材料	建材行业 保温隔热新材料领域，适用于各行业管道及建筑的保温隔热等	采用中空陶瓷玻化微珠、反辐射纳米配方、纤维复合而成的原料，按一定配比，经化料、搅拌、均化、陈化、布料成型、干燥、自动化收卷等制备工艺，形成具有硬质可卷曲、多级微纳米孔、蜂巢状结构等特点的新一代保温材料。与传统纤维状保温材料相比，相同保温效果保温厚度减 1/3～1/2，保温性增加 1 倍左右，保温隔热效果显著
8	新型无碳黏土湿型砂铸造技术	机械行业 铸造领域，适用于各行业机械装备零件的铸造	该技术的型砂由原砂、黏土混合制成，是无毒无味的无机材料，不含煤粉等有机物，在高温铁水浇注过程中不会燃烧而产生气体和粉尘，型砂经高温作用后可再回用，再利用时性能更加稳定，且不会对型砂造成污染。同时，利用金属铸件/无碳黏土砂铸型的界面作用，使凝固后铸件表面不黏砂，有效提升铸件的成品率。与传统铸造技术相比，该技术具有良好的节能减碳和环保效益
9	绕组式永磁耦合调速器技术	机械行业 电机控制节电领域 适用于各行业风机、压缩机、水泵等动力源节电或控制等	动电机与绕组永磁调速装置连接带动永磁转子旋转，产生感应磁场。通过控制绕组转子的电流调节传递转矩以适应转速要求，实现调速功能。同时，将转差功率回收利用，解决转差损耗产生的温升问题，更加节电，其性能优于传统变频调速器

续表

一、节能及提高能效类技术（21 项）			
序号	技术名称	适用范围	主要技术内容
10	基于电磁平衡调节的用户侧电压质量优化技术	机械行业 工业、民用及商业场所的电力配电系统	通过采集用电设备端的电压、电流及功率因数等电气参数，并根据用电设备的自身特性进行参数计算和分析，确定用电设备的最佳工作点，优化用电侧用电质量，降低用电设备综合损耗，实现节电
11	超低浴比高温高压全模式纱线染色机技术	纺织行业 适用于各类纤维的纱线、织带染色	采用叶轮泵结构技术，短流程冲击式脉流染色技术，可调流调压纱架装置，小浴比智能环保染色工艺，实现超低浴比（全过程 1∶3）高效染色，显著降低水、电、蒸汽和助剂的消费量，并大量减少废水排放
12	高效翼型轴流风机技术	纺织行业 适用于各工序通风换气、温湿度送风调节、回风系统、回风再利用环节、车间风量平衡补充、温湿度自控调节等	采用独特的高升阻比先进翼型技术，气体由一个攻角进入叶轮，在翼背上产生一个升力，同时在翼腹上产生一个大小相等方向相反的作用力使气体排出；叶片与叶柄采用过度扭曲矩形连接方式，有效降低风机叶轮旋转时的流动阻力；叶片长度比传统叶片增长，过风面积增大，增强叶片做功能力，减少无用功耗，降低同等工况下的轴功率损失；采用特殊铝镁合金材料，可减小叶轮自重耗能，进而实现风机综合节电的目标
13	基于相变抑制传热材料的 LED 照明灯具技术	轻工行业 照明领域 适用于道路交通、户外景观、机场等各种场所的大功率照明	借助相变抑制传热材料超强的取热能力和热扩散能力，将 LED 灯具芯 PN 结热量快速传导出去，有效解决 LED 灯具的散热问题，极大提升光电转换效率和光通量，延长使用寿命。同时，高密度集成发光芯片可使大功率 LED 芯片封装更加集中，发光面更小，配合玻璃的使用，大幅提高透光率及地面照度。与传统 LED 灯具相比，综合节能效率超过同类产品 20%
14	基于碱土金属复合盐类的绝热（保温隔热）涂料技术	建筑行业 新建、老旧建筑节能应用	基于红外热控技术原理研发的碱土金属复合盐，可在特定环境温区间（−60～70℃）、能量主要辐射波段（8～14μm）进行辐射换热，可有效降低墙体围护结构热流密度，达到保温隔热节能的目的
15	智能化超高层建筑施工集成平台技术	建筑行业 超高层项目主体工程施工	在建筑平台顶模轻质化设计的基础上，实现将动臂塔机等设备直接集成于建筑平台上，可使塔机随平台同步顶升，降低塔机独立爬升和顶模顶升及塔机支撑系统制造、运输及反复安拆、提升的能耗；通过集成平台形成竖向多专业流水作业，提高了设备资源的作业效率；通过数字化控制系统，最大限度保证平台各支撑点顶升的平衡度，降低倾斜校正带来的额外能耗

续表

一、节能及提高能效类技术（21 项）

序号	技术名称	适用范围	主要技术内容
16	基于新型一体式低氮燃烧冷凝燃气锅炉的智能供热控制技术	建筑行业 民用建筑采暖、工业领域供热	新型燃气锅炉将锅炉与冷凝回收装置集于一体，极大回收烟气中的显热和潜热。此外采用大炉膛尺寸设计，确保了在不牺牲效率的前提下降低热力型氮氧化物的产生。同时，以锅炉技术为核心，结合智能化供热控制技术，基于对供热系统负荷、三级管网供热平衡、实时室温、历史气象及实时用热需求的大数据分析，提出最优的供热策略。并采用智能化供热阀控技术，实现对换热站、管网、楼宇热负荷的自动调节，最终实现对整个供热系统热量的精准投放，实现高效高质供热
17	基于机械发泡温拌沥青的道路施工技术	交通行业 沥青路面建设和养护	该技术是将沥青和微量水通过机械发泡装备形成泡沫沥青，然后与粗细集料、矿粉等在较低温度下拌和，制成温拌沥青混合料。通过合理的配方和工序，可确保沥青混合料拌和均匀，并有效压实，性能与热拌沥青混合料相当。该技术可降低沥青混合料的施工温度20℃左右，节能 15%左右。同时，可降低沥青烟和 CO_2 等的排放量分别达 80%和 50%以上
18	数据中心高效节能喷淋液冷技术	信息行业 数据中心、5G 通信边缘计算工作站	通过采用先进的喷淋液冷技术对 IT 设备进行高效换热，减少中间传热环节，进而大幅度降低 IT 设备的散热能耗，将机房能源效率 PUE 值降至 1.1 以下。该技术解决了传统数据中心能耗 PUE 较高的难题，为数据中心节能减排、绿色化转变提供技术支撑
19	数据中心垂直制冷能效控制技术	信息行业 数据中心	该技术是一套实现数据中心制冷系统能耗管理与运行控制于一体的制冷设施整体管控平台、节能控制平台、运行数据挖掘分析平台。该平台集成了物联网技术、人工智能技术，并耦合数据中心 IT 负载特性、地域气候特性等固有属性，还针对数据中心的制冷系统建立全局能耗运行模型。在全工况下，实现数据中心制冷系统的冷源、输配、末端空调的全局节能智控，可实现制冷系统 15%～30%节电率
20	双系统互备机柜热管背板空调末端节能技术	信息行业 数据中心空调系统	该技术是一种利用工质相变（气/液态转变）实现热量快速传递的新型制冷技术。通过温差及自然重力驱动制冷工质在热管系统内实现封闭的相变循环，将机柜内 IT 设备的热量排出机房。同时，该技术可实现机柜级精确按需制冷，与精密空调制冷技术相比，具有高换热效率、高可靠性、高空间利用率、低能耗等特点
21	10kV 交流输入直流不间断电源技术	信息行业 通信领域，数据中心技术供电	该技术是直流不间断电源技术的迭代与发展，从供配电链路和整流模块拓扑两个维度对传统供电系统进行优化设计，并通过整合优化减少配单系统 66%的冗余；相比传统供电方式效率提高 2%～4.6%，全工况综合效率提高 4%以上

续表

二、非化石能源类技术（4项）			
序号	技术名称	适用范围	主要技术内容
22	塔式太阳能光热发电技术	可再生能源 光热发电领域	通过规模化定日镜集群高精度协同聚光、安全可靠的大容量低成本熔盐储能、高温吸热器的网格化能量协调控制的关键技术，将太阳能转化成电能，解决光热电站的运行聚光精度、可靠性及稳定性等问题，由于用太阳聚光取代了煤的燃烧，以50MW项目为例，每年可减排二氧化碳12万吨。可作为基荷电源，使电力系统彻底摆脱对化石能源的依赖，还可与风电、光伏等混合发电实现多能互补，减少弃风弃光，解决环境污染、能源短缺问题
23	高效P型PERC单晶太阳能电池及组件制造与应用技术	可再生能源 太阳能光伏发电	该技术通过在电池背面沉积 Al_2O_3 钝化层来降低电池背表面载流子复合量，提升电池的长波响应，从而提高电池光电转换效率。与此同时，在电池端，采用SE和MBB技术，进一步提升电池的光电转换效率；在组件端，采用半片电池封装技术，既提升组件封装功率，又可有效降低组件的工作温度，并使组件具备非常出色的耐阴影遮挡性能
24	基于物联网控制的储能式多能互补高效清洁供热技术	可再生能源 太阳能供热	该技术是一种以太阳能为主热源，以热泵为辅助热源，耦合储热装置，适用于各类地区供暖系统的供热技术。该技术通过高效抗冻真空聚能太阳能集热器把太阳能转换成热能并储存在储能装置内，采用智能控制、远程控制、远程诊断等物联网技术，将热能通过管网输送到用热末端，可供冬季采暖、夏季制冷、全年生活用热等
25	基于真空管换热储能式热泵供热技术	可再生能源 建筑供热领域	该技术集相变蓄能技术、空气式太阳能集热技术和热泵技术于一体。集热器吸收太阳辐射热，并通过内置高效蓄能核芯直接原位贮存；蓄能核芯作为热源经空气与热泵实现换热。由于冷热源温差变小，大幅提高热泵供热系数。太阳能不足时，热泵引入室外空气，开启双级复叠增功功能，确保不同工况高效供暖
三、燃料及原材料替代类技术（6项）			
序号	技术名称	适用范围	主要技术内容
26	电解铝预焙阳极纳米陶瓷基高温防氧化涂层保护技术	有色金属行业 电解铝预焙阳极高温防氧化	将涂层材料喷涂在电解铝预焙阳极炭块侧表面可阻止周围空气、CO_2 和电解质蒸汽对阳极炭块的侵蚀，实现炭块的隔绝保护，同时也可以降低阳极炭块四周的氧化掉渣。在恒定的电流强度下，与不用涂层的阳极相比，阳极炭块的消耗速率降低，从而降低吨铝炭耗、CO_2 排放和含氟危险废物炭渣量

续表

三、燃料及原材料替代类技术（6 项）			
序号	技术名称	适用范围	主要技术内容
27	生活垃圾生态化前处理和水泥窑协同后处置技术	建材行业 生活垃圾水泥窑协同处置	运用窑外生态化前处理和窑内无害化、资源化后处置结合的技术对生活垃圾进行处理处置。首先，利用微生物发酵及物理干化、机械分选等技术对生活垃圾进行预处理，得到水泥窑垃圾预处理可燃物、无机灰渣、金属、渗滤液等，然后利用新型干法水泥窑的烧成系统对垃圾预处理可燃物进行多点协同处置，达到替代部分燃料（煤炭）的效果，同时无机组分可制成水泥生料喂入新型干法水泥窑系统中替代部分原料。该技术通过利用生活垃圾中的可燃成分，达到替代传统燃料，实现节能减碳的效果
28	20～60m 跨度钢管混凝土桁梁桥技术	交通行业 桥梁建造领域	20～60m 跨度钢管混凝土桁梁桥技术是利用钢管混凝土材料进行中等跨径桥梁设计、制造和安装的建造技术。该技术利用钢管混凝土中钢管对混凝土的约束效应，以及钢管混凝土材料的组合作用，解决传统中等跨径桥梁材料强度低、延性差、安全储备不足、材料消耗多的问题；既降低了桥梁全寿命周期成本，又节约传统桥梁建造的钢筋混凝土，经济和社会效益显著
29	高性能土工格栅制造与应用技术	交通行业 道路设施建设工程	以聚合物、无机纤维等为原料，通过原材料改性、纤维复合经编等技术制成的网格状产品，具有抗拉强度高、耐腐蚀、施工效率高、价格低等特点，在道路设施建设工程中可替代钢筋使用。同时，可使用废旧塑料、再生纤维为原材料，并将产生的边角废料全部进行回收利用，实现原料 100%利用
30	纳米高分子复合型可降解生态塑料技术	农业 农作物地面覆盖	以绿色环保的食品级纳米高分子复合材料作降解助剂，促使地膜在常规自然环境中的光、氧、热作用下，加速氧化分解成亲水性、低分子氧化聚合物，然后进一步通过环境微生物作用，最终降解成水、无害气体和土壤有机质。由于具有可控的降解特性，可在同等的机械、保温保墒特性下，将地膜做得更薄，进而减少化石原料和加工能耗
31	基于新材料炭吸附聚谷氨酸化肥减量增效技术	农业 农业种植	以谷氨酸钠为主要原料制备聚谷氨酸，并通过炭化工艺形成炭吸附聚谷氨酸。该技术产品能固定、缓释化肥中的元素，而提高化肥利用率，达到减少化肥施用量目的

四、工艺过程等非二氧化碳减排类技术（1 项）			
序号	技术名称	适用范围	主要技术内容
32	农田系统温室气体减排关键技术	农业 东北稻区、南方水旱轮作区和双季稻区水稻低碳种植	针对我国农田系统存在的土壤固碳能力下降、温室气体排放增加等问题，创新应用我国典型农田生态系统（南方水旱轮作、东北寒地稻作）的栽培方式、轮作模式、肥水调控和新型肥料应用等技术及模式，实现农田系统减排、高产、高效的协同效应

续表

五、碳捕集、利用与封存类技术（2 项）

序号	技术名称	适用范围	主要技术内容
33	陆相油藏 CO_2 高效驱油与规模埋存一体化技术	石油化工行业 工业 CO_2 捕集后的陆相油藏驱油与埋存	该技术以碳足迹迁移为主线，剖析 CO_2 注入与产出过程中 CO_2 高效驱油及碳滞留机理，建立 CO_2 驱油与埋存一体化数值模拟及优化方法，制定协同优化方案，提高 CO_2 混相程度，扩大波及体积，实现最优注入量条件下的采收率与埋存率协同最优的目标，达到 CO_2 高效驱油利用与规模埋存的目的
34	新型高效低能耗二氧化碳捕集技术	石油化工行业 二氧化碳捕集	该技术从分子结构设计的角度进行新型胺基溶剂的设计，开发了多种活性胺复配的方法，形成了含抗氧化剂的配方型系列新型胺基溶剂（MA-1）复合胺吸收溶剂，使 CO_2 吸收能力大大提高，再生能耗下降。新型胺基溶剂（MA）在保证 CO_2 捕集率>90%条件下，再生能耗较 MEA 溶剂降低 30%以上，溶剂的抗氧化降解性能显著提高

六、碳汇类技术（1 项）

序号	技术名称	适用范围	主要技术内容
35	基于关键因子调控的退化湿地储碳技术	农业 湿地退化治理	该技术以东北地区典型退化湿地为对象，通过水分和营养调控，改善湿地生境，增加湿地植被固碳量和土壤储碳量；对促进湿地修复，提升湿地固碳能力，减缓温室气体排放，具有重要意义

附件 3　节约型公共机构示范单位及公共机构能效领跑者评价标准

为贯彻落实国务院《"十三五"节能减排综合工作方案》和国家机关事务管理局、国家发展和改革委员会《公共机构节约能源资源"十三五"规划》，深入推进节约型公共机构示范单位创建和公共机构能效领跑者遴选工作，制定了节约型公共机构示范单位及公共机构能效领跑者评价标准。本标准的评价体系包括基础评价、特性评价和附加评价三个部分，总计 110 分。基础评价部分合计 90 分，包括节约能源资源目标完成情况、能源资源利用效率、管理制度与实施、建筑及设备系统节能、节约用水、绿色消费；特性评价部分 10 分，分为国家机关、学校、医院、场馆等类型，其他类型公共机构参照国家机关进行评价；附加评价部分 10 分。附表 3-1 为节约型公共机构示范单位及公共机构能效领跑者评分表。

附表 3-1　节约型公共机构示范单位及公共机构能效领跑者评分表

基础评价部分（90 分）					
序号	单元	项目	评分要求	评分规则	分值
1	节约能源资源目标完成情况	节约能源资源目标完成情况	完成近两年的年度节约能源资源目标	对于纳入重点用能单位管理范围的公共机构，符合节能目标责任考核的各项要求，且近两年的年度考核等级为完成以上等级； 其他公共机构，完成近两年的年度节约能源资源目标，并经公共机构节能管理部门认定	完成/未完成
2	能源资源利用效率	能源利用效率	在本省（区、市）同类型公共机构中能源利用效率较高	依据评价上一个自然年度本省（区、市）同类型公共机构能源消耗平均值进行判定，1）单位建筑面积能源消耗量≤0.9×平均值的，得 10 分； 0.9×平均值<单位建筑面积能源消耗量≤平均值的，得 9 分； 平均值<单位建筑面积能源消耗量≤1.1×平均值的，得 8 分； 1.1×平均值<单位建筑面积能源消耗量≤1.2×平均值的，得 6 分； 单位建筑面积能源消耗量＞1.2×平均值的，得 0 分；	20

续表

基础评价部分（90 分）					
序号	单元	项目	评分要求	评分规则	分值
2	能源资源利用效率	能源利用效率	在本省（区、市）同类型公共机构中能源利用效率较高	2）人均能源消耗量≤0.9×平均值的，得 10 分； 0.9×平均值<人均能源消耗量≤平均值的，得 9 分； 平均值<人均能源消耗量≤1.1×平均值的，得 8 分； 1.1×平均值<人均能源消耗量≤1.2×平均值的，得 6 分； 人均能源消耗量>1.2×平均值的，得 0 分	20
		水利用效率	在本省（区、市）同类型公共机构中水资源利用效率较高	被评为本地区节水型单位，得 10 分；否则依据评价上一个自然年度本省（区、市）同类型公共机构水资源消耗平均值进行判定； 人均水资源消耗量≤0.9×平均值的，得 10 分； 0.9×平均值<人均水资源消耗量≤平均值的，得 9 分； 平均值<人均水资源消耗量≤1.1×平均值的，得 8 分； 1.1×平均值<人均水资源消耗量≤1.2×平均值的，得 6 分； 人均水资源消耗量>1.2×平均值的，得 0 分	10
3	管理制度与实施	管理机构	明确负责节约能源资源工作的管理机构和工作职责，有工作经费保障，设置能源资源管理岗位	1）明确负责节约能源资源工作的管理机构和工作职责，得 1.5 分； 2）管理机构有工作经费保障，得 1 分； 3）设置能源资源管理岗位，明确专人负责，得 0.5 分	3
		管理制度	制定并实施合理的节约能源资源规章制度	1）制定近 2 年的年度节约能源资源实施方案，并明确年度节约能源资源目标，得 1 分； 2）建立目标责任制并进行表彰奖励，得 1 分； 3）制定能源资源消耗统计、定额管理、节能、节水、资源循环利用、绿色消费以及用能设备设施节能操作规程等节约能源资源的管理制度，制定 1 项得 0.5 分，累计最高得 2 分	4
		能源计量	根据用能种类、用能系统合理实行能源分户、分类、分项计量	1）实现能源消耗分户或分楼栋计量，得 0.5 分； 2）实现用电分项计量，包括对中央空调用电、动力用电、照明和插座用电等主要用电分项计量，得 1.5 分； 3）建立能源计量器具台账（包括计量器具的名称、规格型号、安装使用地点、测量对象等），得 1 分	3

续表

基础评价部分（90分）					
序号	单元	项目	评分要求	评分规则	分值
3	管理制度与实施	能源资源消费统计、分析和公示	建立能源资源消费统计台账；定期报送能源资源消费状况，数据真实、完整；定期公示能源资源消费情况	1）有近2年的能源资源消费统计台账，得1分； 2）有近2年的能源资源消费数据季度分析报告，得1分； 3）根据上级公共机构节能管理部门要求，近2年来定期报送能源资源消费状况，数据真实、完整，得1.5分； 4）近2年，每季度至少公示一次能源资源消费情况，得0.5分	4
		能源审计	定期开展能源审计，根据能源审计结论，制定整改方案并组织实施	1）近5年进行过一次能源审计，形成完整的能源审计报告，得1分； 2）根据能源审计结论，制定整改方案并组织实施，得1分	2
		用能设备运行管理	重点用能设备、系统的操作岗位配备专业技术人员；建立详细的用能设备、设施台账和运行记录档案；加强重点用能设备、系统的运行调节、维护保养、巡视检查	1）重点用能设备、系统的操作岗位配备专业技术人员，得0.5分； 2）建立详细的用能设备、设施台账，得0.5分； 3）近2年的用能系统运行和巡视检查记录档案齐全，得0.5分； 4）用能系统定期维护保养，有相应记录，得0.5分	2
		公务用车管理	严格执行公务用车配备和使用管理制度	1）严格执行公务用车配备管理制度，得0.5分； 2）规范公务用车使用管理，实行单车能耗核算，建立统计台账，得1分； 3）按照相关规定淘汰高耗能、高污染老旧汽车，得0.5分	2
		宣传引导	组织开展节约能源资源宣传活动，在新闻媒体或主管部门宣传平台报道本单位节约能源资源做法	1）近2年节能宣传周每年开展系列宣传活动，得1分； 2）近2年每年组织开展日常节约能源资源宣传活动，得1分； 3）近2年通过新闻媒体或主管部门宣传平台报道本单位节约能源资源做法或案例，国家级每次得1分，省级及以下的每次得0.5分，满分1分	3

续表

基础评价部分（90 分）					
序号	单元	项目	评分要求	评分规则	分值
3	管理制度与实施	业务培训	积极参与主管部门组织的节能培训，组织开展本单位的节能知识或岗位培训	1）近 2 年积极参与主管部门组织的节能培训，每次得 0.5 分，满分 1 分； 2）近 2 年每年组织 1 次本单位节能知识讲座或岗位培训，每年得 0.5 分，满分 1 分	2
4	建筑及设备系统节能	围护结构	建筑物外墙、屋面、外窗的热工性能符合国家和地方建筑节能强制性标准要求；采取必要的遮阳措施	严寒和寒冷地区，按照以下标准评分： 得分=围护结构热工性能符合国家和地方建筑节能强制性标准的建筑面积/总建筑面积×4，满分 4 分。 其他地区，按照以下标准评分： 1）得分=围护结构热工性能符合国家和地方建筑节能强制性标准的建筑面积/总建筑面积×3.5，满分 3.5 分； 2）采取必要、合理的遮阳措施，得 0.5 分	4
		供暖系统	采用合理的热源方式，并配备必要的计量和调控装置	1）采用市政集中供暖的，得 1 分； 2）实行自采暖的，按照以下标准评分： 采用燃煤（Ⅱ类烟煤）锅炉的，所在地在地级及以上城市建成区的，未采用 10 吨/时及以下的燃煤锅炉（其中，所在地在北京市的不得使用燃煤锅炉，所在地在天津市、河北省地级及以上城市建成区的未采用 35 吨/时及以下的燃煤锅炉），且名义工况下热效率≥78%，得 1 分；采用燃油、燃气锅炉的，名义工况下热效率≥89%，得 1 分；使用可再生能源供暖的，得 1 分；采用电热锅炉、电热水器的，符合《公共建筑节能设计标准》（GB 50189）规定的条件，得 1 分； 1）热源配备节能调控和计量装置，得 0.5 分； 2）室内配备调控装置，得 0.5 分	2
		空调系统	采用合理的冷源方式，并配备必要的计量和调控装置	采用集中空调系统的，按照以下标准评分： 1）能效等级为 2 级及以上的，得 1.5 分； 2）冷源配备制冷调控装置，得 0.5 分； 采用分体空调或多联式空调机组的，按照以下标准评分： 80%以上的空调能效等级为2级以上的得2分，50%～80%的得 1 分，50%以下的不得分	2

续表

基础评价部分（90 分）					
序号	单元	项目	评分要求	评分规则	分值
4	建筑及设备系统节能	采光和照明	充分利用自然采光；使用高效节能照明灯具；公共场所合理采用 LED 灯具和智能控制措施；严格控制室外景观照明使用时间	1）采取充分利用自然采光的措施，得 0.5 分； 2）高效节能照明光源使用率达到 100%，得 1 分； 3）公共区域采用 LED 灯具，得 0.5 分； 4）公共区域合理采用分时分区控制、声光感应控制等智能控制措施，得 0.5 分； 5）严格控制室外景观照明使用时间，得 0.5 分	3
		绿色食堂	食堂采取节能环保措施	1）采用节能炉灶、节水型洗菜机、高效油烟净化设备等节能环保餐饮设施设备，每项得 0.5 分，最高得 1 分； 2）使用餐厨废弃物就地资源化处理设备或交由有资质的回收机构处理的，得 1 分	2
		绿色信息	数据中心实现分项计量，降低数据中心 PUE[①]值	1）实现 IT 设备、空调、照明及附属设备用电量分项计量的，得 1 分； 2）数据中心平均 PUE 值为 1.8 及以下的得 1 分，平均 PUE 值为 1.8～2.0 的得 0.5 分	2
		其他用能设备	积极采用高效节能设备和技术	1）办公电器、通风机、电热水器等用能设备使用能效等级为 2 级以上的产品，得 0.5 分； 2）电梯采用变频、群控或电能回馈装置等节能措施，得 0.5 分； 3）变压器负荷率在 30%～80%，三相负荷不平衡度不大于 15%，得 0.5 分； 4）采用抑制谐波措施，得 0.5 分	2
		绿色化改造	推进既有建筑绿色化改造	近 2 年开展既有建筑节能、节水等绿色化改造，节能减排效果良好，每实施一个项目得 1 分，满分 2 分	2
5	节约用水	节水器具	使用节水型器具	节水型生活用水器具使用率 100%，得 2 分	2
		用水计量	根据用水系统合理设置计量水表	1）设置用水单位引入管用水计量总表，得 0.2 分； 2）设置单体建筑引入管计量水表，得 0.4 分； 3）供暖系统、冷却塔、食堂、公共浴室、游泳池、中水贮水池等特殊部位用水的补水管上设置计量水表，每设置一项得 0.2 分，最高得 0.4 分	1

① PUE 是 Power Usage Effectiveness 的简写，是评价数据中心能源效率的指标。

续表

基础评价部分（90 分）					
序号	单元	项目	评分要求	评分规则	分值
5	节约用水	节水管理	采取有效节水管理措施，并取得良好节水效果	1）近 5 年进行了水平衡测试，形成水平衡测试报告，得 2 分； 2）供水管线、设施漏失率≤4%，得 0.5 分； 3）对供水系统进行定期检查维护，记录完整，得 0.5 分； 4）绿化采用高效浇灌方式，得 0.5 分； 5）铺设透水地面或地面采取透水措施的，得 0.5 分	4
6	绿色消费	绿色采购	严格执行国家强制或优先采购节能环保产品的有关规定	严格执行国家强制或优先采购节能环保产品的规定，采购列入《节能产品政府采购清单》《环境标志产品政府采购清单》的产品和能效“领跑者”产品，得 2 分	2
		新能源汽车应用	推广应用新能源汽车	1）配备新能源汽车或建设新能源汽车自助共享租赁服务网点，得 1 分； 2）建设新能源汽车充电桩，得 1 分	2
		行为节能	推行节约行为模式	1）设置办公设备节电、随手关灯、减少使用电梯、空调温度设定、节约用水、节约粮食等节约行为提醒标识，每项得 0.5 分，满分 2 分； 2）使用再生纸、再生铅笔等再生办公用品，得 0.5 分； 3）采取减少使用纸杯、一次性餐具、办公耗材等一次性用品的措施，得 0.5 分	3
		垃圾分类回收利用	对生活垃圾进行分类回收，并交由规范的或有资质的企业进行回收处理	1）对可回收垃圾、不可回收垃圾、有害垃圾进行分类，得 1 分； 2）将可回收垃圾交由规范的回收处理渠道，得 0.5 分； 3）将废旧含汞灯管等有害垃圾交由有相应资质的企业进行回收处理的，得 0.5 分	2

特性评价部分（10 分）					
类型	序号	项目	评分要求	评分规则	分值
国家机关	1	无纸化办公	使用办公自动化系统，采取节约纸张措施	1）使用办公自动化系统，得 1 分； 2）推行纸张双面打印和无纸化办公，得 1 分； 3）采取减少纸质文件、资料印发数量的措施，得 1 分	3
	2	资产管理	严格执行办公资产管理规定	严格执行办公资产配备、报废、处置的有关规定，得 1 分	1

续表

特性评价部分（10 分）					
类型	序号	项目	评分要求	评分规则	分值
国家机关	3	绿色出行	采取鼓励绿色出行的措施	1）配备公务自行车，得 1 分； 2）鼓励干部职工践行“135”等低碳出行方式，得 1 分	2
	4	重点用能系统管理	对供暖和空调系统采取分时控制，对空调通风系统定期检查和清洗	1）集中供暖和空调系统实现分时控制，在非办公时间降低运行负荷，得 1 分； 2）近 2 年开展过空调通风系统检查和清洗，得 1 分	2
	5	可再生能源利用	应用太阳能光热、光伏、空气能等可再生能源	1）采用太阳能、空气能等作为生活热水系统辅助热源，可再生能源制备热水量不低于总热水量的 10%，得 1 分； 2）应用分布式太阳能光伏发电系统，得 1 分	2
学校	1	校园绿化	采取绿化措施	采取适宜绿化措施，绿地率不低于 35%，得 1 分	1
	2	可再生能源利用	应用太阳能光热、光伏、空气能等可再生能源	1）采用太阳能、空气能等作为生活热水系统辅助热源，可再生能源制备热水量不低于生活热水总量的 30%，得 1 分； 2）使用太阳能、风光互补等可再生能源路灯，得 1 分； 3）应用分布式太阳能光伏发电系统，得 1 分	3
	3	节水管理	学生宿舍、浴室等采取节水措施	1）浴室采用计时、计流量等节约用水管理手段，得 1 分； 2）学生宿舍、浴室等应用中水回收利用技术，得 1 分	2
	4	重点用能区域管理	对重点用能区域采取专门的用能管理措施	针对计算机房、图书馆、体育馆、实验室等重点用能区域采取专门的用能管理措施，得 1 分	1
	5	节约教育	加强对学生的节约能源资源教育	1）制定学生用能守则，得 0.5 分； 2）开展面向学生的节约能源资源教育讲座或纳入相关课程内容，得 1 分； 3）近 2 年开展节能、节水等主题的学生活动，每次 0.5 分，满分 1.5 分	3
医院	1	节能绩效考核	开展节能绩效考核	将节能工作纳入对科室的绩效考核，得 2 分	2
	2	用电分项计量	对大型医疗设备实现用电分项计量	对 CT、核磁共振等大型医疗设备用电量进行分项计量，每计量一项得 1 分，满分 2 分	2

续表

特性评价部分（10分）					
类型	序号	项目	评分要求	评分规则	分值
医院	3	生活热水系统节能	生活热水系统采用节能措施	生活热水系统采用烟气余热回收、太阳能光热、空气源热泵等节能措施，得1分。	1
	4	节水管理	根据医院用水特点采取节水措施	1）对病房、食堂等区域采取节约用水管理措施，得1分； 2）对蒸汽冷凝水等优质杂排水进行收集利用，得1分	2
	5	室内空气质量	定期开展空调通风系统检查和清洗，更换过滤器	1）近2年每年开展空调通风系统检查和清洗，得1分； 2）定期更换空调通风系统过滤器，得1分	2
	6	医疗废弃物处理	加强医疗废弃物管理	医疗废弃物处理符合相关标准规定，得1分	1
场馆	1	供暖和空调系统节能	供暖空调系统采取节能措施，采取分时分区运行管理策略	1）采取太阳能热水、空气源热泵、冰蓄冷、烟气余热回收、排风热回收、自然冷源降温等节能技术措施，每采用1项得1分，满分3分； 2）根据不同区域冷、热负荷需求，采取分时分区运行策略等节能运行措施，得2分	5
	2	太阳能光伏应用	采用太阳能光伏发电技术	应用分布式太阳能光伏发电系统，得1分	1
	3	室内空气质量	设置新风通风系统，开展集中空调通风系统检查和清洗	1）在人员密集场所设置新风通风系统，得1分； 2）近2年每年开展集中空调通风系统检查和清洗，得1分	2
	4	节约理念传播	结合场馆自身功能特点，开展多种形式的节能宣传活动，传播节能理念	结合场馆自身功能特点，开展多种形式的宣传活动，传播节约理念，近2年每开展一次得1分，满分2分	2

续表

附加评价部分（10 分）				
序号	项目	评分要求	评分规则	分值
1	浅层地热利用	在适宜利用浅层地能的地区设置了浅层地能利用系统，经济性和节能效果显著	1）在适宜利用浅层地能的地区设置了浅层地能利用系统，得 0.5 分； 2）浅层地能利用系统投资回收期小于 5 年，得 0.5 分；地下水源热泵的地下水换热系统必须采取可靠回灌措施，并不得对地下水源造成浪费和污染，否则此评价项目得 0 分	1
2	非传统水源利用	合理使用雨水、中水等非传统水源	合理使用雨水、中水等非传统水源，得 1 分	1
3	物业管理	督促物业服务机构加强节能管理	与物业服务机构订立的物业服务合同中，载明节能管理的目标和要求，明确激励措施，得 1 分	1
4	市场化方式	采用市场化方式进行能源管理或节能改造	采用合同能源管理、合同节水管理，以及政府与社会资本合作等市场化方式进行能源管理或节能改造，得 2 分	2
5	绿色建筑	获得绿色建筑评价标识	获得绿色建筑设计或运行评价标识一星级得 0.5 分，二星级及以上，得 1 分	1
6	能源管理系统	建立公共机构能源管理体系	按照国家标准《能源管理体系要求》（GB/T 23331）建立了公共机构能源管理体系，得 1 分	1
7	能耗监测	对能源消耗状况进行实时监测	1）建设节能监测系统，实现能源资源消耗的计量、监测、存储、报送、分析、预警等功能，得 1.5 分； 2）节能监测系统实现与上级主管部门能源资源节能监管平台数据对接，得 0.5 分	2
8	创新性成果	在节约能源资源技术、管理方面形成创新性成果	在节约能源资源技术、管理方面形成创新性成果，效果明显，得 1 分	1